普通高校“十三五”规划教材·营销学系列

推销技巧与商务谈判精要
——基于7Q理论

刘 进◎著

清华大学出版社
北 京

图书在版编目(CIP)数据

推销技巧与商务谈判精要：基于7Q理论/刘进著. —北京：清华大学出版社，2019
（普通高校"十三五"规划教材·营销学系列）
ISBN 978-7-302-53499-0

Ⅰ. ①推…　Ⅱ. ①刘…　Ⅲ. ①推销－高等学校－教材 ②商务谈判－高等学校－教材　Ⅳ. ①F713.3 ②F715.4

中国版本图书馆CIP数据核字(2019)第163562号

责任编辑：贺　岩
封面设计：汉风唐韵
责任校对：宋玉莲
责任印制：刘海龙

出版发行：清华大学出版社
网　　址：http://www.tup.com.cn，http://www.wqbook.com
地　　址：北京清华大学学研大厦A座　　**邮　　编**：100084
社 总 机：010-62770175　　**邮　　购**：010-62786544
投稿与读者服务：010-62776969，c-service@tup.tsinghua.edu.cn
质量反馈：010-62772015，zhiliang@tup.tsinghua.edu.cn
印 装 者：北京鑫海金澳胶印有限公司
经　　销：全国新华书店
开　　本：185mm×260mm　　**印　　张**：14　　**字　　数**：321千字
版　　次：2019年6月第1版　　**印　　次**：2019年6月第1次印刷
定　　价：45.00元

产品编号：074756-01

序

要掌握命运,就要学会销售!

要占据主动,就要学会谈判!

销售与谈判(本书中,销售和谈判一词通用,代表一个意思)不仅是一项技能,更是一个人赖以成功的底层思维和能力。马云、雷军、乔布斯等无数名人的事例无不证明这一点。因此,销售与谈判技能不仅是人们优先掌握的一项技能和素质,更是值得大家花费大量时间和精力去掌握的一项技能和素质。

但是,我在长期从事推销技巧与商务谈判的教学和培训中,学习、参考和使用过多种相关教材和著作,发现存在3个重要问题。

1. 现有众多教材和著作中,理论体系和知识点没有结合实际的销售类型和商务谈判场景来展开,要么是泛泛浮于表面,要么是过于依靠历史典故、国外案例来说明理论而缺乏接近应用场景的案例,使学生学了之后仍然不知道这些技巧和理论应该在具体什么场景下应用。

2. 现有众多教材和著作在讲解推销与商务谈判的理论时赋予学生的行业和产品背景知识不足。推销与商务谈判理论和技巧的学习必须与商务知识相结合,才能被理解。离开具体的行业、产品、商务知识,推销与商务谈判的技能就无法被理解,形同无源之水、无本之木。所以,脱离这些背景知识的学生无法理解所讲述的技巧和理论。脱离场景和产品来谈推销和谈判,既没有意义,也不便于学生去体会和理解、应用。

3. 在现有众多的教材和著作中往往把推销和谈判分开来谈。要么一本书谈推销,另一本谈谈判;要么一本书的前半部分谈推销,后半部分谈谈判。这给读者造成一种认知:推销是推销,谈判是谈判,它们是各自独立的。这种错误的认知不能很好地让读者把握推销与谈判的内在联系和一致性。

为了解决以上问题,我潜心写了这本教材。

针对以上3个问题也形成了本书的一些特点:

1. 本书在逻辑结构上同时讲述推销与商务谈判。本书首先介绍了推销与谈判的定义、联系、区别与核心理论,然后再层层铺开。让读者可以深刻建立推销与谈判的内在联系和一致性认知。

2. 本书在赋予读者商务背景知识的同时,结合销售的类型和场景进一步展开对推销与谈判技能的学习,使读者可以很好地明确各种销售类型和场景下如何应用推销与谈判技巧。

3. 本书既按销售类型和商务谈判场景讲述技巧,又给大家不断总结推销和谈判核心理论与技巧,可以使大家更好地融会贯通相关理论知识。此外,本书在选例上尽量贴近读者经历或感兴趣的行业、产品案例。比如汽车、理财、房屋都是大家比较关心的。

除了以上 3 个特点外，本书最大的一个特点是以 7Q 理论为指导。7Q 是站在顾客角度提出的 7 个问题：(1)我为什么听你讲？(2)这是什么产品？(3)与我何干？(4)我为什么相信你？(5)值得吗？(6)我为什么要从你这里买？(7)我为什么现在就要买？7Q 理论就是如何回答好这 7 个问题的理论。7Q 理论认为，所谓推销与谈判就是回答好客户这 7 个问题的过程和技巧。系统的 7Q 理论正式公开发表始于 2010 年。

对于如何用好本书，建议读者在使用本书的时候，先整体略读一遍，再逐章深入阅读学习。同时，提示大家，学习好推销与谈判技巧的一个诀窍是，结合一个具体的行业、产品或情景展开学习。事实证明这是一个窍门，并可以在做到一行通后，实现行行通，逐步做到推销和谈判技巧在其他行业、领域的顺利迁移。

本书既适合经管类专业学生使用，也适合对理论有更高要求的社会从业人员使用。

尽管本人竭尽全力想为读者奉献一本好书，但限于能力和精力有限，本书难免有不足之处，恳请读者海涵并提出宝贵建议，积极反馈。

目录

第一章　推销与商务谈判总论 …… 1

第一节　推销与商务谈判的定义和分类 …… 1

一、推销与商务谈判的定义 …… 1

二、推销与商务谈判的区别和联系 …… 1

三、推销与商务谈判的分类 …… 2

四、销售人员的称谓 …… 3

五、商务谈判中的岗位和称谓 …… 3

六、推销与商务谈判的基石 …… 4

第二节　定义和寻找顾客,明确谈判对手 …… 4

一、确定目标顾客 …… 4

二、寻找潜在顾客和销售漏斗 …… 12

第三节　明确竞争对手及对方的替代方案 …… 16

第四节　明确和找到同盟伙伴,提防反对者 …… 18

第二章　推销与商务谈判的核心理论 …… 19

第一节　购买决策过程和采购技巧 …… 19

一、顾客一般决策过程 …… 19

二、顾客一般采购(购买)技巧 …… 21

第二节　标准销售流程 …… 22

一、标准销售流程 8 步骤 …… 22

二、售后服务、顾客关系维护和后续销售 …… 23

第三节　7Q …… 31

一、看似简单却不简单的 7Q——顾客最关心的 7 个问题 …… 31

二、7Q 的依据——加速顾客购买决策进程 …… 32

三、7Q 为什么是这 7 个问题,要这样表述,而不是另外的 7 个问题 …… 33

四、为什么是 7Q,而不是 6Q、8Q …… 34

五、你是否深刻理解了看似简单的 7Q …… 34

六、7Q 对于企业各部门和销售人员的意义 …… 34

七、从"7 句话术保成交"到"品牌的资本运作"——7Q 思想的 2 角度、3 层次、9 级别应用 …… 35

八、处于市场营销全局观下的推销与商务谈判——狭义的品牌、营销、销售 …… 37
第四节 7Q详解与推销工具 …… 38
一、7Q推销系统 …… 38
二、用7Q推销方案提升成交率 …… 39
三、高效7Q推销系统的3个标准和极致的7Q推销系统 …… 45
四、营销工具与7Q …… 45
第五节 7Q销售中的4次销售和两种销售策略 …… 62
一、4次销售 …… 62
二、两种销售策略：货架式和问诊式销售 …… 62
第六节 线索—类型—阶段—策略 …… 63
第七节 成功销售的11种力量 …… 63
第八节 推销与谈判的12句秘籍 …… 65
第九节 商务谈判的核心理论 …… 66
一、成功谈判5要素 …… 66
二、标准谈判流程 …… 67
三、理性谈判的4个原则 …… 68
第三章 推销之驻店销售 …… 69
第一节 “坐销”——驻店销售的流程 …… 69
一、门店销售、柜台销售、淘宝客服都是“坐销” …… 69
二、驻店销售的流程 …… 70
第二节 极简驻店销售——一句话推销 …… 73
一、极简驻店销售的特点 …… 73
二、极简驻店销售流程和一句话推销 …… 73
三、洗发水 …… 74
四、花生油 …… 75
第三节 简单驻店销售 …… 76
一、简单驻店销售的特点 …… 76
二、简单驻店销售的流程 …… 76
三、手机 …… 76
四、化妆品套装 …… 79
第四节 复杂驻店销售 …… 87
一、复杂驻店销售的特点 …… 87
二、复杂驻店销售的流程 …… 87
三、汽车 …… 88
四、房产 …… 95
五、银行理财 …… 98

第四章　拜访式销售、大客户销售、组织客户销售、工业品销售 ………… 104
第一节　"行销"——拜访式大客户销售流程 ………… 104
一、组织客户销售、工业品销售、大客户销售、拜访式销售及其特点 … 104
二、拜访式大客户销售的专业流程 ………… 104
三、工业品品牌营销的 7 件事 ………… 105
四、拜访式大客户销售过程设计的 7 个关键点 ………… 106
五、拜访式大客户销售辅助工具——表格 ………… 106
第二节　牙膏销售与超市采购 ………… 109
一、牙膏销售和客户关注点 ………… 109
二、超市组织架构、岗位职责 ………… 109
三、超市采购流程和货品管理 ………… 110
四、采购协议及供货合同 ………… 112
五、牙膏销售代表销售流程 ………… 116
第三节　广告公司业务与企业广告决策 ………… 116
一、广告公司组织架构和业务销售流程 ………… 116
二、企业客户采购广告流程 ………… 118
第四节　银行对公业务与企业融资贷款 ………… 122
一、银行对公信贷产品：贷、票、函、证 ………… 122
二、企业客户融资行为和财务架构 ………… 122
三、银行信贷流程和架构 ………… 125
四、发现企业需求、客户信用评级和信贷营销方案 ………… 127
第五章　分行业和场景中的商务谈判 ………… 131
第一节　工业品与采购商务谈判 ………… 131
第二节　并购谈判：吉利收购沃尔沃 ………… 137
第三节　谈判中的礼仪、文化、合同与法律 ………… 138
一、商务谈判中的礼仪 ………… 138
二、商务谈判中的文化与跨国 ………… 139
三、商务谈判中的合同与法律 ………… 139
第六章　推销与商务谈判的核心技巧 ………… 141
第一节　建立强大的自我心理，管理好顾客情绪 ………… 141
第二节　与顾客建立良好关系，赢得好感 ………… 142
第三节　需求激发和价值观输出 ………… 144
一、识别具体问题和激发明确需求 ………… 144
二、用 SPIN 激发需求 ………… 146
三、用黄金三问激发需求：目标、现状、路径 ………… 154

四、价值观输出：需求排列和标准建立 …… 155
五、击败竞争对手，也从购买标准和价值观输出开始 …… 156
第四节 标准化产品陈述 …… 157
一、FAB …… 157
二、FABEV …… 160
三、QFABEVQ 与 PSABEVQ …… 161
四、立体化陈述 …… 161
五、销售准备 …… 166
第五节 面对提问、异议和拒绝 …… 168
一、提问、异议和拒绝 …… 168
二、四大典型抗拒和异议 …… 169
三、面对异议的总体思想认识 …… 171
四、处理顾客怀疑和异议的一般原则 …… 172
五、怀疑的证明和异议的处理技巧 …… 174
第六节 促成交易的层次与技巧 …… 177
一、顾客承诺的层级 …… 177
二、促成的原则和时机 …… 177
三、识别可以实施促成的线索 …… 178
四、购买时机异议和对策 …… 178
五、为什么不采取促成动作 …… 180
六、促成技巧推荐 …… 181
七、促成失败时的行动 …… 184
第七节 问——敢问会问就等于会推销和会谈判 …… 184
第八节 价格谈判 …… 187
一、顾客购买的依据是价值而非价格 …… 188
二、寻找价值最大化的时机 …… 189
三、把产品利益和价值生动地表现出来，并让顾客感受到 …… 190
四、提高价值感的报价 …… 191
五、由价格、价值到需求异议 …… 192
六、处理价格的异议 …… 193
七、劝说顾客购买其他价位产品 …… 195
第九节 “7句话术保成交”与销售型演讲 …… 196
一、“7句话术保成交”原理和示例 …… 196
二、“7句话术保成交”话术设计注意事项 …… 198
三、运用“7句话术保成交”话术时应当遵循的策略 …… 198
四、7Q销售型演讲稿 …… 198
第十节 推销与谈判技巧扩展 …… 200
一、性格与推销、谈判 …… 200

二、侦探、试探、进攻、施压、僵局与妥协…… 201
三、团队组建和战术配合技巧…… 202
四、销售与谈判前准备…… 203

后记　一切的本质是推销，是谈判 …… 209

参考文献 …… 211

第一章

推销与商务谈判总论

开篇两问：

1. 推销与商务谈判是一回事吗？它们有怎样的区别与联系？

2. 成功的推销和商务谈判的基石是什么？

第一节　推销与商务谈判的定义和分类

一、推销与商务谈判的定义

英文中推销和销售都对应 selling 一词，本书中推销、销售、人员销售的含义一样。商务谈判对应的英文为 business negotiation。

推销是指以回答顾客最关心的 7 个问题为核心，比竞争对手更有效的快速推动顾客决策进程的过程和活动。顾客最关心的 7 个问题，即 7Q，这 7 个问题是：(1)我为什么要听你讲(相似问题，我为什么要加你)？(2)这是什么产品？(3)与我何干？(4)我为什么相信你？(5)值得吗？(6)我为什么要从你这里买？(7)我为什么现在就要买？

谈判是指通过持续有效沟通达成一致性意见的过程和活动。

商务谈判是指在商务背景下以经济利益为谈判内容和目的的谈判。

谈判的起点是分歧。商务谈判的核心内容就两个：(1)你的产品能否满足我的需求？我认为不能，你认为能，证明给我看；(2)你的报价和我的报价有分歧，以谁的报价为准。

二、推销与商务谈判的区别和联系

无论推销和商务谈判都至少涉及卖方(销售人员)、买方(客户)两方。需要注意的是，无论推销还是商务谈判中，主动的一方既可以是卖方，也可以是买方。不过通常认为，在推销的时候，主动一方是销售方，而在商务谈判中，主动的一方既可能是销售方，也可能是购买方，也可能是双方。于是，销售人员主动进行的与顾客的谈判称为推销或销售，销售人员和顾客不分主次进行的涉及产品、价格的沟通过程称为商务谈判。两方就某一事项达成一致意见的过程称为谈判，谈判内容以产品和价格等为核心的称为商务谈判。

推销包括寻找顾客、接近顾客、商务洽谈(商务谈判)、售后服务等环节，所以，商务谈判是推销的一个环节，推销比商务谈判涉及更多的环节。商务谈判是不完整的推销，是推销的核心环节。

在更广义的推销中，把主动的一方(可能是卖方，也可能是买方)称为销售方，把被动的一方称为客户。下文中，在涉及商务谈判的理论中，把更主动的一方称为销售方，把相对被动的一方称为客户；把提出问题或分歧的一方称为客户，把给出解决方案的一方称为销售方。因此，推销的理论可以完整地平移到商务谈判中来。同样，商务谈判的理论也可以平移到推销当中来。如果可以在恋爱、职场、选举等事项中准确地定义"销售方""客户""问题""产品"，推销和谈判的理论可以平移到这些方面，并且取得同样出色的效果。

三、推销与商务谈判的分类

（一）推销的分类

有的销售只要 10 秒就能完成，比如肯德基向顾客销售一个汉堡，而有的销售则要很长时间才能完成，比如买卖房子。可见销售的情况是复杂的。于是，我们把各种销售情况进行汇总，根据它们的特点分类如下：

1. 面对最终顾客的销售、面对中间商的销售

在面对最终顾客的销售情况中，顾客买回去是去消费和使用的。而在面对中间商的销售中，中间商买回去是为了再卖出去，是为了赚钱的。因此，他们表现出了不同的购买特点，这种特点又决定了销售行为的差异。

2. 面对个体决策的销售、面对群体决策的销售

前者，顾客一个人在购买中说了算。后者需要许多人共同作出决策，比如家庭购买住房，企业采购一套 ERP 软件等。在家庭购买住房时，丈夫、妻子、父母可能都参与进来。在企业采购一套 ERP 软件时，老总、采购经理、财务经理、生产经理等可能都要参与进来，并不是简单地由哪一个说了算的。

3. 个体销售、团队销售

销售的整个过程分为很多步骤，如果是一个人完成全部销售过程，则是个体销售。如果是由一个团队共同协作完成整个销售过程，成员只担负销售全过程中某个环节的工作，就称为团队销售，比如有的人负责电话邀约，有的人负责产品讲解，有的人负责客户关系，有的人负责客户需求把握，有的人负责售后等。

4. 消费品销售、工业品销售

前者是销售消费品的，比如饮料、洗发水等。后者是销售工业品或中间品的，比如钢材、医疗设备等。

5. 店堂销售、拜访销售

店堂销售，也称为驻店销售、驻店销售、柜台销售，就是等顾客上门，顾客主动上门。拜访销售指的是销售人员上门服务，主动打电话给顾客，走出去主动寻找顾客。后者的难度和辛苦度要比前者高。

6. 面对面销售、工具性销售

前者销售人员和顾客面对面，后者主要是借助电话、邮件、微信、QQ 等实现销售，比如电话销售。

不同的销售类型，在销售技巧上有不同的侧重和特点。希望读者能够根据不同的销售类型活用本书中的销售技巧。

（二）商务谈判的分类

按商务谈判参与方的国别、地域，可以分为：国际谈判、国内谈判。

以商务谈判参与方的心态和对双方利益的认知，可以分为：双赢谈判、零和谈判（输赢谈判）。前者认为双方可以达成双赢方案，后者认为双方利益是必然对立的。

按商务谈判发起者是卖方还是买方，可以分为：销售谈判、采购谈判、合作谈判。前者是卖方主动找买方谈，后者是买方主动找卖方谈。合作谈判中没有明确的卖方和买方，比如合资谈判等。

按谈判参与者的多少，可以分为：双边谈判、多边谈判（多方谈判）。

按谈判回合多少，可以分为：单轮谈判、多轮谈判。

按谈判双方参与人多少，可以分为：单人对单人谈判、团队对团队谈判。

按谈判中己方所处的态势和双方力量对比，可以分为：强势谈判、均势谈判、弱势谈判。

按谈判的内容主题，可以分为：技术谈判、价格谈判、项目谈判、合作谈判等。

按谈判的阶段，可以分为：开场谈判、中场谈判、结尾谈判。

四、销售人员的称谓

常见的销售人员的称谓或岗位有销售工程师、销售代表、销售经理、客户经理、售前工程师、营业员、客户代表、销售总监、商务代表、电话营销员、促销员、临促、美容顾问、健康顾问、生活顾问、业务员、业务经理、拓展经理、招商经理、区域经理、区域主管……

销售人员岗位名称的一个趋势是站在客户的角度从为客户提供价值的视角来命名岗位。比如，原先叫保健品销售员，现在叫健康顾问；原先叫促销员，现在叫导购。

销售人员的职责并不是单一地把产品销售出去，具体职责如下：

（1）劝说消费者购买产品；

（2）收回货款；

（3）宣传公司、个人和产品，树立良好形象；

（4）市场调研；

（5）客户关系和市场维护；

（6）寻找新客户，开拓市场；

（7）提高消费者的福利。

记住，销售人员的第一职责就是要把产品销售出去，把钱收回来；消费者应当提高自己的消费者保护意识和技巧来避免购买自己不需要和价值不大的物品。

五、商务谈判中的岗位和称谓

商务谈判中常见的参与方岗位和称谓有：

首席谈判代表、秘书、助理；总经理、商务代表、客户经理、采购经理、技术总监、工程师等。在商务谈判中，如果是谈判双方都是以团队出现的，不是一人，而是多人，那么参与的岗位名称就会存在多种可能，需要具体情况，具体描述。

六、推销与商务谈判的基石

对于推销来讲，其基石和第一步，是对推销中的产品、顾客、竞争对手、竞争队友（同盟）等做出准确清晰的定义。

同样，对于商务谈判来讲，其基石和第一步，是对双方分歧、谈判方、竞争对手、谈判同盟等做出准确清晰的定义。

同时，无论推销还是商务谈判，都要明确自身在其中所要承担的成本、所期望获取的收益、可能担负的风险。

在销售和谈判中要做到9明确：谁是销售方？谁是客户？谁是竞争对手？谁是同盟队友？什么是产品？什么是需求？什么是替代方案？底线是什么？目标是什么？如果可以做到这9个明确，你就可以把推销与谈判技巧在任何领域进行平移。更广义的产品是可以让对方境况变糟的东西和可以让顾客变得更好的东西。

第二节　定义和寻找顾客，明确谈判对手

一、确定目标顾客

如果我们不能选对目标顾客，明确谈判对手，那么我们就会遭受顾客的拒绝，或者是对牛弹琴，白费力气，推销和谈判都没有结果。实际上这怨不得顾客。回答顾客7Q之“我为什么要见你，听你讲”这个问题时，首先是选对目标顾客或谈判对手，其次向顾客塑造双方见面的价值，并用合适的事由开场。由于谈判对手在本质上就是顾客，下文仅以“顾客”来说明。

（一）确定目标顾客的重要性

案例：销售冠军的秘诀

在一次公司内部的销售冠军表彰大会上，美女主持刘小姐要故意难为一下销售冠军张先生，也想借机看一下他是真的很有水平呢，还是运气比别人好而已。“张先生，你可不可以说服今天在场的所有女士都喝一杯白酒呢？”张先生答道：“销售的真谛是把产品卖给真正需要它的人，而不是把产品卖给不需要它的人。把正确的产品卖给正确的人，事半功倍；把错误的产品卖给错误的人，事倍功半。白酒是男人的专利，阳刚！红酒是女人的特权，优雅！来！各位，为了公司有个好将来，男士有个好身体，女士有个好品位，男士斟满白酒，女士斟满红酒，一起干掉好不好？”“好！”男士一饮而尽，女士也纷纷折服，不喝酒的女士也捧场般喝下杯中的红酒。

有人说，他可以把任何产品在任何时候卖给任何人。要么这个人是在吹牛，要么他是在做毫无效率的事情。一个人再优秀，也不可能所有人都喜欢他；一个人再有缺点，也一定会有人喜欢他。同样，一个产品再好，也不可能所有人都喜欢它，需要它；一个产品再不好，也不能没有人不喜欢它，不需要它。因此，销售冠军做的最重要的一件事情就是发

现谁最喜欢、最需要他和他的产品，这就是确定目标顾客。因为销售拒绝“对牛弹琴”！所以，不要奢望你能把产品卖给所有的人，与其试图做这种徒然无功的事情，不如多去想想你的目标顾客到底在哪里。顾客对了，方向对了，你距离成功才会越来越近。

（二）选择目标顾客

销售人员走出办公室，面对茫茫人海，要问的第一句话就是，在他们当中，谁会是我的目标顾客呢？选择目标顾客的过程是这样一个过程：确定谁是最喜欢和最需要我和我的产品的人，谁是比较喜欢和需要我和我的产品的人，谁是最不适合我和我的产品的人。对于最喜欢和最需要我的产品的人，销售人员首先要把最宝贵的时间和精力投入到他们身上来。当有余力时，可以拜访一下比较喜欢我们产品的顾客。对我们产品不适合的人群，销售人员是不会安排时间去理会的。三者之间的一个区别是：销售人员要积极主动拜访最需要我们产品的人，会等待比较喜欢我们产品的人上门购买，会拒绝我们产品不适合他们的人群购买我们的产品。例如以低价著称的美国最有竞争力的航空公司之一美国西南航空公司就曾经声明，如果你喜欢节省旅行费用请选择西南航空，因为我们的机票售价只要60～80美元，大大低于其他航空公司的180～200美元；如果你希望得到奢侈的服务和享受，西南航空一定会让你失望，请你选择其他航空公司，因为这里没有头等舱、不提供行李转机服务、不提供餐饮服务。

案例：把梳子卖给和尚的人，果真是销售高手吗

有一个工厂生产木头梳子。老总招募了一群销售人员，指派他们到附近的寺庙里去向和尚销售梳子。

第一个销售人员回来了，说一把也没有卖掉。怎么一把也没卖掉呢？和尚说了，我们光头，没头发，梳子没什么用啊！

第二个销售人员回来了，说卖掉了一把。怎么卖掉了一把呢？他对和尚说，他家有80岁的老母和3岁的孩子需要照顾，如果不能卖掉梳子，可能会被公司辞退，就没有收入来源了，就无法照顾老母亲和孩子了，请和尚行行好，买一把梳子吧。结果，和尚买了一把梳子。

第三个销售人员气喘吁吁地回来了，也说卖掉了一把。怎么卖掉了一把呢？他发现和尚对梳子确实普遍不感兴趣。于是，他对一个小和尚说，今天，你买了我的梳子，我就放你走；如果你不买我的梳子，我就不放你走，还要揍你。小和尚没办法，只好买了一把。结果，后面大批和尚追来！

第四个销售人员回来了，说卖掉了10把梳子。怎么卖掉了10把梳子呢？销售人员找到方丈说道，这座山的水源被我舅舅控制了，我舅舅特别喜欢我，如果你不买梳子，我就让我舅舅断了你的水源。结果，方丈不跟他一般见识，就应付了事，买了他10把梳子。

第五个销售人员回来了，说卖掉了10把梳子。怎么卖掉了10把梳子呢？销售人员对和尚们说了，梳子的功能不仅是梳头发的，用木质梳子经常刮刮头皮，可以止痒、可以活血、可以明目、可以清醒头脑，更重要的是可以提高记忆力。用了这把梳子后，背诵经文会特别快，让你得到方丈和主持的喜爱，让你出类拔萃。结果，卖掉了10把梳子。

第六个销售人员回来了，卖掉了100把。怎么卖掉了100把梳子呢？他发现虔诚的香客和信徒来寺庙上香、还愿前，都会沐浴更衣，把自己收拾得利利索索的，尤其是头发，以表示对寺庙和佛祖的虔诚。但是，一来，路途遥远，风尘仆仆，等到了寺庙的时候，头发已经凌乱；二来，香客上香叩头起来以后，头发有时也会变得凌乱。于是他就找到方丈，建议每天早上，要在每个佛堂前面放两把木头梳子，供香客整理头发使用。

第七个销售人员回来了，卖掉了几千把。他是怎么做到的呢？他告诉方丈，来上香的人都愿带点信物或借以寄托的纪念品回去。建议方丈把梳子开发成许愿梳、还愿梳、行善梳、菩萨梳、佛祖梳等，并刻上经文，甚至是方丈亲自题字，以满足香客和信徒的心愿。这既兴旺了香火，又是一件善事。方丈欣然接受。

在销售上，"把梳子卖给和尚"是一个非常有争议的案例。因为，对于出色的销售人员来说，他要问的首要问题是，梳子和和尚是最好的匹配吗？如果不是，那就不要把他们生生硬拉在一起，除非已经没有其他市场可做了，没有其他产品可卖了。那么和尚最需要的是什么？肯定不是梳子。那么谁最需要梳子？肯定不是和尚。销售冠军和其他出色的销售人员一定是这样思考：与其费尽心思、千方百计硬要把梳子卖给和尚，不如把梳子卖给蓄发的老百姓；与其卖给男士，不如卖给女士；与其卖给老太太和小孩子，不如卖给青春爱美的小姑娘，尤其是恋爱中的小姑娘。所以，我说，真正的销售从来不是惊天地、泣鬼神，从来都是瓜熟蒂落、水到渠成。如果有件事情让你觉得不可思议，那你就要先想一想，这件事是否违背了销售的规律？真的是通过满足顾客的需要来实现的销售吗？这样做真的是最有效率的吗？于是，把音乐播放器卖给聋人的，把电视卖给盲人的，就真的是高手吗？他这样做真的是最有效率的选择吗？

选择目标顾客的前提是对顾客群做出恰当的描述和区分。比较常用的描述个体目标顾客的特征有：地域、年龄、受教育程度、性别、收入水平、职业、购买习惯、生活方式等。比较常用的描述组织目标顾客的特征有：人员规模、销售规模、利润规模、产品与行业、地域、成立的历史、发展阶段、工资水平等。我们提倡尽量用可寻找性特征去描述目标顾客，而不是不可寻找性特征。可寻找性特征是指销售人员在未正式接触顾客之前就能借此作出某个人或组织是否是目标顾客的一些特征和标准。比如性别这一特征，如果目标顾客是女性，那么面对一群人的时候，我能判断谁是女性，谁是我的目标顾客；又如是否居住于某高档山庄这一特征，如果目标顾客是此高档山庄的住户，那么我可以借以观察谁出入此山庄，从而判断谁是我的目标顾客；再如企业员工的交通工具这一特征，如果目标顾客是工资收入比较高、效益比较好的企业，那么，我们可以借以观察员工上下班的交通工具，观察企业办公区里是否停满了小汽车，来判断这家企业是否是我的目标顾客。不可寻找性特征是指销售人员不能提前和预先借以判断谁是目标顾客的特征，而必须随着和顾客交往的深入逐渐来判断和审查顾客是否是目标顾客，比如兴趣爱好这一特征，面对一群人，我们很难判断他拥有什么样的兴趣爱好，同样对于受教育程度而言，我们也无法提前得知，只能在和顾客的接触中进一步了解。区分可寻找性特征和不可寻找性特征的重要意义在于：对于具有可寻找性特征的顾客我们可以主动出击去拜访销售，对于没有外部可寻找性特征的顾客，往往只能依靠广告拉动来吸引顾客自动上门。因此，销售人员选择和确定目标顾客的一项重要工作就是不断确定和细化目标顾客的可寻找性特征，把不可寻找性特征进一步转化为可寻找性特征。

比如,销售高尔夫会籍的人员在界定目标顾客时,如果标准是不可寻找的特征“喜欢高尔夫运动的人”,那么,他寻找和接近顾客的方式就只有广告,等客上门。但是,随着标准由不可寻找性特征变为可寻找性特征,销售人员将有机会进行主动的寻找、拜访和销售。示例如图 1-1 所示。

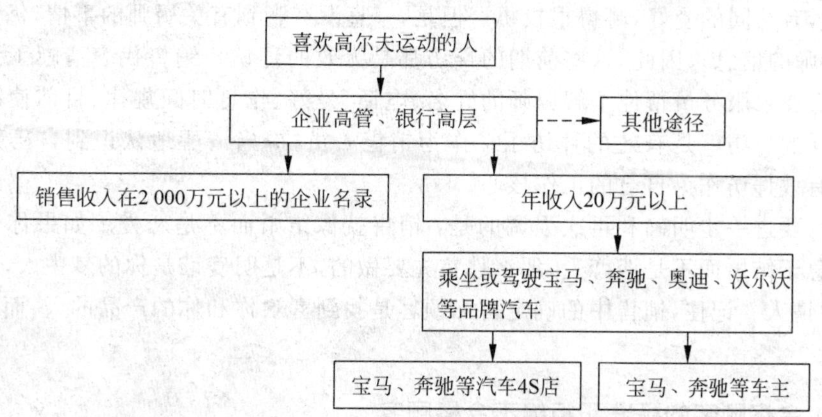

图 1-1 由“不可寻找”到“可寻找”描述示例

通过上图的示例,我们可以清晰地感觉到,目标顾客的形象由模糊逐渐变为清晰,由遥远逐渐变得近在眼前,由无从下手逐渐变得伸手可及。这个过程就是由不可寻找性特征到可寻找性特征的过程。

案例:偷谁也别偷美女

布鲁斯先生是个江洋大盗,年事已高,于是想收一个徒弟,想把自己的绝技传给他。小伙杰克有缘成为布鲁斯先生的弟子。经过一个月的室内训练后,布鲁斯先生决定带领亨利去实战一番。来到市中心广场,人流如织、熙熙攘攘。布鲁斯先生对杰克说:“杰克,为师先给你表演一番,你注意观察。”说时迟,那时快。只见布鲁斯先生绕到一个中年妇人的后面,快步跟上,刀片划开妇人的提包,捏走钱包。整个过程不到 5 秒。杰克看得目瞪口呆。杰克很想在师傅面前露一手。于是,向布鲁斯先生递了个眼色,自己决定先从一个马大哈美女下手。只见此美女穿着风衣,打着电话,钱包半露在口袋外面,想必十分容易得手。不容分说,三步并作两步,绕到美女身后,伸手就要捏走钱包。突然,周围喊声四起,抓小偷——!杰克和布鲁斯先生狼狈地逃回住处,气喘吁吁。布鲁斯先生正色道:“杰克,你记住了,做任何事情都要学好销售和营销这门学问,这门学问的关键是找准目标顾客。明确谁是我们的目标顾客,谁不是我们的目标顾客,是成功的第一步。中年妇女是,而美女不是。因为,你在注意她的时候,周围不知有多少男士也在注意她!紧盯着她看!”

布鲁斯和杰克的行为当然为法律所不允许。抛开这一点,我们在这个案例中可以再次感受到选对顾客的重要性。

选择和确定目标顾客的终极结果是建立一份标有顾客姓名、地址、职业、职位、电话等详细信息的顾客名单。销售酒店用品的销售人员必须要把所负责区域的所有酒店名录都搞到手,并且要知道谁是关键人。销售医疗设备的必须把所负责区域医院名单列出来,并且要知道谁是关键人。建立这样一份名单，需要我们付出努力，多次拜访，不断完善。但是，在此我们要强调的是：在以后的销售过程中，不能完善顾客信息或推进顾客购买进程的拜访活动都是无效的拜访活动，反之才是有效的。比如：

某酱油销售代表负责酒店餐饮渠道的市场开拓，在初期拜访某酒店的时候，认识了一个服务员，有共同的爱好，聊得很投机。但是，一直没有聊到有关厨师的事情，仍然未掌握到关键厨师的信息。因此，这些前期的拜访都是无效的拜访。销售代表清晰了拜访的目的后，随后要求服务员帮他了解厨师的姓名、电话、爱好、作息时间规律、目前使用的酱油品牌，这样的拜访就是有效的拜访了。作为销售人员，应当清醒地认识到自己拜访的目的，并以有效拜访作为自己的工作核心。

最后，要进一步明确和再次强调的是：销售就像结婚而不是恋爱。如果你现在是个单身汉，急于结婚而不是谈恋爱，那么你首先要做的，不是明确谁是你的梦中人，而是你是谁的梦中情人。记住，销售中的确定目标顾客是找到喜欢你和你的产品的人，而不是你喜欢的人！

（三）合格顾客的标准和拒绝不合格顾客

案例：谁是第一关键人

中秋将至，各单位在忙着给员工团购中秋福利，也盘算着给顾客单位送点什么好。茶叶也加入了这个节日团购大战之中。一名铁观音茶叶销售人员来到一家有规模的企业门前，看到办公区里停靠的各种品牌的小汽车就知道来对了地方，心想这家企业的效益肯定不错，肯定有能力为员工团购大单福利。经过打听，行政部负责此事。推开行政部的门，里面一位 30 多岁的女士在俯首工作，一位 50 多岁的男士在喝茶。销售人员径直走到男士面前，尊敬地称呼部长，做了自我介绍，详细介绍了他所推荐的铁观音，并给“部长”泡了一杯茶。男士喝了一口说：“真是上等铁观音。”接着，男士对女士说：“张部长，要不今年咱们给员工和顾客都团购茶叶吧？这茶叶不错。”女士头都没抬地说：“送茶叶不好，不吉利，不要！”事后，才知女的是正部长，男的是副部长，销售代表后悔莫及，知道自己敲对了门，却找错了人。

案例中，销售人员所犯的错误是，没有搞清楚谁才是那个合格的顾客。合格顾客应该具有以下三个标准：(1)有需要；(2)有支付能力；(3)有决策权。通俗地讲就是有钱、有权、有欲的人。特别是在组织购买和群体决策中，我们要找到谁是那个有权、有钱、有需要的人士，并重点做好这个人的工作。一家三口走进汽车 4S 店，销售员的首要任务就是要区分这一家三口中，到底谁是那个拥有最终决定权的人？是老婆，还是老公？销售医疗设备的小刘，与医院的张主任联系了三个月，也吃过几次饭，但是顾客就是没有采购设备的意思。小刘一直很着急。最后经过多方打听才明白，张主任在这件事情上没有实权，真正能够做出决定的是医院王副院长。于是，工作重点由张主任转移到了王副院长这里，设备采购的事情也就逐渐有了进展。对于销售新手来讲，在针对组织的销售中，他们常犯的一个错误是没有对顾客资格进行好好地审查，发现不了谁是那个真正的“合格顾客”，总是和错误的“顾客”打交道。记住：对顾客的资格审查贯穿于销售的整个过程！

案例：我们该不该接受

ZH是一家专业做营销策划和品牌推广的机构，为ZB公司做了新品上市推广策划，取得巨大成功。因此，ZB公司对ZH机构十分信任，当听说有些咨询顾问对人力资源也有独特见解时，ZB公司老总极力邀请ZH机构给他做人力资源方面的诊断和改进，并愿意提前把全部项目款项一次性打给ZH机构。ZH机构内部对于是否接受这个项目邀请发生了争议。支持接受这个项目的一方认为，没有理由把顾客送来的钱拒之门外，何况这也是为了更好地、更全面地满足顾客需求，解决顾客问题。反对的一方认为，我们在人力资源方面并不专业，知识和案例储备没有，一切都要从零开始，与其疲惫不堪去做这个人力资源项目，还不如多花点时间做我们专业的营销和品牌策划，这才是最能发挥我们优势、给客户带来真正价值的地方。最后，ZH机构决定委婉拒绝ZB公司对于人力资源项目的邀请，感谢其对ZH机构的信任，并向ZB公司推荐了一个专业的人力资源咨询公司。

为什么要拒绝和排斥一部分顾客呢？因为这一部分顾客要么会降低销售效率(销售人员在为这部分顾客服务时，本身就不具有优势，会消耗公司大量资源，却不一定会让顾客满意，或者利润微薄，或者同样的资源用在其他顾客身上会有更多的销售额产生，也会有更高的满意度)，要么会严重降低其他顾客的购买意愿和产品评价。此时，本着对顾客和自身负责的态度，我们应该建议和推荐这部分顾客到他处购买。“守好自己的边界，不要轻易去做自己不擅长的事”。

同时，在商务谈判中，如果谈判对手没有决策权或被授权，其实就没有谈下去的必要了。一定要，也只能和有决策权、有资金预算和有现实需求的人谈判，否则都应该拒绝，至少不能作为当前主要的谈判对象。

(四)“合格”顾客的分类分级管理

并非所有的顾客都是生来平等的。销售过程就是放弃不合格顾客，筛选出合格顾客的过程。如果把顾客群比喻成一筐苹果的话，销售就是扔掉烂苹果，拣出好苹果的过程。这个过程称为顾客的分类分级管理，顾客的分类分级管理贯穿于销售的全过程，在此阶段需要把顾客进行等级分类。对顾客进行分类分级的目的是指导销售人员把时间、精力、金钱等资源投入到最能产生销售收入的顾客上来：

(1) 我们一天只有24个小时，正常工作时间约为8个小时，在这有限的时间里，我们应该首先拜访哪个顾客呢？应该把更多的时间放在哪个顾客身上呢？

(2) 如果我们现在手里只有一件赠品或其他限量的优惠政策，那么，这个赠品或限量优惠应该首先给谁呢？应该更多地给谁呢？

要回答这些问题，就要首先对顾客进行分类分级。对顾客进行分类分级的依据就是衡量顾客是否是合格顾客的三个标准，即决策权、支付能力、现实需求和迫切程度。

1. 奖金型顾客

或称为AA类顾客，标准是有需要、有支付能力、有决策权，且需要明显而迫切。抓住这类顾客，意味着销售人员这个月的奖金有着落了。

2. 金矿型顾客

或称为A类顾客，标准是有需要、有支付能力、有决策权。这类顾客好比脚底的金矿，只要肯弯腰，就能挖出黄金。

3. 下月型顾客

或称为B类顾客，标准是有支付能力，但是暂时没有需要。这类顾客在这个月成交的可能性很小，需要时间挖掘顾客的需求，但是，如果时时关注，有效跟踪，有望在下个月转变为金矿型甚至是奖金型顾客。

4. 下季型顾客

或称为C类顾客，标准是有需要，但是支付能力暂时不足，没钱购买。由于资金问题往往不是短时间能解决的问题，所以，如果要把这类顾客培养为金矿类或奖金类，我们需要更多的时间，更多的耐心和等待。或许假以时日，到了下个季度，顾客有了资金，具有了购买力，会转变为金矿型或奖金型。"下季"说明两点：第一，对这类顾客的培养需要更长的时间或者是耐心的等待；第二，尽管培养和等待的时间长，但只要时时关注，耐心跟踪，在不远的将来，它很可能会成为优质的金矿型或奖金型顾客。

5. 包袱型顾客

或称为D类顾客，标准是没有现实需要，也没有支付能力。抓这类顾客，只会让你的销售没有效率，付出多而收获极少。所以，是包袱就应该及时甩掉。

案例：果断放弃顾客，果断寻找更多新顾客

某日，某企业管理咨询机构的品牌助理接到顾客来访电话，希望和公司专家团队面谈，商量关于品牌推广的合作事宜。顾客来访后，我们发现：

这是一家刚成立不久的葡萄籽油生产和销售企业，企业刚成立一年，已经生产出了合格的系列产品，目前主要的销售渠道是团购和亲朋相识的零散购买，总经理就是最大的和唯一的业务员（这是很多中小企业刚起步时的真实情况）。除了所谓的总经理、副总、经理外，营销部门和队伍几乎为零，正在建设中。由于前期资金都投在了厂房和生产线建设上，目前流动资金捉襟见肘，和我们来洽谈的不是老总，而是公司新聘的营销经理徐经理。

由此，我们判断：

1. 需求上

这家企业目前在市场推广和销售上确实遇到了困难，应该有现实的做咨询策划和请外脑的需要。

2. 在决策权上

尽管这家企业有现实的需求，但是，来洽谈的不是老总是营销经理，且没有营销队伍，这说明目前急于做这个事情的不是拥有决策权的老总，而是没有决策权的营销经理。抑或是，营销经理此次前来仅仅是为了获得灵感，好在总经理前邀功，本身也不想真的请外脑。

3. 资金上

目前，这家企业处于初创时期，资金周转困难，因此，其最重要和迫切的事情是财务管理和融资。尽管可以低成本地做推广，却不能无成本地做推广。资金的困难，不仅使顾客无力支付咨询策划费，也会使品牌推广方案在执行过程中遇到重重困难，而得不到有效的执行。

因此，我们确定把这家企业列为下季型顾客，采取以下措施跟进：(1)创造和对方老总见面的机会，探寻老总的态度；(2)在不能正式合作的情形下，可以向顾客提供一些口头的推广建议，初步建立良好关系，建立信任，等待顾客资金好转时，再重点跟进；(3)告诉品牌助理不要留恋这个企业，而应该把精力放在去寻找更多的金矿型和奖金型顾客上去。

把顾客分为奖金型、金矿型、下月型、下季型、包袱型，目的是让销售人员合理分配自己的时间和精力等资源，把当前和将来的精力、时间和其他资源投到更具生产力的顾客上。销售人员要紧盯奖金型，盯着金矿型，培养下月型，留意下季型，甩掉包袱型；要寻找和发现更多的奖金型和金矿型，要不断地把下月型和下季型转变为奖金型和金矿型。销售人员收益与顾客分类分级的关系如图 1-2 所示。

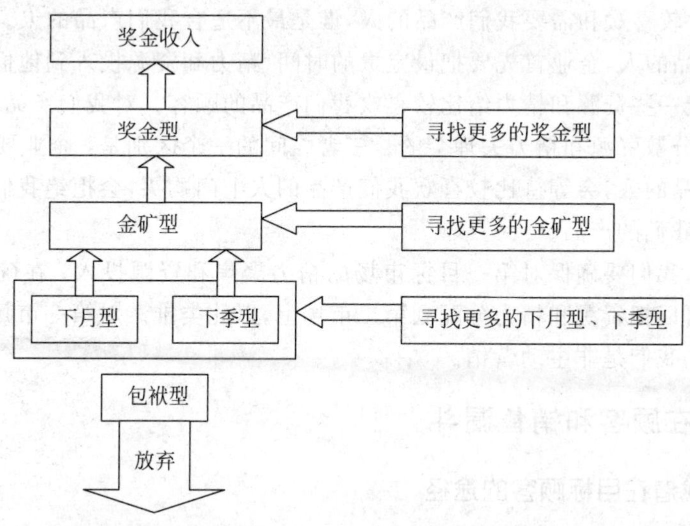

图 1-2　销售人员收益与顾客分类分级关系图

案例：职业道德与效率优先

某商铺售楼处培训置业顾问，要求从来访者的穿着、交通工具及其他各方面来判断顾客的购买能力，过滤掉虚假顾客，真正把精力放在优质顾客的跟踪和服务上。一日，一位穿着朴素、拿着一个破帆布包的老先生推开了售楼处的大门，置业顾问们扫眼一看，认定这位老先生的购买能力差，没有起身进行起码的服务接待的意思。眼见老先生受到冷落，就要生气，于是，主管安排刚来的没有接受过培训的小李来接待这位老先生。没想到这位老先生问了几个问题后，竟然订了 10 个商铺，并从破旧的帆布包里拿出了定金。其他置业顾问见此情景，后悔莫及，对刚来的小李那是一个羡慕、嫉妒、恨啊。结果，小李凭此一单成了当月的销售冠军。

那么，我们应该如何看待和评判这件事情呢？从顾客分类分级的角度来看，置业顾问们冷落这个老先生，是通过老先生的穿着认定他没有购买能力，把他划为下季型甚至是包袱型顾客，避之唯恐不及。从这角度讲，置业顾问们的销售行为是有效率的和有道理的，但是,不提供基本的热情的接待服务却是违反了基本的职业道德。俗话说,来者都是客,置业顾问们应该向所有顾客提供基本的接待服务,这也是职业道德的基本要求。我们再来看看事情的后续发展:在接下来的几个月里,由于小李不能有效地进行顾客分类分级,抓不到重点顾客,业绩挂零,在第四个月,这个幸运的销售冠军选择了离职。

(五)为第一目标市场优先配置并配置最大的资源

如前所述,目标顾客应当符合以下标准:有购买决策权、有支付能力、有购买需要。

在市场细分的基础上,企业要选择自己的目标市场并对目标市场进行分级,确定哪些是第一目标市场,哪些是第二目标市场。确定目标市场和市场分级的依据有3个:(1)顾客需要我们产品的程度;(2)顾客喜欢我们产品的程度;(3)吸引顾客所需要的资源大小和盈利水平。

选择目标市场和对目标市场分级是这样一个过程:确定谁是最需要和最喜欢我们产品的人,谁是比较喜欢和需要我们产品的人,谁是最不适合我们产品的人。对于最喜欢和最需要我们产品的人,企业首先要把最宝贵的时间、精力和资源投入到他们身上。当有余力时,可以分配一些资源和精力给比较喜欢我们产品的顾客。对我们产品不适合的人群,企业是不应该分散资源和精力去理会的。三者之间的一个区别是:企业要积极主动拜访最需要我们产品的人,会等待比较喜欢我们产品的人上门购买,会拒绝我们产品不适合他们的人群购买我们的产品。

总而言之,我们要确保对第一目标市场的精力聚焦和资源投入;在确保第一目标市场的前提下,可以把资源和精力分配到第二市场上,以此类推。对第一市场我们是主动营销,对第二市场我们是非主动营销。

二、寻找潜在顾客和销售漏斗

(一)寻找潜在目标顾客的途径

实践证明,销售人员的业绩与其所拥有的顾客数量成正比关系。如果开发10名新顾客,能成一笔生意,那么100名就是10笔,1 000名就是100笔。不断地寻找新顾客,不断扩大销售对象范围,是销售工作成功的重要环节。因此,我们必须绞尽脑汁,想尽一切办法,寻找潜在目标顾客,开发新顾客。在此,简要介绍一下几种常见的寻找顾客的途径和方法。

1. 陌生拜访法

俗称扫街、扫楼、扫地,指销售人员在特定的区域内,挨门挨户地进行陌生拜访,以挖掘潜在顾客的方法。当然,陌生拜访的形式并非一定是面对面的拜访,给陌生顾客打电话、发传真、发(电子)邮件也是一样的。陌生拜访法适用于新人、新市场。当我们可以用可寻找性特征清晰地界定谁是我们的目标顾客时,陌生拜访也是一个最直接的方法。在拜访中准备些"小礼品",可以有效地减少被拒绝的概率,使自己变得更受欢迎。这些"小礼品"可以是公司的产品,也可以是其他小物件,还可以是一个"好消息""趣闻""笑容""赞美""关心"等。

> 在拜访中准备些"小礼品",可以有效地减少被拒绝的概率,使自己变得更受欢迎。这些"小礼品"可以是公司的产品,也可以是其他小物件,还可以是一个"好消息""趣闻""笑容""赞美""关心"等。

2. 广告寻找法

当目标顾客不能用可寻找性特征来描述时,广告寻找法是最有效的方法。广告寻找法是通过各种渠道把公司和产品广而告之,"愿者上钩"。广告寻找法有两大好处:一是,可以同时接触到众多顾客;二是,广告寻找法的结果是顾客自动上门,所以对于销售人员的心理压力小,销售人员在与顾客接触时,心理上占优。因此,广告寻找法的关键:一是,只有越多的人知道才越有效果,所以要拼命地去"告知天下";二是,对于销售人员而言,其工作重点是产品的说明和展示、异议处理、促成等环节。本质上讲,著名世界销售冠军乔伊·吉拉德发名片找顾客,就是广告寻找法的一种具体表现形式。乔伊·吉拉德将名片作为开发新顾客的一个重要方法,他每周要发出1 000多张名片,逢人就发名片,甚至同一个人会发给他多张名片,请他们把他的名片送给其身边的亲朋好友,甚至是亲朋好友的亲朋好友。

3. 连锁介绍法

这是运用最为普遍的一个方法。所谓连锁介绍法,就是通过现有顾客的介绍引荐作用,开拓新顾客。也就是销售人员让老顾客帮忙介绍新顾客。一个优秀的销售人员在通过陌生拜访建立起自己的基本顾客群体之后,一定要转而向老顾客要新顾客。比如,乔伊·吉拉德在每卖出一辆汽车之后,都会要求顾客把身边现在和将来有购车需求的人介绍给他。又如,知名的培训公司在培训完顾客后,都会要求顾客填写一个培训评价表,而这个表格的最后一项就是要求顾客推荐有同样培训需求的企业。

4. 代理销售法

代理销售法就是销售人员雇用一些低级的销售人员寻找顾客,或者是向提供线索的老顾客提供一定的经济刺激来激发老顾客提供新顾客名单,自己则集中精力从事实质性的销售活动。

比较优势(comparative advantage)是国际贸易和国际分工中常被提及的一个专业术语,放在销售中,就是指专业的人要做专业的事,每个人要做自己最有生产力的事情,这样做效率最高,产生的价值最大。于是在销售中就出现了两种销售形式:个体销售和团队销售。销售的整个过程分为很多步骤,比如说寻找顾客、产品说明和展示、促成交易、售后服务等。个体销售是指一个销售人员独立完成所有销售步骤。但实际上每个人都有自己的专业和特长,善于寻找顾客的不一定善于做产品说明,善于做产品说明的并不一定善于促成交易、售后服务等。因此,聪明的销售人员总是把自己最擅长的留给自己做,把自己不擅长的交给别人去做,组成一个团队,合理分工、各施所长。比如,安排信息搜集能力强的寻找顾客,获取更多顾客名单、安排声音甜美的打电话、安排形象好、表达能力强的做拜访和产品讲解、安排有耐心的做售后服务等。在保险公司中,很多优秀的销售人员都会自己出资招聘一些助理,来做顾客搜集工作,而自己则从事需求激发和保险讲解等核心工作,这就是代理销售的一种形式。有时我们也会在报纸或其他媒体上看到招聘专职和兼职业务员的招聘信息，这些信息不是公司发布的，而是销售人员个人发布的，其目的就是利用代理销售法来拓展自己的顾客来源，提高自己的销售效率。

5. 交叉销售法

交叉销售法就是销售人员与具有非竞争关系的产品销售人员结成合作伙伴，从合作伙伴那儿取得新的顾客名单。

我们知道产品之间有两种关系：一种是替代性关系，就是竞争性关系，比如苹果和梨，联想电脑和方正电脑等；另一种是非竞争关系，比如宝马车和信用卡，非竞争关系的极致是互补关系，比如胶卷和相机，汽车和汽油等。

具有非竞争关系的销售人员可以结成伙伴，交换顾客名单，迅速扩大销售对象。比如，信用卡销售人员经常和汽车销售人员交换名单，卖牙膏的和卖洗衣粉的一同开发超市、代理商等。

6. 竞争插足法

一位销售医疗器械的新销售人员，他没有顾客，但他想了一个法子，就是每天跟踪竞争对手的销售人员的行踪。竞争对手进了一家医院的主任室，等竞争对手出来后，他就紧接着进去。这就是典型的竞争插足法。营销上讲的终端拦截也是一种典型的竞争插足法，销售人员在竞争对手的门店门口守候拦截要进入门店的顾客，并劝说他们转而购买自己的产品。

7. 个人观察法

销售人员通过对周围环境的直接观察和分析，以寻找准顾客。例如，美国一个汽车销售人员整天开着一辆新车在街上转来转去，寻找旧汽车，向旧车主人销售新车。

8. 其他方法

比如参加展会、举办行业论坛等。只要你清楚地知道你的顾客是谁，并开动脑筋，那么你会发现很多更具创新性的适合你自己的方法。比如，一个装修公司的业务员整天待在健身房里，从健身房里找顾客等。

尽管寻找目标顾客的方法有很多，也多种多样，但是寻找顾客关键还是脚要勤，嘴要勤。销售人员的办公地点在市场里，而不是在舒适的办公室里。

> 销售人员的办公地点在市场里，而不是在舒适的办公室里。谁离顾客越远，谁就离成功越远！谁离顾客越近，谁就离成功越近！

（二）销售漏斗

案例：所有播下的种子都一定会开花结果吗？

有一个人想训练一下自己的耐心和毅力，于是，就到一家报社的广告部应聘广告业务员，无底薪、高提成。首先，他拟出一份10人的顾客名单，都是当地有规模的企业。然后，自己默念100遍“在本月底前，我一定说服他们购买广告版面”。结果，到了月底，有4家和他签订了广告协议，其余6家拒绝了他。第二个月，他没有再寻找新的顾客，而是继续拜访剩余的6家顾客。每次去，都会被顾客拒绝，而他却假装没发生什么事情一样，第二天照旧去拜访和试图说服顾客。到了第三个月,顾客被销售代表持之以恒的精神所打动,都购买了一点广告版面。

我们是否应该赞同这个销售人员的做法呢?答案取决于两个方面:

(1) 这剩余的6家企业是否符合合格顾客的三个标准,即它们是否有资金支持广告预算,和销售人员接洽的是否是能对此事拍板的人,它们是否有现实的广告需求。

(2) 我们做事的目的到底是做销售还是锻炼毅力。如果这6家顾客符合合格顾客的标准,我们可以继续拜访这6家企业;如果不符合,那么就应该坚决放弃。如果我们做事的目的是做销售,那么我们就不应该盯着仅有的几家顾客不放,而应该继续寻找新的顾客名单,更多的顾客名单,向"销售漏斗"的上口里放入更多的顾客,只有这样才能产生更多的成交顾客。如果仅是锻炼毅力,这样做倒也无妨。毕竟靠毅力打动顾客和靠乞讨感动顾客无异,它们都没有满足顾客的现实需求,这种行为和销售的真谛无关。那么,什么是销售漏斗呢?

销售漏斗形象说明了从人群到目标顾客,再到成交顾客的一个转化过程,或者说是转换率,见图1-3。它对销售人员的具体启示是,如果你想不断有新业务产生,有持续的业绩,那么你必须不断向销售漏斗的上口投入足够多的目标顾客,只有这样,这些目标顾客才会逐渐转化为合格顾客、准顾客,进而是成交顾客。如果我们只在销售漏斗上口放入了为数不多的顾客或者断了层,就不要期望漏斗下口会持续不断地产生业绩。这就是为什么有些销售人员业绩不稳定的原因所在。因此,优秀的销售人员会保证销售漏斗的每一层次都会有充足的顾客数量,即在任何时间都会保持合理比例的分级顾客数量。比如在任何时间都保持有5个AA类顾客,10个A类顾客,50个B类和C类顾客,100个暂时不能断定的顾客。因为,他们知道,不是所有播下的种子都一定会开花结果,只有不断地播种,才会有新的果实不断产生。

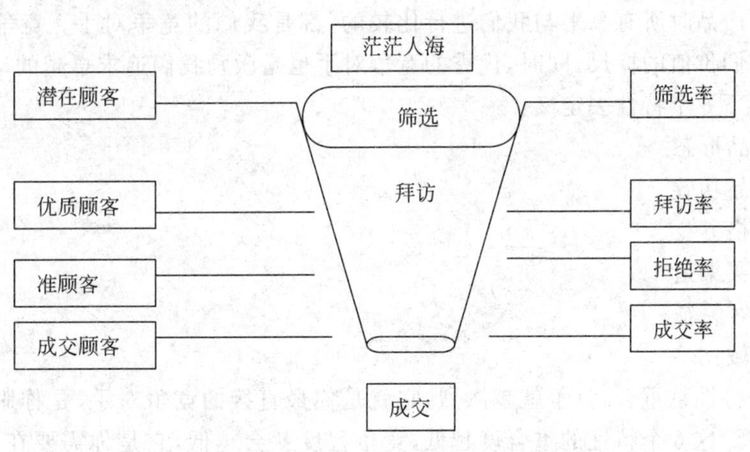

图1-3　销售漏斗

面对销售漏斗,销售人员有两种策略选择:一种是大倾角漏斗,上端宽,下端窄;另一种是小倾角漏斗,下端几乎与上端一样宽。销售漏斗倾角的大小是由什么决定的呢?销售过程质量。但是,无论是大倾角漏斗,还是小倾角漏斗都可能会成功。大倾角漏斗成功的关键是不断地寻找新顾客的能力,好似"广种薄收",所以你会看到许多貌似没有学历和能力的人，但凭着脚勤，不断向漏斗上端投入更多的顾客，也获得了巨大成功。他们的做法是：宁肯错见1 000，不能错过1个；第一个出门，最后一个回家；访顾客要跑到脚生茧，打电话要打到喉咙嘶哑得说不出话。小倾角漏斗成功的关键是提升下面章节将要展开讲述的各销售环节的质量，他们信奉的是：选准顾客，讲解到位，好似“精耕细作”，一样丰收。前者是数量中要质量，后者是质量中要数量。所以，发现自己的优势，扬长避短，选对策略，你就会成功！

第三节　明确竞争对手及对方的替代方案

只有明确谁是我们的竞争对手，才能在竞争中有的放矢；只有全面了解竞争对手，才能知己知彼，百战不殆。

在这里，竞争对手不仅是指企业和品牌，还包括竞争对手的渠道、竞争对手的价值链等。在明确和全面了解竞争对手时，我们要做好以下工作：

(1) 明确是在哪个层次上进行竞争，界定和明确自己的竞争对手；

(2) 确定需要了解竞争对手的哪些信息；

(3) 通过什么途径和手段获取竞争对手信息；

(4) 分析竞争地位和竞争态势，进一步明确竞争对手的优劣势，更要清晰自己的优劣势，塑造超越竞争对手的价值；

(5) 制定竞争策略：从哪点展开竞争？是自主还是追随？是进攻还是防御？是正面竞争，还是错位竞争？

下面，我们进一步阐述如何界定和明确竞争对手。所谓竞争对手，是指顾客在选购产品时，同时进入顾客备选名单，并且是非此即彼关系的产品、品牌和企业。换句话说，顾客在选购某种产品时所有拿来与我们进行比较的，都是我们的竞争对手。竞争对手是顾客用来衡量我们价值的标尺，同时，优秀的竞争对手也是激励我们追求卓越的动力。竞争对手可以从以下6个特性去定义：

(1) 产品形态

(2) 产品功效

(3) 价格

(4) 购买渠道

(5) 顾客特征

(6) 地域

这6个特性越重合，竞争就越激烈，它就是你最直接的竞争对手，是你眼下和短期内都要关注的。这6个特性的重合度越低，竞争程度就会越低，它是你需要在更长期、全局的角度去关注的。竞争对手不是选择的越窄越好，也不是选择的越宽泛越好，这要视自身资源的多少而定，也关系到市场的容量大小。竞争对手选择的越窄，一方面意味着我们可以聚焦更多的资源投入到一个狭窄的市场中以获得更多的胜算；另一方面也意味着整个市场的空间也比较小。竞争对手选择的越宽，一方面意味着我们面对的市场空间越来越大，另一方面也意味着竞争对我们的资源要求也越大，我们的竞争资源也会变得越来越分散。所以，选择恰当层次的竞争对手，就是在我们自身能够投入和聚焦的资源与所面对的市场容量之间做一个均衡的选择，这更是竞争是否成功的保证。

进一步明确竞争对手和竞品，有以下工作要做：

1. 到底我在和谁竞争

根据与之竞争的强度，由强到弱，企业的竞争对手可分为以下几个层次：

(1) 把同一行业以相似的价格向相同的顾客提供相同的产品的企业视为品牌竞争者。他们与我们短兵相接，竞争最为激烈，比如海尔冰箱和海信冰箱的竞争就是这样的关系。

(2) 把同一行业生产不同档次、型号、品种产品的企业视为行业竞争者。比如比亚迪汽车和奔驰汽车就是这样的关系，一个面向中低端，一个面向高端。都说同行是冤家，在这里有时却也是"井水不犯河水"。

(3) 把为满足相同需求而提供不同产品的企业视为一般竞争者。比如，洗衣粉、洗衣皂、洗衣液是这样的竞争关系，微波炉、电磁炉、燃气灶也是这样的竞争关系。有人说卡迪拉克的竞争对手是钻石与貂皮大衣，指的也是这样一种关系，它们都满足顾客显示地位的需求。

(4) 把为争取同一笔资金而提供不同产品的企业视为广义竞争者。比如，小两口有3万元钱，是买项链呢，还是去欧洲旅行呢？小两口也在两者间比较。此时，项链和欧洲游就是一种争夺同样一笔资金的竞争关系。

通过以上的划分，销售人员应当明确，和我们短兵相接的是谁；虎视眈眈、伺机而动的是谁，即顾客到底在拿我和谁比较。

2. 谁是我学习和超越的标杆

和优秀的人在一起，你会变得更优秀。向强者学习，你会变得更强。不要惧怕竞争，要敢于向强者学习，和强者竞争。同时，在顾客看来，你在和谁竞争，也昭显了你的品质。所以，我们要找出竞争对手中的优秀者作为标杆，与其为伍，定点超越。

3. 应该了解竞争对手的哪些信息

对竞争对手的信息搜集当然是越多越好，但是，仅就销售而言，以下信息是必须的和主要的：

(1) 竞争对手公司的信息，包含哪一年成立、发展历程、主要领导、产品系列、企业规模、核心竞争力等。

(2) 竞争对手产品的信息，包含产品特点、功能、价格、渠道、销售政策、优惠活动等。

(3) 竞争对手销售人员的信息，包含专业背景、从业背景、拜访行程、个人特点、客情手段等。

(4) 顾客对竞争对手中公司、产品、销售人员的看法，包括顾客对竞争对手哪些方面感到满意，哪些方面感到不满意。

4. 通过什么途径了解竞争对手

销售人员可以借鉴以下方法、途径来获取竞争对手的信息：

(1) 邀请朋友扮成顾客，购买竞争对手的产品，了解竞争对手。

(2) 在同对手竞争的过程中了解对手，或直接同竞争对手交流。

(3) 从顾客那里了解竞争对手。

(4) 从竞争对手的合作伙伴那里了解竞争对手。

(5) 查看公开的咨询网站、行业展会来了解竞争对手。

(6) 从竞争对手媒体广告、企业网站、宣传单页、海报和公开的其他资料里获取信息。

5. 明确竞争对手的优劣势,更要清晰自己的优劣势

经过以上工作,我们要详细分析竞争对手的薄弱点在哪里,我们的优势在哪里。以此为基础,我们要引导顾客树立有利于我们的购买评价标准,这种标准与我们的优势、竞争对手的劣势相对应。

第四节 明确和找到同盟伙伴,提防反对者

同盟伙伴是指在推销或商务谈判中和我们具有同向利益、支持我们的人士,比如对我们产品高度满意的顾客,谈判方企业中高度认可我们产品的人士等。与同盟伙伴相对应,反对者就是在推销或商务谈判中不认同我们、具有反向利益的人士。在商务谈判中,明确和找到同盟伙伴是非常重要的事情。竞争队友是指虽然具有竞争关系,但更具有共同利益的同类品牌和企业。从竞争层次上讲,竞争程度越高的同行在面对竞争程度较低的企业时,它们就是竞争队友。比如,中国移动、中国联通、中国电信在面对微信的共同威胁时,它们就是竞争队友。销售洗衣粉的不同企业在面对洗衣液的竞争时,它们就是竞争队友。主打草本卖点的化妆品企业(相宜本草、百雀羚、佰草集)在面对主打透明质酸的化妆品企业时,它们就是竞争队友。安踏、匹克、361°、李宁等民族品牌在面对耐克、阿迪达斯等国际品牌时,它们就是竞争队友。其实,通常我们在明确了自己的竞争对手后,自己的竞争队友也就明确了。

第二章

推销与商务谈判的核心理论

开篇两问：

1. 顾客的购买决策过程，你能准确描述吗？

2. 流程是成功的最大保障。推销与商务谈判的标准流程你知道吗？

第一节　购买决策过程和采购技巧

个人购买和组织购买要分开讲，先讲个人购买和消费流程，再讲组织购买和消费流程。

一、顾客一般决策过程

赢得更多顾客购买，缩短顾客决策时间，提升营销费用效率，这是所有企业的共同愿望。但如何做到呢？

整个市场由一个个顾客构成，整体销售额由一笔笔交易构成。不断搞定每一个顾客，你就有了一个大市场；不断搞定每一笔交易，你就有了惊人的销售额。所以，赢得每一个顾客，搞定每一笔交易，是企业的真正成功之道。而赢得每一个顾客，搞定每一笔交易的关键，就是要深刻理解个体顾客的购买和消费决策行为。

个体购买和消费行为根据产品价值的大小和对购买者承担的风险差异而具体有四种类型，分别是复杂购买决策、有限理性购买决策、品牌忠诚、惯性购买。当消费者承担较大的社会风险、健康风险、心理风险、财务风险、功能风险时，消费者会倾向于复杂购买决策行为，比如购买手机、买房，这时候顾客愿意投入时间，也有足够的动力去货比三家。当顾客对这次购买行为满意而下次直接购买相同品牌或品类的产品时，这时表现出的是品牌忠诚行为。当消费者承担较小的风险，同时产品价值较低时，消费者会表现出有限理性购买决策和更多的冲动性购买，比如夏天购买一瓶茶饮料，这时候顾客没有足够的意愿去货比三家，只要第一家说得过去就可以了，或者是因为看到茶饮料在搞促销，就会多买几瓶。当由于没有不满意的情况出现，消费者反复购买某件风险不大的同类产品或在某地反复购买时，这时表现出的行为往往是惯性购买。比如，顾客之所以反复购买和饮用某个品牌的茶饮料，只是因为他门口的便利店里只有这种茶饮料，而他又懒得到其他店里去看有没有其他类型的茶饮料。在这里，重点讲述一下复杂购买决策行为，因为，一般来讲其他购买行为都是复杂购买决策行为某种程度上的简化。

复杂购买决策行为可以分为 8 个步骤，如图 2-1 所示。

(1) 需求和问题的认知；

(2) 信息搜集；

(3) 产品和品牌比较；

(4) 决策；

(5) 购买；

(6) 消费；

(7) 购买后评价；

(8) 对下次购买和消费行为的反馈。

图 2-1 复杂购买和消费决策

组织或群体的购买决策和消费过程基本与个体购买决策中的复杂决策行为类似，也存在着 8 个购买环节，即组织需求认知、信息搜集、产品评价、决策、购买、使用、购买后再评价、反馈。两者不同之处在于，在个体复杂购买决策过程中，所有环节都是由顾客一个人完成的，而在组织购买决策中，这些环节和步骤可能是由不同的部门和人员分别担负不同的角色共同来承担和完成的。例如公司购买一套人力资源管理软件，组织需求认知是由人力资源部实现的，信息搜集是由人力资源部和采购部实现的，产品评价是由包含人力资源部、采购部、总经理、计算机中心等的一个专业委员会承担和实现的，选择购买哪一家的软件是总经理在听取人力资源部意见后决定的，购买是由采购部人员具体去完成的，使用软件是在人力资源部进行的，购买后再评估也是在人力资源部进行的，反馈也是在人力资源部进行的。即在组织购买中存在着以下角色和分工：购买发起者、实际使用者、信息提供者、决策影响者、最终决策者、购买者。在组织购买中，销售人员必须搞清楚是谁扮演着以上角色。

因此，在个体购买中，我们只要影响顾客一个人就可以了，而在组织购买中，仅仅抓住决策者一人是不够的，还要对各个层面的人施加影响才能获得成功。

但是，无论是个体购买还是组织或群体购买，在初次购买的时候，其上述购买决策和消费行为的 8 个步骤都是有基本的先后顺序的。即，顾客总是先有需求，继而搜集信息、比较评价、下定决心做出选择，随后是购买和消费，最后做出购买后评价并对下次购买行为产生潜在影响。

营销可以缩短顾客购买的某个步骤，从而加速顾客的购买进程，却不能越过某个步骤。因此，营销活动的直接目的就是，运用商业活动不断帮助顾客认识到自己的需求，进一步帮助顾客搜集产品信息，树立起正确的评价产品的标准，协助顾客做出正确的决策，使顾客认识到什么样的付款方式是最有利的，最后教育顾客正确地使用所购买的产品，强化顾客满意感，让顾客感受到自己做出的购买决定是明智的，下次还要购买这个产品。

顾客购买产品的过程，就是寻找自己心中问题答案的过程；顾客获得心中问题答案的时间越短，顾客的决策进程就会越快。所以，如果企业能够洞察和发现顾客心中的疑问，并通过自己的营销活动让顾客尽快地获得答案，那么，这个企业必然会赢得更多的顾客选择，不断缩短顾客的购买决策时间，提升营销费用的使用效率。

7Q 就是洞察和揭示在购买决策进程中顾客心中所存疑问的结果，这些问题也有效链接了企业的营销活动和顾客的购买进程。

二、顾客一般采购(购买)技巧

顾客的购买技巧，归根结底就是货比三家和虚张声势两种。

(一) 货比三家

案例：货比三家，买家成专家

1999 年，美国谈判专家史蒂芬斯决定建个家庭游泳池，但他在游泳池的造价及建筑质量方面是个彻头彻尾的外行。于是，史蒂芬斯决定在报纸上登招标广告，具体写明了建造要求。很快 A、B、C 三位承包商前来投标，史蒂芬斯仔细地看了这三张表单，发现其差别很大。于是，史蒂芬斯决定邀请这三位承包商来依次面谈。三位承包商如约到来。A 先生一进门就介绍自己承建的游泳池工程一向是最好的，同时，还顺便告诉史蒂芬斯，B 先生通常使用陈旧的过滤网，C 先生曾经丢下许多未完的工程，现在正处于破产的边缘。接着，史蒂芬斯又和第二个承包商 B 先生进行商谈。史蒂芬斯从 B 先生那里了解到，其他人所提供的水管都是塑胶管，只有 B 先生所提供的才是真正的合金管。最后，史蒂芬斯和第三个承包商 C 先生进行谈判。C 先生告诉史蒂芬斯，其他人所使用的过滤网都是品质低劣的，并且往往不能彻底做完，拿到钱之后就不认真负责了，而自己则绝对能做到保质、保量、保工程。结果，史蒂芬斯通过耐心地倾听和旁敲侧击地提问，弄清楚了游泳池的建筑设计要求，特别是掌握了三位承包商的基本情况：A 先生的要价最高，B 先生的建筑设计质量最好，C 先生的价格最低。经过权衡利弊，史蒂芬斯最后选中了 B 先生来建造游泳池，但只给 C 先生提出的标价。

作为顾客和消费者，最厉害的购买策略就是货比三家。其实，政府和企业在采购的时候进行公开招投标就是货比三家的一种表现。因为顾客要货比三家后才会决定购买，所以往往顾客接触到的第一家产品不会成为顾客的购买对象，而只会成为顾客继续搜集和评价替代产品的基准和参照，顾客也往往从不同的供应商那里逐渐获得丰富的产品专业知识，以用来和供应商讨价还价，使自己获得最优惠的购买条件。于是，人们发现很多时候步行街的第一家服装店不见得就是生意最好的，这是顾客需要货比三家的原因。当然，如果顾客购买的仅是一瓶水的话，第一家店的生意就会很好。两者的区别在于，购买服装往往是复杂购买决策，而后者是有限理性决策。

(二) 虚张声势

顾客第二个常用的购买策略就是虚张声势，简言之，就是明明满意反而惊讶地说不满意，借以获得有利的购买条件。比如，顾客对一条自己喜欢的裤子标价 280 元已经十分满意了，反而故意大声地说："你这老板不实在，这不是诚心宰人嘛！"明明喜欢这个款式，反而故意挑出很多毛病。顾客的虚张声势是顾客的一种谈判策略，会制造出很多虚假的异议来，如果销售人员不能把握住顾客的真实意图，就不能有效地进行销售。

第二节 标准销售流程

一、标准销售流程8步骤

7Q销售认为,销售是依赖于顾客的购买行为而存在的商业活动,销售的本质是推进顾客购买决策过程并加快这一过程的活动。

顾客的购买和消费行为分为8个步骤,它们是:(1)需求和问题的认知;(2)信息搜集;(3)产品和品牌比较;(4)决策;(5)购买;(6)消费;(7)购买后评价;(8)对下次购买和消费行为的反馈。这8个步骤是有先后顺序的。销售就是运用销售活动不断地帮助顾客认识自己的需求,帮助顾客搜集产品信息,树立起正确的评价产品的标准,协助顾客作出正确的决策,使顾客认识到什么样的付款方式是最有利的,教育顾客正确地使用所购买的产品,强化顾客满意感,让顾客感受到自己作出的购买决定是明智的,下次还要从你这里购买这个产品。

案例:你必须先告诉我你需要什么

我们做培训和品牌策划,助理会经常接到各种来访电话。有的顾客一上来就要求我们报价,提供培训列表或者是合作建议书。我们对助理是这样要求的:

接到电话后,不要被顾客牵着鼻子走,因为顾客不知道我们的工作流程,顾客的问话有时是盲目的。所以,我们首先要询问和明晰顾客的需求是什么。这既为我们制定打动顾客的建议提供了依据,也向顾客显示了我们的专业性。越是想做培训和策划的企业,越希望我们能清晰地了解它们想要什么;我们越是要求和坚持先了解它们的需求是什么,它们也就越觉得我们专业。如果来电者刻意回避这个问题,要么他不是我们的准顾客,要么他就是同行来刺探情况的。

既然顾客购买行为的8个步骤是有先后顺序的,那么在销售的时候,就不能越过某个购买步骤而强行把顾客的购买行为推进到购买阶段。这种违反顾客购买行为的销售活动必将以失败告终,即使偶然得手,成交的原因也必然与销售行为和销售技巧无关。因此,在顾客没有认识到自己需要的时候,就不要强行要求顾客购买产品,否则必然遇到顾客诸多抗拒和异议。在顾客没有搜集到足够信息,没有货比三家之前,督促顾客决定购买也往往是枉然的。因此,聪明的销售人员是逐步推进顾客的购买步骤的,而不会急功近利、揠苗助长。同时,销售人员必须有效地把握顾客购买进程,而不是盲目跟随顾客。

销售人员虽然不能跨越顾客购买步骤,却可以加快顾客的购买步骤,并且向有利于自己的立场来引导顾客的购买行为。比如,有的销售人员三言两语就可以激起顾客的需要,而有的销售人员却总是不能引起顾客的注意和兴趣,这就表明前者比后者更能加快顾客的购买步骤。

案例:受过训练的手机品牌导购

受过训练的手机卖场导购会询问顾客是否知道购买手机的注意事项并主动告知有哪些注意事项。以性能和质量见长的N手机的导购会说买手机要注意三个方面,分别是价格、款式、性能,其中最重要的是性能。而以款式见长的J手机的导购会说买手机也要注意三个方面，就是价格、款式和性能，其中最重要的是款式。N品牌手机和J品牌手机的导购都在引导顾客建立有利于自己的产品评价标准。显然，顾客树立了什么样的手机评价标准，那么谁的手机自然就会成为顾客的首选。

最后，在此再次强调：销售的本质是推动顾客购买决策进程并加快这一进程的活动。

7Q销售技巧是建立在顾客购买行为基础上的销售技巧，处处显示了"以顾客为核心"和"以顾客需求为导向"的思想。为了方便销售人员在管理和推进顾客购买行为的同时，对自己的销售行为也有很好的把握，我们建立了销售流程。销售流程分为8个步骤：

(1) 销售前的准备。销售前准备包括信息准备、心理准备、仪表准备、销售工具准备，而信息准备的重点是顾客资料准备，还包括竞争对手、行业状况、企业和产品等信息。

(2) 确定和寻找潜在顾客。明确目标顾客，并建立顾客名单。

(3) 接近顾客。初次接洽及拜访顾客，主要的沟通工具是面对面访问、电话、传真、信函等，目的是与顾客建立融洽和信赖的关系。

(4) 识别顾客问题和需求。这是销售的关键环节。

(5) 产品展示和说明。向顾客说明产品是如何满足顾客需求的。

(6) 异议的处理。销售人员不是收银员，处理异议是销售人员价值的体现。

(7) 促成交易。一手钱，一手货。销售人员和顾客皆大欢喜。

(8) 售后服务、顾客关系维护和后续销售。优秀的销售人员重视售后服务，在他们眼里这才是销售的开始。

在接近顾客的阶段可以多听，在识别问题和需求的阶段可以多问，在产品展示和说明阶段可以多说。当然，我们提供的这个流程仅供参考，是你思考的起点，而不要拘泥于此。我们真心希望，经过融会贯通之后，你能根据自身和行业的特点设计出属于自己的3步骤的销售流程、6步骤的销售流程或者是9步骤的销售流程，只要你喜欢和有效。

二、售后服务、顾客关系维护和后续销售

下面，我们重点对标准销售流程的第8个步骤"售后服务、顾客关系维护和后续销售"进行补充说明。

(一) 售后服务——为一次销售增值，为二次销售奠定基础

理论上，销售的售后服务环节对应顾客购买流程的购后评估环节。

案例：顾客购买深海鱼油之后

(1) 顾客后脚刚踏出店门。短信到了：亲，感谢您对我们的信赖，同时，更要恭喜您根据自己的需要做出了正确选择。记得每天吃三粒，每次吃一粒哦。

(2) 第2天早上7:30。短信到了：亲，您好，随餐服用深海鱼油，效果更佳哦。祝你健康快乐每一天。

(3) 第3天。短信到了：亲，提醒您，与卵磷脂搭配服用，效果更佳。

(4) 第4天，短信到了：亲，建议您，少吃油炸食物，多吃水果，适量运动，每天散步半小时。

(5) 第26天。短信到了：亲，您还有4天的服用量，建议您长期服用，及时购买。身体健康重在平时预防和保健。近期我们针对老顾客的惠客活动有：购深海鱼油2瓶赠卵磷脂1瓶！只有老顾客才能享有哦！

婚姻是爱情的坟墓吗？如果你婚前甜言蜜语，婚后冷若冰霜，忽视对方，不再像婚前一样去主动讨好对方，那么，婚姻无疑就是爱情的坟墓。但是，只要你仍然像婚前一样主动积极地去讨好对方，婚姻就不是爱情的坟墓，恰恰是甜蜜的天堂。所以，真正的恋爱始于婚后，同样，真正的销售始于售后。

顾客第一次购买可能是源于产品的魅力，但是，第二次购买一定是源于你和公司的顾客服务所提供的附加值。销售人员应该记住这样一句话：永远不要忘记顾客，也永远不要被顾客忘记。同时，也要记得：再好的产品，如果没有售后服务，也会成为很烂的产品。

售后顾客服务的目的是，辅导顾客正确地使用产品和服务，解决顾客在使用产品和服务过程中遇到的问题，让顾客对产品和服务感到满意，进而与顾客建立牢固的良好的关系，使顾客变成忠诚顾客。

服务顾客的动力和热情源于销售人员对以下6大类问题的思考和追问：

(1) 为什么我们要服务好顾客，建立良好的顾客关系？与之相关和延伸的问题有，不这样做的后果是什么？为什么我们要现在、立即、马上服务好顾客，建立良好的顾客关系？不立即这样做的后果是什么？

(2) 如何跟踪和衡量顾客的满意度？如何提高和强化顾客的满意度？

(3) 新顾客不选择我和购买我的产品的原因是什么？新顾客选择我和购买我的产品的理由是什么？他满意的是什么？不满意的什么？如何改进？

(4) 如何处理老顾客和新顾客的关系？如果有一项优惠活动，是给新顾客呢，还是给老顾客？

(5) 老顾客重复购买的理由是什么？老顾客后来流失，不重复购买的原因是什么？

(6) 为什么我要关心以上问题？如果我关心以上问题，后果是什么？

这6个问题请您好好想一想，它们能够开启您的思考天地。显然，你不重视售后服务，你的竞争对手就会来服务你的顾客；你不乐意服务你的顾客，而你的竞争对手却乐意来服务你的顾客。

要长期与您的顾客建立商业联系，不仅在于商品本身或者销售能力，更在于你能否满足顾客的需求，甚至于提供的服务能超越顾客的期望，让顾客感到惊喜。

顾客要的只有两件事：如果你关心我，就做给我看；如果你承诺了，就请做到。

> 发现顾客为什么不满意比发现顾客为什么满意更重要！

(二) 顾客投诉

案例：顾客要的是什么？

记得新闻中报道过这么一件事情：聊城某顾客购买一品牌平板彩电，买回去后，还没到一个月的时间，液晶屏就出了问题，成像不完整。顾客多次向厂家反映和寻求问题的解决，最后，厂家客服人员答应第二天10点前会给回复。结果，到了第二天，顾客盼到10点也没有等到厂家的回复。一气之下，顾客就给新闻记者打了电话，向媒体投诉此事，寻求事情的解决。新闻记者刚进顾客家门，厂家也打来了电话，说经领导批准愿意给顾客调换一台新的彩电。最终，事情圆满解决了。最后，顾客激动地向媒体说：感谢电视台，感谢节目，感谢记者，感谢主持人。就是没有一句感谢厂家的话！

请各位读者先想一想，这位顾客在整个事件中要的到底是什么？

处理顾客投诉是售后顾客服务的一项重要工作。是否能够有效处理顾客投诉，反映了公司以及销售人员的素质水平。同时，切实有效地处理顾客投诉不但可以弥补前面服务不足给顾客造成的缺憾，更可以提高顾客的忠诚度。

顾客投诉处理过程包括以下环节：

1. 灭火缓冲

当顾客投诉的时候，不要和顾客争辩，要耐心倾听，并向顾客表示我们对他的处境和反应表示理解，目的是让顾客感受到我们对他的尊重和重视，让顾客平静下来，以便客观、理性地进行后续的交流和沟通。

为了让顾客快速恢复冷静，我们可以采取变更"人、地、时"的方法让暴躁的顾客逐渐平静下来。首先是变更处理投诉的人员，比如请出您的主管、经理或其他领导，这可以让顾客感受到对他所反映问题的重视。其次就是变更投诉处理场所，比如从前台转移到贵宾接待室，环境的变化，会使顾客的心情逐渐放松下来。最后要选择好问题解决的时机，要以"时间"换取冲突冷却的机会，比如您可告诉他："我一定会把你反映的状况及时向我们主管领导汇报，尽早给你一个满意的答复。要不你先回去休息，等我们的电话？你放心好了。"

2. 弄清事实和原因

耐心倾听和询问顾客的抱怨，引导顾客把事情的来龙去脉说清楚，冷静地分析事情发生的原因与重点，并把关键细节搞清楚。

3. 分清责任

分清顾客不满状况的出现是由消费者自身原因造成的，还是由产品原因、销售服务人员服务不到位造成的，抑或是由不可抗力等其他意外引起的。不管是由于顾客自身原因出现的问题，比如使用不当，还是由于产品等其他原因出现的问题，在向顾客解释和界定责任的同时不要推卸责任："这是你自己的问题！怨不了别人！""你去告我们吧！""你自己去找我们老总反映吧！我解决不了。"对这些答复，顾客是肯定不会接受的。投诉的顾客需要的是被理解、被重视、被公正地对待，遇到的问题被解决掉。

4. 确定自己的解决权限

在自己职权范围内的，自己可以直接处理。不在自己职权范围内的，向上级领导反映，请领导出面解决。不管是否在自己的职权范围内，你都应该对整个过程进行跟踪，直到顾客获得满意的结果为止。切忌越权向顾客做出不切实际的承诺。

5. 制定解决方案

询问顾客想怎么解决，期望获得一个什么样的解决方案。最后，在和领导协商后制定一个解决方案。

6. 及时回复顾客

在承诺向顾客回复的时间里,必须及时把处理结果或者事情的处理进程告知顾客。记住:及时回复顾客远比问题得到解决更重要,因为,顾客投诉期望得到的首先是被理解、被重视和关心,其次才是问题是否得到解决。这一点在上面案例中得到了非常好的诠释。

7. 化抱怨为满意

当双方对解决方案达成一致后,销售人员和客服人员要及时执行解决方案。通过这一补救措施强化和顾客的关系,使顾客意识到我们是信守承诺的,进而增强顾客的忠诚度,所谓"不打不相识,越打越相知"。

8. 企业自身检讨和改善

顾客服务的最大障碍在于:

(1) 销售人员流动,新接替的销售人员没有动力,也不掌握服务好顾客的充分信息;

(2) 产品销售之后,售后服务交予专门的顾客服务部门来进行,造成服务脱节。

因此,在销售人员做好销售和服务的同时,企业应当要求销售人员建立完整的顾客档案,在销售人员和顾客服务人员流动时,接替人员仍然能为顾客优质和不间断地服务。除此之外,企业也应该在其他方面采取措施避免类似投诉事件的再次发生。

(三) 售后顾客关系管理

销售活动的基础是创造更多的顾客,更多的新顾客,更多的老顾客。因为有顾客,才会有销售;顾客越多,销售业绩就越大;拥有大批忠诚的顾客,是销售员最重要的财富。如何留住更多的顾客呢?是否应该向他们提供一样的服务呢?

1. 老顾客是最好的顾客

老顾客是最好的顾客,满意的老顾客不但会从销售人员这里重复购买产品,还会成为销售人员免费的宣传员和下级销售人员。当然,老顾客成为好顾客,需要销售人员付出努力和心血,提高顾客满意度和忠诚度。

企业经理们重视顾客关系的基础是顾客价值。

案例:一个婴儿的奶粉

2008年夏,去青岛素康集团为负责销售爱可丁品牌奶粉的销售人员做一场培训。其间,与爱可丁营销总监谈起了一个出生婴儿的终生顾客价值。粗略估算,一个出生婴儿的终生顾客价值约是1万元,其假设是:3个月断母乳,其后以奶粉为主;随着年龄的增长,主食增加,奶粉逐渐减少,吃奶粉至3岁;1岁以内,一盒800克奶粉约吃4天,1~2岁期间,一盒奶粉吃8天,2~3岁期间一盒奶粉吃15天。因此,在他们的眼里,每个宝宝都是金宝宝,一定要好好服务,得罪不起啊。

顾客价值是顾客持续给企业带来的价值总和。顾客价值包括:

(1) 顾客重复购买同一产品;

(2) 顾客延伸购买公司旗下同品牌产品的其他产品,比如顾客最先购买了海尔的冰箱,并对海尔的品质和服务给出了很高的评价,于是以后购买彩电时也选择海尔品牌等;

(3) 顾客购买互补品(中间商),比如顾客购买了打印机,后续持续购买硒鼓等;

(4) 老顾客介绍新顾客购买，比如老顾客购买了格力空调，用着很满意，于是介绍自己的朋友购买格力空调；

(5) 顾客由于很满意，于是主动宣传企业的优势；

(6) 增加单次购买和消费的金额等。重复购买越多，延伸购买越多，互补购买越多，推荐新顾客越多，口碑宣传越多，单次消费金额越大，顾客价值就越大；反之就小。

2. 顾客满意和顾客忠诚

顾客关系的核心是顾客满意和顾客忠诚，因此，我们要持续跟踪和衡量顾客的满意度，不断提高顾客的忠诚度。

顾客的满意度可以分为如下6个层次：

(1) 非常满意。顾客表现是，一定会再次购买。

(2) 满意。顾客表现是，倾向于再次购买。

(3) 一般。顾客表现是，对以后是否继续购买还是转向竞争对手持无所谓的态度。

(4) 无奈。顾客表现是，只要有新的选择或竞争对手进入就会拒绝再次购买本企业的产品和服务，同时到竞争对手那里去尝试新的产品和服务。营销界一般把此种情况的顾客反复购买行为称为伪忠诚。

(5) 不满意。顾客的表现是，自己抱怨一下，从自身找原因，认为是自己的错，离开现在供应商，转向竞争对手。

(6) 非常不满意。顾客的表现是，坚决离开，转向竞争对手，同时向身边所有的人抱怨，提醒他们不要购买企业的产品。

顾客的满意度越高，对企业的忠诚度就越高，尤其是顾客的重复购买周期越短时。当我们发现顾客处于"一般"以下的满意度层次时，我们必须采取措施弥补顾客缺憾，同时提高顾客的满意度。具体做法是：

(1) 建立顾客满意度跟踪系统。建立售后立即回访顾客制度，询问顾客消费中的情况。

(2) 发现顾客不满意因素，并改善。对于服务业来说，发现顾客不满意因素比发现什么是满意因素更为重要。

(3) 称赞顾客的购买选择是正确和明智的。如果顾客满意度高，就恭喜和赞美顾客做出了正确的选择。如果顾客满意度不高，就引导顾客正确认识消费中遇到的问题，并采取积极的补救措施。

(4) 满意度因素分析。最后，企业要对顾客对哪些因素满意会再来，对哪些因素不满意会流失做个统计分析。

要想让顾客非常满意，我们就要提供超值服务。超值服务是顾客对服务的感知价值远远超过顾客的预期。当然，我们可以通过降低顾客的预期来实现超值服务，不过这种方式会同时降低对新顾客的吸引力。我们更希望通过提供真正的超值服务来让顾客感到非常满意，在这里很多企业有以下两个误区需要避免。

第一个误区是认为提供超值服务必然意味着更高成本的支出。

超值并不等于超成本。其实，很多情况下，不增加成本就可以提高超值服务，让顾客非常满意。比如，员工微笑，一句及时贴心的询问，员工对顾客要求和抱怨的及时响应都会让顾客感受到超值服务。在这种情况下，企业需要做的仅仅是通过服务流程优化、员工培训和训练、服务文化建设、顾客导向的绩效奖惩机制等措施来挖掘员工潜力，从而达到服务水平的提高。

第二个误区是认为顾客得到的服务越多，顾客就会越满意。

超值服务是不是就意味着顾客得到的越多越好呢？也不是，因为超值不等于质量过剩。什么是质量过剩？就是顾客觉得自己得到的在满足自己的需要后还有很大剩余没有被消费掉。比如顾客办了一张优惠的美容年卡，约定一年享受的美容次数，结果到了年底还有89次没有用完。这就是质量过剩，这个时候顾客不但不会觉得服务超值，反而会觉得有些钱花了没有用掉，感觉很可惜，因而产生负面评价。因此，向顾客提供服务是要把握一个度的，给顾客一个小惊喜，顾客往往会感到非常满意，给顾客太多的惊喜，反而会事与愿违。

3．在顾客关系营销里，顾客是有三六九等的

衡量顾客等级的依据是顾客价值的大小。比如，有一家小饭店，有三位顾客来吃饭，分别是A、B、C。A是第一次来，B是经常一个人来，C不仅是自己经常来，还请朋友一起来。请问你会都给他们赠送菜品吗？会赠一样的菜品吗？显然，你会给C最好的赠菜，因为他的顾客价值最大。

于是，基于顾客价值的不同，我们会把顾客分等级。根据二八原则，80%的销售收入来自20%的顾客购买。因此，关系营销的重点是优质顾客，不是所有的市场和顾客都需要同等层次的注意和资源。

把顾客分类分级，跟踪顾客，创造和建立关系黏结点。

案例：IT产品大顾客的分类分级

某公司是中国重要的服务器制造商和服务器解决方案提供商，四大业务群组涵盖以服务器、商用电脑、税控机、金融自助终端为主的计算平台产品和大型行业应用软件、ERP、集团财务、协同办公软件、电子政务等产品与行业应用解决方案。顾客遍及中国金融、通信、政府、教育、制造业、烟草等行业和政府部门，全方位满足政府与企业信息化需求。该公司根据顾客所贡献利润的历史数据和未来潜力，将顾客分为四级：白金顾客、金牌顾客、银牌顾客、铜牌顾客。各销售区域和销售人员可根据所负责区域市场特点相应调整利润金额等评级标准，这种评级在年末根据大顾客的最新利润数据和未来发展潜力作重新评估。

该公司对2006财年51个顾客分类后发现，其中9个大顾客占据了利润额的85%，因此，此类顾客是最重要的资产，公司为此类顾客成立了专门的VIP大顾客部，并制定了针对大顾客的物质激励和精神激励政策，定期交流和联谊，加强其对产品和公司的忠诚度。

对于白金顾客和金牌顾客，该公司采用直接管理方式，由顾客经理直接拜访和跟踪，确保对顾客的需求作出及时响应。并且从客服、价格等方面对这类顾客予以优惠。

相对而言，对于银牌顾客所投入的资源要少一些，如顾客拜访次数等。而对于铜牌顾客，虽然贡献的利润额较少，但单体数量庞大，占整体顾客数量的70%以上。对于此类顾客，该公司主要是通过代理商进行管理。

在售前，我们需要把客户分类分级；在售后，我们仍然需要把顾客进行分类分级。此时的标准变为：购买的数量和频率。这显然和我们在接近顾客时使用的标准不一样，那时的标准是：支付能力、现实需要、有决策权。根据购买数量和频率，我们可以把顾客分为四类：购买数量大，频率高的为A类；购买数量小，但频率高的为B类；购买数量大，但频率低的为C类；购买数量小，频率也低的为D类。当然，我们还可以用其他的标准对顾客进行分类分级，比如顾客忠诚度和利润贡献率等。

案例：轻骑铃木和嘉陵摩托

2003年，我去浙江调查轻骑铃木摩托车经销商的状况。很多经销商是一店两牌的，专卖店同时经销轻骑铃木和另外一个品牌，只是主次有别。调查发现，同时经销轻骑铃木摩托车和嘉陵摩托车的经销商，大多对嘉陵摩托车的认可度和忠诚度比较高，并且，在他们的办公桌上都清楚地看到了他们在重庆参加厂家举办的经销商会议时的合影，据说，每到节日都会收到厂家和销售人员的小礼品。

在重复购买间隔期内，我们要创立一些关系黏结点来强化和顾客的关系，所谓和顾客要多走动走动，否则，顾客就会淡忘我们，在下次需要产品的时候把我们排除在选择范围内，而重点考察当时进入其眼帘的其他公司、品牌和销售代表。这些关系黏结点可以是：

(1) 顾客购买产品后，和顾客合影，稍后把照片寄给顾客，并寄出一封电子邮件、发个短信或打电话。合影是让顾客时常注意到你并想起你的一个非常有效的手段，尤其顾客把合影放在办公室、办公桌上的时候。

(2) 在顾客使用产品的一周、一个月、一年内或其他时间节点，给顾客打电话，询问产品使用情况，提醒注意事项。

(3) 在顾客生日和重大节日的时候，寄去一张生日贺卡，发送一份祝福。

(4) 邀请顾客参加公司周年庆。

当然，只要善于思考、真诚付出，你会发现和创造更多的带有自己特点的关系黏结点。

4. 顾客关系管理的实质是培养目标顾客的顾客忠诚

忠诚的顾客一定是优质的顾客吗？一定是企业的目标顾客吗？忠诚的顾客不一定是企业的优质目标顾客。

在针对瑞典银行的一项实证研究中发现，在该银行，顾客满意水平很高，但却没有盈利。80%的顾客对从银行获得的服务很满意，却不能使银行盈利。另一方面，20%的顾客贡献了超过银行100%的利润，但却对银行的服务不满意。韩经纶、韦福祥在其2001年发表在《南开管理评论》上的《顾客满意与顾客忠诚互动关系研究》结论中指出，提高顾客满意度和忠诚度正确的做法是，在对顾客进行细分的基础上，最大限度地使更具有顾客价值的顾客满意。形象地说，对于优质的目标顾客，企业要到目标顾客那里去；对于非目标顾客，企业是等待顾客到企业这里来。

如果不涉及企业的社会责任，顾客关系管理的实质就是有限度拒绝非目标顾客，集中资源培养和强化目标顾客的忠诚。

(四) 趁热打铁——后续销售活动

后续销售活动包括：

(1) 补充、完善和整理从一开始就建立起的顾客数据库或顾客档案。

(2) 让顾客坚信自己的购买决策是正确的,让顾客感到满意,包括继续与顾客保持接触,进行感情联络。比如回访顾客,询问产品使用状况,提醒顾客注意事项。比如,不是感谢顾客购买了我们的产品,而是恭喜顾客,选择我们,是他做出的一个正确和明智的选择。

(3) 挖掘顾客价值,进行扩扎销售。①希望顾客重复购买。②延伸购买公司旗下同品牌产品(制造商),比如顾客购买了海尔冰箱,继而希望顾客购买海尔洗衣机。③购买互补品(中间商),比如顾客购买牙膏,继而希望顾客购买牙刷。④要求顾客推荐新顾客等。

(4) 重复检测顾客满意度,强化顾客购买信心。

(5) 注意流失的新老目标顾客,发现流失的原因并改正,同时用行动重新赢得流失的顾客。

后续销售的一个关键步骤是询问顾客的满意度和提升顾客的满意度。无论顾客是否满意,我们都要激发顾客说出真实的感受和答案,而不是客气的答案!

> 我们需要的是来自于顾客的真实的反馈和答案,而不是客气的答案!

销售人员在要求顾客推荐的时候,可以遵循以下步骤:

(1) 确认产品的价值和顾客的满意。只有顾客对产品和销售人员满意和认可的时候,并且顾客心情好的时候,才可以要求顾客进行推荐。

(2) 要求介绍同等级的顾客。物以类聚、人以群分。顾客只有推荐同等级的新顾客,才会发挥更大的影响力。

(3) 运用二择一法。比如,张总,你是介绍一个还是两个?

(4) 要求帮你打电话或出顾客证明及推荐信。

(5) 重复的推荐。要求顾客推荐的顾客继续推荐新顾客。

销售人员为了取得更好的推荐效果或者引发自动的顾客推荐,应该在以下方面进一步采取有效措施:

(1) 在顾客中优先选取意见领袖作为推荐人。意见领袖是在一个群体中为别人所信任、有广泛影响力和标杆作用的顾客,他们往往见多识广,既专业又乐于向别人提供建议。群体内的顾客在购买某项产品时,会向意见领袖征求意见或观察意见领袖做出的购买选择。因此,如果销售人员赢得了意见领袖型顾客的支持,那么他所得到的推荐顾客将远远超过普通顾客推荐的数量。

(2) 为顾客的推荐行为提供"理直气壮"的话题和理由。这个话题和理由可以是产品的品牌力量、出色的产品性能,也可以是有趣的故事和话题。让品牌成为行业中的佼佼者,当谈起汽车,人们总会提起奔驰、宝马、奥迪、沃尔沃等,因为它们都象征着尊贵、安全、地位,这是品牌的魅力。如果给阿胶顾客提供一个有关阿胶与杨贵妃的故事,那么,这个顾客一定会乐于把这样一个有趣的故事和别人分享。塑造一个顾客普遍关心的话题,让话题在顾客中传播。阿里巴巴在成长的过程中,塑造了一个又一个网络创富话题,随着这些网络创富话题的传播,阿里巴巴也日益发展壮大。

(3) 及时反馈和奖励顾客的推荐行为。顾客推荐后,销售人员要把和推荐顾客的进展及时反馈给老顾客。如果能促使新顾客给老顾客打电话表示感谢，那就再好不过了。这会让老顾客放心，感受到自己的推荐行为是正确的。同时，建议销售人员给老顾客提供一些优惠或者是小礼品对老顾客的推荐行为表示由衷的感谢。西安的一家饭店，菜品质量和服务并无突出特色，但是，只要是老顾客带新顾客来吃饭，就会有所表示，持之以恒、从未间断。结果，就餐客人越来越多，生意越来越好。

第三节　7Q

一、看似简单却不简单的7Q——顾客最关心的7个问题

7Q指的是顾客最关心的7个问题，是顾客最关心的7个问题的简称(7 Questions 简称7Q)，这7个问题是顾客站在自己的立场以自己的口吻提出的，它们具体是：

(1) 我为什么要听你讲？我为什么要见你？(营销层面的表达式是：我为什么要注意到你？)

(2) 这是什么？

(3) 与我何干？

(4) 我为什么要相信你？

(5) 值得吗？

(6) 我为什么要从你这里买？(完整表达式是：我为什么要买你的？要从你这里买？)

(7) 我为什么现在就要买？

7Q及7Q品牌营销的核心思想是本书作者10多年研究和营销实践的成果，最早于2010年发表在《销售与市场》《企业管理》等权威期刊上，并于2012年出版了7Q品牌营销的“销售版”和“营销版”著作，即北京大学出版社出版的《顾客凭什么购买——销售必须答对的7个问题》(2012.4)、清华大学出版社出版的《顾客凭什么购买——让产品自动畅销的7Q营销方案》(2012.7)。2014年，《教你制作一条驱动销售的广告语》《活用7句话术保成交》等文章相继发表，标志着7Q及7Q品牌营销思想对营销实践的指导工作进入一个新的阶段。

截至2014年，已经发表的有关7Q的文章和著作有：

(1) 2010年3月，《加速顾客的购买决策》，销售与市场。

(2) 2010年4月，《基于顾客购买流程的7Q营销思维模式》，中国商贸。

(3) 2012年4月，《顾客凭什么购买——销售必须答对的7个问题》，北京大学出版社。

(4) 2012年7月，《顾客凭什么购买——让产品自动畅销的7Q营销方案》，清华大学出版社。

(5) 2012年7月，《销售：石破天惊？水到渠成？》销售与市场。

(6) 2012年8月，《信任是品牌价值的核心与基石》，销售与市场。

(7) 2013年8月，《给娃哈哈·格瓦斯算命》，销售与市场。

(8) 2014年2月,《教你制作一条驱动销售的广告语》,销售与市场。

(9) 2014年3月,《活用7句话术保成交》,销售与市场。

在每一个7Q问题后面,都有相应的潜台词。隐藏在每个7Q问题后面的潜台词是什么呢?

(1) 1/7Q。产品和品牌很多,琳琅满目,同时,我很忙,有很多事情要做,比如晚上要去看电影,比如我正在寻找我喜欢的电视剧,那我为什么要放弃其他事情听你介绍产品呢?请先给我个理由。

(2) 2/7Q。你说的这个产品,我不了解,也不关心,你能不能用最简明、生动的语言清晰地告诉我你所说的这个产品是什么?有什么特点?

(3) 3/7Q。这个产品挺好,不过我想知道的是这与我何干呢。如果和我没有关系,不能给我带来好处,对不起,我是不会动心,也是不会买的。

(4) 4/7Q。现在骗子那么多,连名人代言的有时都是假的,那么谁知道你不是夸大其词,信口雌黄呢?你的承诺能兑现吗?我为什么相信你说的是真的呢?要我相信你,好啊,请给我理由。

(5) 5/7Q。产品虽然好,也能给我带来显而易见的好处,可是它不值这个钱啊?大家挣的都是血汗钱,每一分钱都要花在刀刃上,一分钱要有一分钱的价值。告诉我,为什么它值这个价。

(6) 6/7Q。你的产品好,别人的也不错啊,甚至比你的更好。我为什么非要从你这里购买?

(7) 7/7Q。产品说不定还要降价,质量还要完善,况且我也不是太需要,那我为什么非要现在购买,而不是再等等看看呢?所以,我要考虑考虑。

显而易见,谁能回答7Q,顾客就选择谁。

二、7Q的依据——加速顾客购买决策进程

1. 成交要不要讲科学

案例:小郑做销售

2009年,山东春季车展前,山东匡山汽车大世界。小郑是比亚迪汽车4S店的销售顾问。一位中年男子进入4S店。小郑上前接待。询问得知,这位顾客正在考虑购买一辆家用轿车,这是他第一次到匡山汽车大世界考察汽车品牌,比亚迪4S店是顾客进入的第一家店。在此情形下,小郑还是极力试图说服顾客选择购买比亚迪F6车型,并说此时购买还会享受到一些优惠。最后,尽管小郑已经给出了底价,顾客还是表示需要考虑一下,离开了。

前面章节讲到顾客的购买行为分为8个步骤,这8个步骤是有先后顺序的。因此,在销售的时候,就不能越过某个购买步骤而强行把顾客的购买行为推进到购买阶段。这种违反顾客购买行为的销售活动必将以失败告终,即使偶然得手,成交的原因也必然与销售行为和销售技巧无关。因此,在顾客没有明确自己需要的时候,就不要强行要求顾客购买产品,否则必然遇到顾客诸多抗拒和异议。在顾客没有搜集到足够信息,没有货比三家之前,督促顾客决定购买也往往是徒然的。因此,聪明的销售人员是步步推进顾客的购

买步骤的，而不会急功近利、揠苗助长。销售人员的关键工作就是运用情报工作和销售技巧识别顾客当前处于哪个购买阶段和进程，并运用销售技巧有效地推进顾客的购买进程。

当汽车销售人员得知顾客是第一次进店而且是考察的第一家店时，这个顾客多是处于信息搜集阶段，这时候要想成交是很难的。我们应该做的是向顾客提供品牌和车型信息，并帮助顾客建立有利于自身品牌和车型的购买评价标准。比如，如果我们的车的最大优点是省油，那我们要引导顾客认识到在燃油经济性、价格、服务、安全、动力、外观等方面，应当把燃油经济性放在第一位。当顾客货比三家，再次回来的时候，显然他应该处于决策阶段，我们应该帮助顾客下定决心，付款提车。

2. 加速顾客购买决策

案例：王经理与斯巴鲁

2009 年，农历春节过后，我应邀到山东一家销售斯巴鲁汽车的企业进行讲课交流。交流结束后，一位王姓经理送我回济南。途中闲谈。王经理问我，刘老师，你买车了吗？我说，没有。王经理问，你知道，买车的时候，什么最重要吗？我说，我不清楚，你是专家，你说说看。王经理说道，刘老师，很多人买车的时候，往往看重外观，看重价格，看重燃油经济性，其实，最重要的是安全，你说是吗？我说，是啊。王经理继续说道，安全系统分两种，一种是被动安全系统，另一种是主动安全系统。安全气囊，以及车身采用的厚钢板，都是被动安全，是发生事故后的亡羊补牢。真正的安全性能，是预先避险，使事故不会发生，这就是主动安全。比如斯巴鲁，就是最提倡主动安全的汽车品牌。

销售人员虽然不能跨越顾客购买步骤，却可以加快顾客的购买步骤，并且向有利于自己的立场来引导顾客购买行为。比如，有的销售人员三言两语就可以激起顾客的需要，而有的销售人员却总是不能引起顾客的注意和兴趣，这就是前者比后者更能加快顾客的购买步骤。再如，受过训练的手机卖场导购会询问顾客是否知道购买手机的注意事项并主动告知有哪些注意事项。诺基亚手机的导购会说买手机要注意三个方面，分别是价格、款式、性能，其中最重要的是性能。而款式占优的手机品牌的导购会说买手机也要注意三个方面，就是价格、款式和性能，其中最重要的是款式。诺基亚和其他品牌的导购都在引导顾客建立有利于自己的评价产品的标准。显然，顾客树立了什么样的手机评价标准，那么谁的手机自然就会成为顾客的首选。在案例中，显然王经理听过我的课程后，正在试图重建我对汽车的看法。

成交就是运用销售活动不断地帮助顾客认识到自己的需求，帮助顾客搜集产品信息，树立起正确的评价产品的标准，协助顾客作出正确的决策，使顾客认识到什么样的付款方式是最有利的，教育顾客正确地使用所购买的产品，强化顾客满意度，让顾客感受到自己作出的购买决定是正确的和明智的，下次还要购买这个产品。

三、7Q 为什么是这 7 个问题，要这样表述，而不是另外的 7 个问题

顾客提出的这 7 个问题是推动性问题，它推动顾客购买进程一步一步向前，直到顾客完成这 7 个问题，做出购买决策。与推动性问题相对应的是描述性问题，比如我从哪里买？什么时间买？买什么？这些问题就是描述性问题。描述性问题与推动性问题相比不

具有很好的推动性：

（1）对于顾客来讲，推动性问题能更好地指导他完成购买决策。

（2）对于企业来讲，推动性问题能更好地指导他思考营销活动的有效性。

四、为什么是7Q，而不是6Q、8Q

为什么是7Q，而不是6Q或8Q呢？因为7Q是顾客选择与购买的充分必要条件。

少一个问题，顾客的决策不能完成，而多一个问题对于顾客是否决定购买并不会造成本质影响。

多几个问题的情况包括以下两种：

（1）这些问题是购买决定做出之后的细节问题，比如顾客已经决定买了，那买几个呢？买多少呢？刷卡还是付现金呢？这些问题统统对于之前的购买决定没有任何影响。

（2）这些问题都可归于某个7Q问题，是7Q的具体表述，比如你们的销量是多少啊？你们现在有没有活动啊？

五、你是否深刻理解了看似简单的7Q

问一下自己以下几个问题，如果你想得明白，就说明你已经理解了7Q，否则，继续加油哦！

（1）如果一个公司的销售人员的业务水平低，但这个公司的产品仍然畅销，请问为什么？

（2）如果一个公司的销售人员的业务水平高，但这个公司的产品却不畅销，请问为什么？

（3）如果一个公司的电视广告、网络广告做得很少，但这个公司的产品仍然畅销，请问为什么？

（4）如果一个公司的电视广告、网络广告做得比较多，但这个公司的产品却不畅销，请问为什么？

（5）如果一个公司的广告做得很多，销售人员的综合素质看似也比较高，但是产品却不畅销，请问为什么？

（6）如果一个公司的广告没有对手的多，销售人员好像也没有竞争对手强，但产品却比对手畅销，请问为什么？

六、7Q对于企业各部门和销售人员的意义

企业不同层次的人员要在不同层次上思考和回答7Q。

终端和一线销售人员要在终端销售流程和话术层次上思考和回答7Q，要多从7句话术保成交的角度来为7Q构建答案。

营销总监和经理要更多地在营销系统层面上思考和回答7Q，要从7Q品牌营销系统的角度为7Q构建答案。

总经理和投资人要更多地在品牌顶层设计层面来思考和回答7Q，要从7Q品牌顶层设计的角度为7Q构建答案。

1. 总经理可用 7Q 来判断下属工作的有效性并聚焦资源

总经理和老板只要问一下市场人员所策划的活动是要解决哪一个 7Q 问题的，是否全覆盖地回答了 7Q，就可以清楚地判断市场人员的工作和努力是否是有效的，花掉的每一分钱是否值得。同时，总经理可以经由 7Q 自检发现公司的短板，找到改进的方向和资源聚焦的关键点，从而做到事半功倍。更可以快速找到市场和销售人员的短板，提升销售人员的成交率和工作效率。

2. 市场人员可用 7Q 判断和提升工作的有效性

市场人员可以通过 7Q 有效判断当下工作的有效性，显著提升市场推广效率。差的市场人员会花掉公司 100 万元的推广费用，换来 10 万元的推广效果。而好的市场人员却可以用 10 万元的推广费用换来 100 万元的推广效果。

3. 销售人员可用 7Q 判断和提升自己的成交率

一线销售人员可以经由 7Q 自检发现个人的短板，找到改进的方向和资源聚焦的关键点，从而显著提高成交率，做到业绩倍增、收入翻番。

4. 7Q 让策划人员的策划工作变得简单

7Q 可以帮助专业的策划公司的策划人员和企业的策划人员快速理清策划思路，让整个策划有的放矢、步步为营，从此策划变得简单。

5. 企业可用 7Q 判断和评估外部合作伙伴策划工作的有效性

企业把一些品牌策划和执行工作交给外部专业的广告公司、公关公司、营销咨询公司越来越普遍，那么，如何评价这些外部智业公司的策划工作和执行工作的有效性？用 7Q 同样可以实现。

七、从“7 句话术保成交”到“品牌的资本运作”——7Q 思想的 2 角度、3 层次、9 级别应用

7Q 思想的应用可以用 2 角度、3 层次、9 级别来表示，见图 2-2。

顶层/资本/总裁层次	9级	天生高贵——品牌顶层设计与企业资本运作
	8级	字字千金——杰出项目路演/资本市场路演
	7级	脱颖而出——品牌顶层设计与企业资源配置
空中/品牌/总监层次	6级	无网不胜——7Q互联网品牌畅销系统构建
	5级	为势而生——7Q品牌营销系统构建
	4级	黄金10分钟——杰出招商演讲/销讲/品牌故事设计
地面/销售/一线层次	3级	“7句话术保成交”销售系统设计
	2级	“7句话术保成交”的话术应用进阶
	1级	基于7Q的话术自我反思和改进

图 2-2 7Q 思想的 2 角度、3 层次、9 级别应用

2 角度，是指企业应用角度和基于企业系统下的个人应用角度。个人应用角度是指在个人能力水平上寻找问题的答案和业绩的提升，企业应用角度是指在系统层面为 7Q

寻找答案和业绩的提升。

3层次，是指销售层次、品牌营销层次、资本运营层次。

9级别，是指：

(1) 基于7Q的话术自我反思和改进；

(2) "7句话术保成交"的话术进阶；

(3) "7句话术保成交"销售系统设计；

(4) 招商演讲、销售演讲、品牌故事等；

(5) 7Q品牌营销系统构建；

(6) 7Q互联网推销系统构建；

(7) 品牌顶层设计与企业资源配置；

(8) 项目路演/资本市场路演；

(9) 品牌顶层设计与品牌的资本运营。

其中，(1)(2)(3)是销售层次的应用，(4)(5)(6)是品牌营销层次的应用，(7)(8)(9)是顶层设计和资本层次的应用。(1)(2)(4)(8)是基于企业系统下的个人应用角度，(3)(5)(6)(7)(9)是企业系统角度的应用。

1. 先寻求低成本的在销售层面解决问题

(1)(2)(3)级别是在不改变企业现有营销要素和投入的情况，把企业的客户转化率和成交率做到最大，以提升业绩和销售额。这是在让企业发生改变、让效果看得到的7Q应用中，成本最低、时间最短的应用方式。

2. 销售解决不了的问题，到品牌营销层面来解决

但是，很多企业和品牌的问题是在销售层面解决不了的，或提升的空间有限，这时，只有在品牌营销层面动手术才能给它更大、更多的可能性。这种情况下就要进入品牌营销层面的(4)(5)(6)级别，进行品牌营销要素和系统的重建、升级。

这是在企业实现品牌发展、瓶颈突破的7Q应用中，成本高一点、效果好更多的7Q应用方式。

3. 策略解决不了的问题，用资本来解决

这个世界上会有无广告营销，会有相对的低成本营销，但却不会有"无成本营销"。品牌需要资源来承载，企业需要资本来支持。(1)级别至(6)级别都是在立足企业内部资源的基础上展开的。而要获得品牌的无限可能，既要有效配置内部资源，还要高效整合外部资源，善用金融资本市场，而用好外部资源和金融资本的基础是品牌顶层设计。于是，这时候企业家需要在(7)(8)(9)级别上去寻找答案，以为品牌的未来获得无限的可能性，在资本市场上长袖善舞。

这是企业实现大发展、干大事业的7Q应用中，长远来看成本相对最低、效果最好的应用方式。

4. 在企业角度和个人角度积极寻求解决之道

企业可以先尝试在7Q应用的个人角度寻求提升，当个人角度无法实现新突破时，再到7Q营销的企业系统角度寻找更大的可能性。

在短期，企业可以在7Q应用的个人角度为业绩的提升寻找解决方案；在长期，企业必须在7Q应用的系统层面寻找解决之道。

新创企业、面临转型升级的企业一定要先从7Q应用的系统角度寻找解决方案，而后是个人角度。

八、处于市场营销全局观下的推销与商务谈判——狭义的品牌、营销、销售

商务谈判属于推销的一个环节，推销属于营销系统的一部分。离开营销系统和全局谈推销和商务谈判是没有任何意义的，也无法深刻理解和把握推销和商务谈判的实质和关键技能。

品牌、营销和销售(俗称推销)，这三个词汇是相互关联的。在本质上是一样的，指的都是快速推动顾客的购买进程，帮助顾客完成决策，满足需求。在外延和形式上，营销其实是包含品牌和销售的，品牌和销售都是营销的一种形式和手段。当营销被狭义使用时，才把营销与品牌和销售并列。营销在狭义使用时，有时会被称为"市场"、市场活动。

当营销被狭义使用时，营销、品牌、销售有以下区别(见表2-1)。

表2-1　品牌、营销、销售词汇表

序号	词汇	沟通(说服)形式	作用关系
1	销售	一对一沟通	把产品卖给顾客，把钱收回来，钱货两清
2	营销	一对多沟通	让销售变得简单，把销售员变收银员
3	品牌	符号化沟通	让营销变得简单，让销售成为多余

销售是指面对单一顾客的沟通和说服，是一对一的，有时也是多对一的，即一个销售人员试图说服一个顾客，或一个销售团队(多人)说服一个顾客，比如汽车4S店销售顾问在接待一个想要买车的顾客的时候所做的工作。

而营销是指面对群体顾客的说服，是一对多的，有时也是多对多的，比如电视广告，就是用一个广告片在对电视机前成千上万的观众同时做沟通和说服。

品牌是符号化沟通，它追求的是符号化沟通，只要顾客看到这个符号，不需更多了解，顾客基于信任就会做出选择和购买，比如苹果手机，很多人在选择购买苹果手机的时候，其实对苹果的各种功能并不了解，是基于相信而选择购买的。所以，也可以说品牌是一种符号化的信任，甚至是信仰。

如果用军事来为品牌、营销和销售打个形象的比喻，那么销售是单兵作战，要求一颗子弹消灭一个敌人；营销是空军作战，要求一次空袭消灭一个阵地，摧毁一座城市；品牌是核弹，当听到核弹的时候，敌人心里想的一定是"这下完了！这仗不用打了！"立马缴械投降。无论营销和销售都要回答顾客最关心的问题，只不过，从销售的角度回答要适应单兵作战的特点，从营销的角度回答必须要适应空军作战的需要，从品牌的角度回答必须适应核战争的特点。

如果品牌、营销、销售三者结合的时候，营销为销售提供空中优势，营销让销售变得简单，简单到让销售员成为收银员；品牌为销售提供战略优势，让营销变得简单，让销售成为多余。在实际中，品牌、营销、销售是有机结合，各自发挥作用的。

以上的军事比喻也告诉我们，如果竞争对手依靠的是销售单兵，我们可以建立营销空军轰炸来打败它。如果竞争对手已经建立了强大的品牌核武，你就要看看自己有没有和它一战的决心和资源了。否则，下场就会很难看。

为了大家更好地理解品牌、营销、销售，我们也拿恋爱做一比喻。

男生面对面对女生说，我有车有房，我保证让你幸福，嫁给我吧。这是销售。

男生创立了一家公司，经常在电视媒体露面，并向贫困儿童捐资助学，人们都说他一表人才、事业成功、心地善良。因此，虽未谋面，已成为众多女生的梦中白马王子，女生也争相向男生表白。这就是营销。电视媒体就是营销中的广告，捐资助学就是营销中的公关事件。

男生结婚生子。女生都争相嫁给男生创立的这家公司的男性员工。这是品牌(效应)。

第四节　7Q详解与推销工具

一、7Q推销系统

一个企业的销售系统只有在能全覆盖地回答顾客最关心的7Q情况下，才能说服顾客选择和购买它的品牌和产品，才能被称为一个合格的、有效的销售系统。

所谓7Q推销系统，指的是能全覆盖地回答顾客的7Q问题的推销方案(见图2-3)。

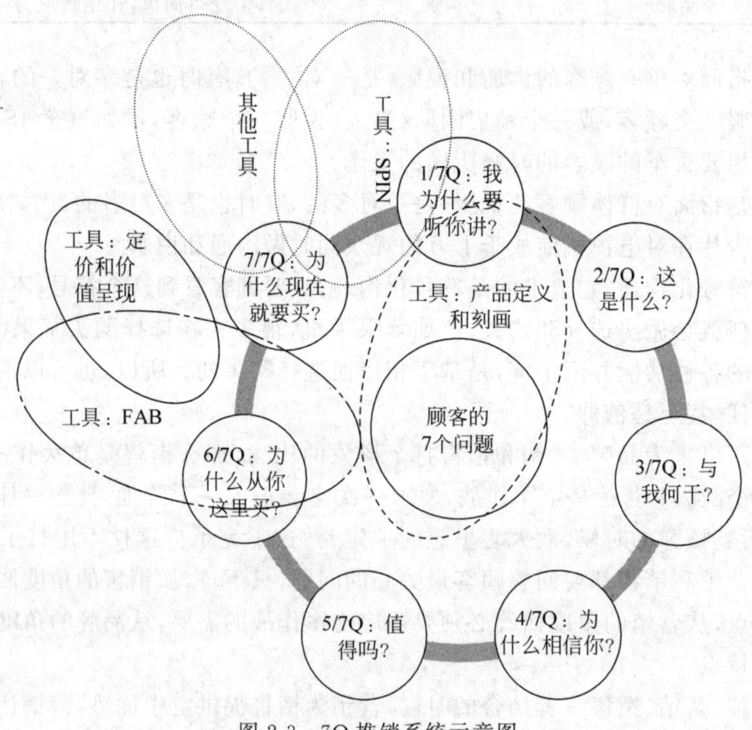

图2-3　7Q推销系统示意图

在 7Q 推销系统中，既要关注营销工具和手段，更要关注这些营销手段和工具组合在一起后，是否全覆盖地回答了顾客的 7Q。

一个企业可用的和在用的营销手段、工具很多，大的层面上比方说产品、价格、渠道、广告、促销、公关、人员销售；小的层面比方说互联网、品牌 LOGO、品牌名字、广告语、宣传片、平面广告、软文、本画册/网站、名片、包装、微博、微信、SEM 等。但是，这是营销手段、工具所具有的营销功效是一回事，能否组合起来发挥说服顾客的威力则是另一回事。

凡是畅销的单品和品牌必定在自己的推销系统中（广告语、包装、话术、网站、宣传片、渠道、价格……）都回答掉了顾客心中存在的 7Q 问题，比如王老吉、奥迪、小米手机等。企业家和销售人员在做出销售决策以构建有效的推销系统时，可以使用很多的营销工具以有效地回答顾客的 7 个问题。有时一种营销工具只能回答顾客一个问题，有时一种营销工具可以同时回答顾客 2 个或更多的问题；同样，任何一个 7Q 问题也可以通过不同的营销工具来回答。不管使用什么样的营销工具组合，最终它们必须能有效连接在一起，并全覆盖回答顾客的 7 个问题。无论企业的营销工具组合忽略了顾客的哪个问题，都会使顾客的决策链暂时中断，从而使企业的产品不能被顾客认同、选择和购买。结合企业自身实际，企业必须明白自己有哪些势可以借，自己手中有哪些营销工具可以利用，可以用这些工具解决哪些问题，这些营销工具是否能全覆盖、无缝地回答顾客的 7 个问题，这些工具如何组合才能最有效地回答顾客的 7 个问题。当企业的营销工具组合能系统地全覆盖地回答顾客的 7Q 问题时，可以说这个营销工具组合就是一个 7Q 推销系统了。

二、用 7Q 推销方案提升成交率

（一）推销不是考验顾客的智商，不是让顾客爬楼梯

营销创意人员经常为自己苦思冥想而获得的有深度、有内涵、有品位、有戏剧性的创意兴奋不已，但是，如果不把它放到 7Q 中去思考，放到顾客的实际沟通和购买场景中去审视，就会落入“考验顾客智商”的陷阱。比如图 2-4 中的广告，你能看懂吗？如果看懂了，你花了多长时间呢？如果你在高速公路上开着车，看到这样一个路牌广告，你能看懂吗？我在很多课堂上拿这个平面广告做测试，能读出本意的总是寥寥无几。这个广告是

图 2-4　某品牌平面广告

资料来源：汽车营销分析网站(im4s.cn)官方微博@汽车营销分析。

雪佛兰四驱汽车平面广告，意图表达的意思是雪佛兰直来直往，穿越任何地形。如果一个广告大家看不懂，它是好广告吗？营销不是考验顾客的智商，是考验企业的智商，是看企业能否把复杂的信息用简单、直接的形式传给顾客。如果顾客迟迟不能在你的营销活动中得到7Q的答案，那你就是在考验顾客的智商。

我们也经常打这样一个比喻。除了特别的健身外，人人都喜欢坐电梯，而不愿爬楼梯，因为，爬楼梯又累又慢，而坐电梯又舒服、又快捷。顾客购买过程就好比一个上楼的过程。如果你的广告以及其他营销活动，不能让顾客容易地得到7Q答案，就好比你就是在让顾客爬楼梯。顾客会感觉到很累，会逐渐变得烦躁，这时顾客可能会放弃上楼，或转而去坐电梯。放弃上楼，就好比顾客放弃了购买；去坐电梯，就好比顾客转向了竞争对手。7Q推销系统就是为顾客制作电梯，让顾客坐电梯，而不是让顾客爬楼梯。

（二）7Q推销就是要积极地去影响顾客

顾客的7Q问题是顾客在购买过程中必然面对和要回答的问题。这些问题的答案来自顾客的主动寻找答案的行为以及企业的营销活动，如图2-5所示。一位想购买汽车的顾客会到专业的汽车网站了解各品牌汽车的信息，并在询问老驾驶员的基础上建立起自己的购买评价标准。企业的营销活动必然会影响到顾客的答案。以安全著称的企业如果在报纸、网站、电视等媒体有计划地投放广告和公关，曝光各种安全事故和对驾驶人员以及亲人、他人造成的伤害，那么这种营销活动很可能收到的效果是，顾客逐渐把安全作为购车的第一考虑因素，把节油性能、舒适性、动力性能放到相对次要的位置。有计划的营

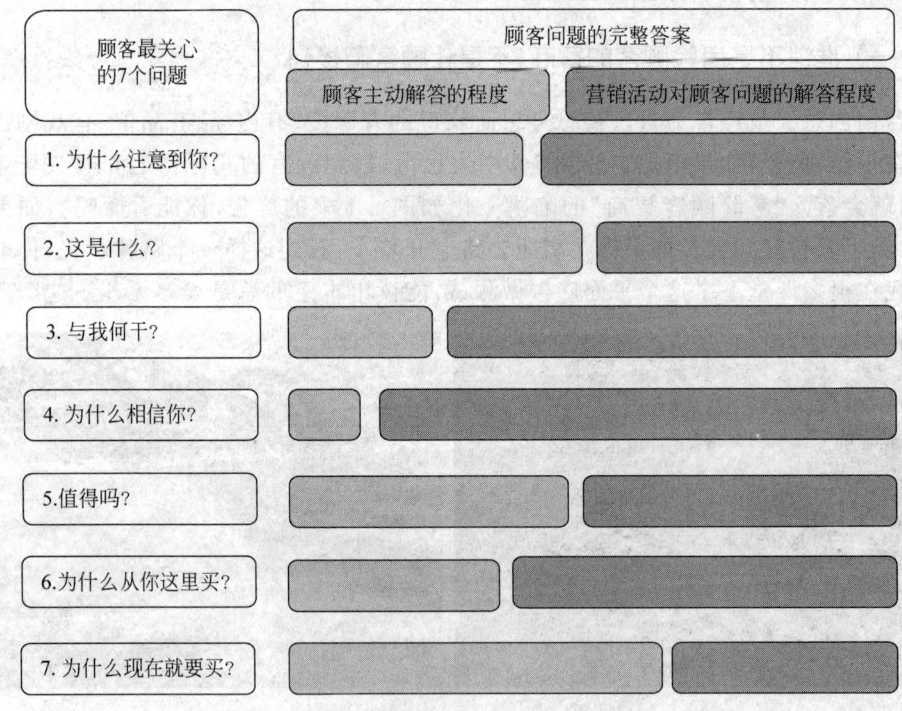

图2-5　顾客最关心的7个问题的共同解答

销活动的首要目的和作用就是积极地帮助和影响顾客寻找问题的答案，而这种答案恰恰是有利于自己的产品的。如果一个企业不去积极地影响顾客，而是被动地等待顾客自己去寻找答案，那么这个企业就不是以营销为导向的企业，如图 2-6 所示。如果一个企业的营销活动没有影响到顾客寻找问题答案的行为，既没有让顾客得出完整答案，也没有得出利于企业自身的积极答案，那么，这个企业的营销活动就是低效率的，无效率的，甚至带来负面的效果，如图 2-7 所示。因此，7Q 营销的核心就是营销人员通过营销活动积极引导顾客找到有利于企业和产品的 7Q 问题的完整答案。

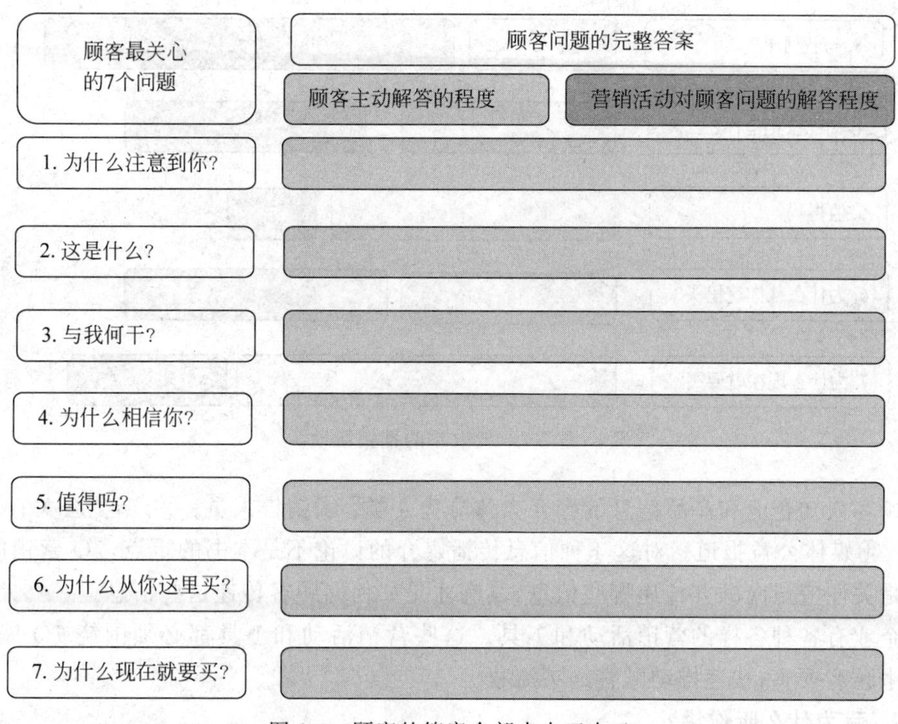

图 2-6　顾客的答案全部来自于自己

（三）7Q 推销就是要比竞争对手在 7Q 上做得更好

在现代激烈的市场竞争中，以顾客为中心固然是致胜的基础，但比竞争对手做得更好，才是获胜的关键。这个世界没有完美的产品，也没有完美的 7Q 推销系统。顾客所追求的也不是完美的产品，而是所有备选项中较好的那一个。所以，只要你的 7Q 推销比竞争对手在某个、某几个或各个 7Q 上做得更好，你在竞争中就已经占据了领先地位。

（四）推销要围绕 7Q 有系统、分层次地展开

一个企业营销战略要考虑的问题有：

（1）我们的顾客是谁？谁最需要我们的产品？

（2）为了让顾客更好地购买，顾客需要知道什么？我们想要顾客知道什么？

（3）如何让顾客知道？

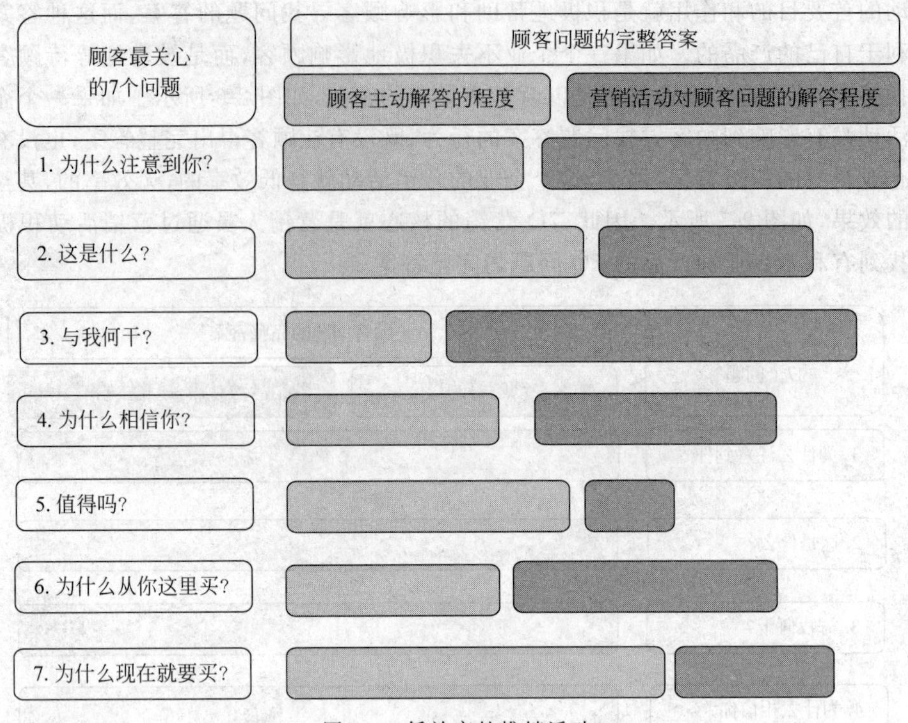

图 2-7 低效率的推销活动

顾客获知企业和产品信息的媒介大体分为 4 类：①销售人员；②广告、公关；③亲朋好友；④媒体公益报道。对这 4 种信息传播媒介的讨论不是本书的重点，7Q 营销的核心首先是关注应该向顾客传递哪些信息，其次才是如何向顾客传递这些信息。

企业有各种各样的营销活动和工具。这些营销活动和工具都必须围绕 7Q 展开，都要击中顾客要害，快速推动顾客购买流程。

1. 我为什么听你讲?

这个问题涉及的营销活动主要有广告、公关、销售人员、终端陈列、渠道策略、定位、市场细分与目标顾客选择等，主要是顾客注意力管理和企业与顾客的接触界面管理。顾客是通过这些营销活动开始注意到企业和产品，并引发深入了解产品和企业的兴趣的。所以这些接触界面的营销活动必须能够迅速引起顾客的注意，必须让顾客感受到进一步了解产品给他带来的好处，才有机会进入下一步的营销活动。在终端陈列中，胡姬花和鲁花花生油整体陈列的效果更能吸引过往顾客的注意。在终端人员销售中，导购人员的促销语言是很关键的。导购人员说"刘先生，告诉你一个好消息"，这会引起我的兴趣。广告和公关的第一要务是吸引顾客的注意力，其次才是告知顾客产品的信息，并让顾客记住，最后才是让顾客获得美的享受。否则，广告和公关一定是失败的，最大的失败是顾客说广告好，有美感，但是不购买企业的产品和服务。同样，最"合理"的成功广告是，尽管顾客说广告不好，却都去购买企业的产品和服务。这里最典型的广告是脑白金的"今年过节不收礼，收礼就收脑白金"。最后，谈婚论嫁的人会去注意戒指的信息，而儿童不会去首饰店，他们要去的是儿童游乐园。已经有手机的人会毫不客气地把塞到手里的单页扔掉，想要买手机的人会主动去索要宣传资料。所以,选准我们的目标顾客才是回答"我为什么注意你"这个问题的第一关键。

2. 这是什么?

这个问题涉及的主要营销活动有顾客需求分析、产品和服务设计、产品定位与市场定位,然后,通过上述四种信息传播媒介向顾客传递这些信息。对于重视油耗的顾客,我们研发节油性能优良的汽车,并向顾客宣传汽车的燃油经济性;对于重视安全的顾客,我们研发安全性能优良的汽车,并向顾客宣传汽车的安全性能。

3. 与我何干?

这个问题涉及的主要营销活动同样有顾客需求分析、产品和服务设计、产品定位与市场定位。然后,通过上述四种信息传播媒介向顾客传递这些信息。这里的关键是要求我们在掌握顾客需求的同时,研发并推出适销对路的产品,能够把产品如何给顾客带来好处说得很明白。顾客永远不会关心你的产品是什么,也不关心你的产品是如何得好,他所关心的只有产品能够给他带来的利益和好处。恋爱中男士不会关心戒指到底是由什么制作的,他只关心他的心上人是否会接受他的求婚,明白他的这份情意;买商务车的顾客不会关心汽车到底是否动力强劲,他首先关心的是在生意场上是否有面子。同时,我们还要帮助顾客树立正确的购买评价标准。如果我们产品的最大特点和定位是车辆的燃油经济性,我们就应该帮助顾客意识到燃油经济性是购买汽车的首要考虑因素;如果我们车辆的最大卖点和定位是安全,我们就应该帮助顾客意识到安全性是购买汽车的首要考虑因素。

4. 为什么相信你?

这个问题涉及的主要营销活动有品牌策略、顾客关系管理和售后服务。坚持品牌策略会树立起顾客对企业和产品的长期信任,当然这种信任是由众多小的营销要素点支撑和累积起来的。狂轰滥炸的广告只能提升产品的知名度,只有优质的产品和服务才是品牌的核心。现在自说自话的虚假广告泛滥,顾客经常受骗,对一切充满怀疑。所以,我们要提供足够的证明向顾客证明我们向顾客承诺的都是能够兑现的,而不是在忽悠顾客、蒙骗顾客。比如,我们说汽车百公里耗油6升,我们就必须诚恳地拿出证据来,而不是打马虎眼。如果顾客追问,我们拿不出证明来,那我们就只能失去顾客了。"傻小二"是一个快速发展起来的德州扒鸡品牌,通过了ISO 9001国际质量体系认证和HACCP国际食品安全体系认证,但也同样面临着提升顾客信任的问题。德州傻小二康健食品有限公司通过与十一届全运会组委会签约成为其合作伙伴,使"傻小二"品牌扒鸡成为第十一届中华人民共和国全国运动会指定产品,并于2009年9月21日在山东大厦召开了新闻发布会。通过这一系列事件,"傻小二"品牌借助十一届全运会的公信力,进一步提高了品牌知名度和美誉度,解决了顾客对产品的信任问题。顾客的第一次购买可以是源于被产品愿景激发的冒险,顾客的第二次购买一定是源于信任。

5. 值得吗?

这个问题涉及的主要营销活动有定价、竞争对手分析。再好的产品都需要付出金钱,我们必须向顾客说明顾客得到的远远超过他所付出的价钱。而且,还要向顾客说明,与竞争对手的产品比起来,我们才是最超值的选择;与需要解决的问题比较起来,也是值得的。

6. 为什么要在你这里买?

这个问题涉及的主要营销活动有渠道建设和中间商管理、产品增值服务计划。贴近顾客的渠道建设会减少顾客的寻找成本,最先进入顾客的眼帘,成为顾客的首选。众多品牌的空调质量和性能大同小异,顾客为什么要选择海尔,而不是其他品牌呢?这是海尔通过服务给产品增值了。因此,顾客选择你,而不选择竞争对手,要么是你的渠道贴近顾客,要么你给产品增值了。同样的比亚迪 F3 汽车,顾客可以在不同的 4S 店买,这是顾客的自由。要赢得顾客青睐,除了 4S 店的选址要贴近顾客外,4S 店必须要比竞争对手为顾客提供更多的附加价值,实行产品增值服务计划。

7. 为什么非要现在买呢?

这个问题涉及的主要营销活动有营销时机选择、人员销售、终端促销活动等,重点在终端。现在买,要么价格在打折,有赠品赠送活动;要么是营销的时机恰是顾客需求最旺盛和迫切的时候。

(五)用 7Q 审视企业和个人推销活动并系统改进

企业负责人和营销总监要经常性地组织营销团队系统地审视顾客最关心的 7 个问题是否都有了答案,企业各层次的营销活动有没有影响到顾客的 7Q 答案,是如何影响顾客的 7Q 答案的,是否比竞争对手更好,并借以发现营销活动的空白点和薄弱点,实现营销改进。

如果企业的某项营销活动不能影响到顾客最关心的 7 个问题,那么说明企业的这项营销活动是无效的,应当检讨或取消。如果企业在各层次的营销活动不能全覆盖地影响到顾客最关心的 7 个问题,那么说明企业的营销是不充分的,有空白的领域,企业应当加强这些空白领域的营销活动。如果企业不能有效地影响顾客做出有利于企业和产品的答案,那么企业就应该改进这个领域的营销活动,以期顾客做出有利于企业和产品的答案。

(六)企业的推销活动是否系统回答了顾客最关心的 7 个问题

现在,请读者用表 2-2,任选一公司产品,把公司产品 7Q 的答案写下来,给它打个分,再看看是否有更好、更系统的答案?

表 2-2 企业推销活动自查与改进表

序号	7Q	现在的 7Q 回答		是否更好的 7Q 答案	
		答案	打分	答案	打分
1	我为什么要听你讲?				
2	这是什么?				
3	与我何干?				
4	我为什么相信你?				
5	值得吗?				
6	我为什么从你这里买?				
7	我为什么现在就要买?				
		得分		得分	

三、高效 7Q 推销系统的 3 个标准和极致的 7Q 推销系统

高效的 7Q 推销系统的 3 个标准是：

1. **全覆盖**

系统内的营销活动和工具必须能够全覆盖地回答顾客的 7Q。

2. **用尽量少的活动全覆盖**

一个有效优秀的营销系统应该是用“少”来实现“多”，用尽量少的营销活动和要素来覆盖尽可能多的顾客最关心的问题。因为，这通常意味着：它更易于被顾客理解，更易于被员工执行，更易于被传播，更代表着资源上的低投入和高产出。

3. **成本低、易执行**

成本低，节省企业的资源投入。易执行，才能保证系统被有效执行，并实现 100%不打折扣的结果。

极致的 7Q 推销系统是：在空中，一句广告语可以解决 7Q；在地面，销售人员 7 句话术解决 7Q 并成交每一个客户。即一语赢天下，7 句保成交！

极致的 7Q 推销系统一定是建立在对品牌定位、品牌名称、符号、广告语（品牌 SLOGAN）的精心设计上的。对此的理解，我们会在后面进一步论述。

四、营销工具与 7Q

（一）7Q 营销工具对应简表

如前所述，一个企业可用的和在用的营销手段、工具、策略很多，大的层面有 STP、产品、价格、渠道、广告、促销、公关、人员销售；小的层面有互联网、品牌 LOGO、品牌名字、广告语、广告片、平面广告、软文、画册、官方网站、名片、包装、微博、微信、SEM 等。下面，我们看一下这些营销活动、工具和策略形式各自在回答哪些 7Q 问题上会发挥比较好的作用，见表 2-3。记住一点：这些营销“工具”包括载体、形式、内容、策略等一个或多个角度，比如定位是策略，广告语是内容和形式，互联网是载体，视觉锤是形式等。

表 2-3　7Q 和营销工具对应简表

序号	7Q	营销活动和工具	
1	为什么注意你?	广告、公关、人员销售、包装与终端陈列、渠道网点建设、目标市场锁定、定位、视觉锤、语言钉。	SWOT 分析、市场调查与情报（竞品、消费者）、四种信息传播途径（广告、公关；人员销售；口碑传播、亲朋介绍；媒体公益报道）
2	这是什么？	顾客需求分析、产品和服务设计、产品定义、产品刻画和创意	
3	与我何干？	顾客需求和利益点分析、FAB、标准建立与价值观输出	
4	为什么相信你?	品牌策略、证明、背书、顾客关系管理和售后服务 、顾客风险管理	
5	值得吗？	定价、价值塑造、价格表达、盈利模式设计、降价及价格变动与表达、创造附加值、差异化、顾客让渡价值	
6	为什么在你这里买?	竞争者行为分析、渠道建设和中间商自我价值塑造、产品增值服务计划、创造附加值、差异化	
7	为什么现在买?	SPIN、上市时机选择、境况性购买、节日消费、应季、冲动性购买、限时、限量、限款、终端促销活动	

大家在面对这张表的时候心里一定要明白，一个7Q问题可以由不同的营销工具来回答，同时，一个营销工具也可以回答不同的7Q问题。比如4/7Q，可用证明的方式回答，也可以通过背书的方式回答。又如定位，定位在不同的表现形式下可以回答不同的7Q，这在后面的章节里会讲到。

（二）1/7Q：我为什么要听你讲

引起顾客对你的注意并促使顾客愿意给你见面和洽谈机会，是销售的第一步，是销售从无到有的第一步，是从零到一的质变，其重要性不言而喻。其关键是，首先选对顾客，其次是塑造见面的价值，创造相逢的机会与场景。所谓"有缘千里来相会，无缘对面不相识！"这个有缘就是"塑造见面的价值"。

塑造接近和访问顾客的价值：事由、时机、地点、身份、策略。

顾客之所以愿意见销售人员，听销售人员讲话，是因为他认为这是一件有价值的事情，所以，塑造见面对顾客的价值和意义是销售人员的重要工作。接近和访问顾客的价值包含五个要素，它们是：事由、时机、地点、身份、策略。

第一，事由。

销售人员必须要有充分、明确的访问理由，还要注意这些理由的呈现方式。否则，访问对象会认为你在浪费他的时间，从而拒绝与你会谈。事由分为两类：公事事由和私事事由。常见的公事事由有：(1)市场调查；(2)提供服务；(3)走访用户；(4)签订合同；(5)收取货款；(6)销售商品等。常见的私事事由有：节日祝福、老乡聚会、同学叙旧、户外活动、孩子上学等。无论是公事事由还是私事事由，都必须是顾客感兴趣的事由，是顾客不能拒绝的理由。事由的呈现方式和方法有：

1. 利益接近法

案例：接近顾客，就是要讲顾客感兴趣的事情

受过正确训练的销售员，在见顾客前，首先要琢磨顾客感兴趣的事情，而不是自己感兴趣的事情。如果是顾客感兴趣的就讲，如果不是，就坚决不讲。两家休闲食品企业的销售员都要去拜访当地的经销商段总。第一家食品企业的销售员没有受过正确的训练，见到段总，第一句话是："段总，我们又推出一些新产品，要不要进点？帮兄弟完成这个月的销售任务？"段总立刻回了一句："不进，不进，现在仓库里还有呢。"第二家食品企业的销售员受过正确的训练，见到段总，第一句话是："段总，如果有一笔生意能为你带来2万元的纯利润，你感兴趣吗？""当然感兴趣了，你说吧！""今年秋天，山东大花生和牛肉干的价格起码要上涨20%。如果你现在屯一批货的话，年底保赚，这样你就可以和嫂子、孩子在春节期间高高兴兴去海南岛度假了。"结果，段总赶走了第一位销售员，从第二位销售员那里又进了一大批货。

开门见山，直接告诉顾客可能获得的利益，这是最直接、最有效的接近方法。我们知道，销售人员销售的不是产品，也不是产品的质量，而是产品的利益。比如，王经理，我有一个广告方案，可以让我们的广告预算减少20%，同时，销售额提升30%，你有没有兴趣了解一下？

在实际的销售工作中，我们会听到电话销售、微信销售、面对面销售等名词。其实，无论是电话、微信，还是面对面，都是销售时的一种沟通工具。在接近顾客时，我们要根据所使用沟通工具的特点，灵活设置接近和访问顾客的方式和事由。

案例：电话接近技巧的范例

销售员：您好。是刘经理吗？

刘经理：请问您是哪位？

销售员：我是天达广告公司的顾客代表，我姓王，叫王彭海。打电话给你，是想告诉你一个好消息，我们正在推出50%计划，该计划可以帮助顾客减少50%的广告费用支出，而效果不变，刘经理，感兴趣吗？

刘经理：不可能吧?!

销售员：刘经理，这样吧。您明天上午还是下午有空，我只要10分钟时间，当面向你介绍整个计划，你一定会感觉超值的！

刘经理：下午2点好了。

销售员：好，刘经理，明天下午2点我准时拜访您。

我们既可以通过电话来实现接近顾客，获得和顾客见面、深入交流的机会，也可以通过电话完成从接近顾客到成交等所有销售过程。通常来讲，对于微信、邮件等沟通工具，需要辅以面谈、电话等实时沟通工具的跟进。实际上，微信、邮件往往是为了一个电话，而电话是为了能够见面谈。并且，无论使用哪种沟通工具，选择合适的事由和及时跟踪都是成功的关键。

2. 问题接近法

问题接近法，就是销售人员通过提问的方式接近顾客。而问题接近法中，最具代表性的就是市场调查法，即以市场调查的名义接近顾客，因为，它在形式上不直接触及销售，引起顾客反感和戒备的可能性较小，比较容易得到顾客的配合。比如：

您好！请问是BL户外拓展培训公司的于总吗？

是的。你是哪位？有什么事情吗？

于总，是这样的。我是TPY保险公司团险部的，我姓张，叫张萌萌。我们现在正在开展一个有关保险顾客满意度的市场调查，2分钟，3个问题。于总，现在可以开始吗？

好的。你说吧。

于总，贵公司现在在哪家公司给参加户外培训的学员投保？

PA保险公司。

好的。你有没有想过寻找一些途径把投保费用降低一点呢？

想过，但说不好该怎么做。

如果有一种可以把贵公司的投保费用降低20%的方法，您愿不愿意尝试？

当然。

那好，我们公司新推出了一种团险方案，预计可以降低顾客20%的费用，正在测试像您这样的顾客对新方案的评价，以完善团险新方案。这样，于总，我可不可以用3分钟时间，给您详细地介绍一下这个新方案？

好的。你说吧。

好的。在介绍这个方案之前，为了使介绍更有针对性和便于理解，请允许我结合贵公司的情况来说明，那我先问几个有关贵公司的问题……

3. 心情接近法

案例：先出售心情，再出售产品

闲来无事，陪爱人逛商场，说好了只"逛"不买。商品琳琅满目，服务人员也是个个养眼，怪不得有人说"逛商场是一件不错的休闲活动"。逛过来逛过去，来到了化妆品区。看完美宝莲，再看欧莱雅、露华浓、羽西，专柜的小姐都很有耐心地招待我爱人，我则知趣地拎着爱人的包站在后面。"有什么需要帮忙的吗？这是今年的新品！……"爱人多是友好地笑笑，或者拿各种颜色和功能的化妆品在手背上试试。不知不觉，来到一个新的化妆品专柜，没听说过的新品牌。专柜的小姐用柔和、羡慕的目光、迷人的微笑迎向我爱人，说道："小姐，你的皮肤真白，太让我羡慕了。你能告诉我，是怎么保养的吗？"我爱人一听，立即来了精神，和柜台小姐攀谈起来。很快从化妆品聊到饮食，从饮食聊到服装，从服装又聊到化妆品。嘻嘻呵呵，她们聊得很是开心，我就在旁边耐心地等着，眼睛马上就有些睁不开了。突然，爱人喊道："老公，去付款，1 280元！"

心情接近法的核心是，要向顾客出售好产品，要先向顾客出售好心情。在很多服务行业的销售中，强调微笑的重要性和对微笑的训练。见到顾客时，先送以迷人的微笑，用亲切的眼神和开朗的语调、赞美的语言把好的心情送给顾客，使顾客在好的情绪中自然地接受销售人员和产品。

4. 他人引荐法

经双方共同认识的人士引荐，从而获得和顾客见面的机会。这种方法能够和顾客最快地建立起信任，遇到直接拒绝的可能性是最小的。

第二，时机。

有时候访问时间比事由更重要。访问时间的确定，即时机的选择非常重要，会关系到整个销售工作的成败。时间的设计要考虑以下两个方面：

1. 了解好访问对象的工作、生活等时间规律，选好时机

"不打勤的，不打懒的，专打不长眼的。"这句俗话道出了访问时机的重要性。时机对了，事半功倍；时机错了，弄巧成拙。例如，医药代表访问主治医生。有的医药代表选择在手术室外等候和拜访。但是，在这种情形下，刚下手术的医生由于刚做完手术，非常疲惫，对这时候到访的销售人员往往是很反感的。因此，销售人员应尽量选择在医生比较空闲的时间到访，比如在节假日期间访问值班医生。再如，新进销售人员总认为下雨天不是拜访顾客的好时间，其实，由于下雨天，顾客会减少出门的机会，选择待在办公室里，空闲时间相对较多，此时，恰恰是拜访顾客的最佳时间。

2. 在选择访问时机的时候，要考虑到访问目的

为签订合同或达成交易的访问，应按成交策略的要求来安排时间，保证时机的选择有利于交易的达成；收取货款，要在了解顾客资金周转的基础上，选择顾客资金账户上有余额时进行访问；市场调查，选择市场行情或顾客需求发生变化时进行访问。

另外，确定访问时机的提问方式很重要。我们建议使用二择一提问法确定访问时机，比如：

"王总，您是明天上午比较有空，还是后天上午比较有空？"

第三，地点。

接近顾客的事由和时机要与接近顾客的地点相适应。

访问地点也是必须要考虑的一个因素，因为不同的场合，销售人员和顾客都会有不同的心理感受，比如在顾客公司里，顾客感觉比较主动；在销售人员公司，销售人员感觉比较主动；在第三方场合，双方都会觉得相对平等和轻松。一般地，销售对象若为组织，访问地点可以是对方单位，也可以是销售人员安排的其他场所；销售对象若为个人，访问地点可以是对方家里，也可以是销售人员所在的公司。访问顾客的地点可以分为 4 类：

(1) 顾客办公区。主要是顾客办公室、顾客待客室等，这两者之间也有微妙的区别。

(2) 公司办公区。主要是公司办公室、公司待客室等。

(3) 公共休闲社交场所。主要是咖啡厅、茶楼、饭店、KTV 等。在酒店、娱乐场所，费用支出相对较高，但气氛相对轻松。

(4) 其他地点。比如爬山、高尔夫球场、学校、赛场、家中……

不同的地点意味着双方不同的心态、关系以及气势对比。

第四，身份。

1. 工作身份、工作平台

以工作身份、工作平台来接近顾客，指的是以正式的公司职务来同顾客交流，公事公办。穿着正装，提着公文包，来到顾客办公室，递上名片，自报家门是某某公司销售经理，这是典型的以工作身份、公事公办的形象拜访顾客的场景。好处是正式、看门见山、直入主题，但是，有时以这样的身份拜访顾客会吃闭门羹。此时，我们应该转换角度，用自己的另一个身份去试试。

2. 非工作身份、非工作平台

一个人的身份有很多，当以销售人员身份不能接近顾客时，我们可以尝试以同学、同乡、校友、球迷或其他非工作身份等来接近顾客。

案例：他为什么来敬酒

2005 年，我们为一家从事陶瓷生产、销售的企业做营销咨询。在项目后期，顾客企业老总朱总宴请项目组的四位成员，庆祝项目进展顺利，销售额节节攀升。吃到一半，朱总接到电话，说隔壁来了一位重要的客人，去敬杯酒，马上就回来。一会儿工夫，朱总和一个我们不相识的瘦高个儿的中年男子一起回来了，介绍他是当地一家重要的制鞋企业的荣总，说是非要来敬杯酒。当我们正要表示失敬之际，荣总说了几句话，我们方才明白过来，他是来敬我们项目组里的小王的，小王是项目组里重要性最小的一位，但是，朱总刚才向荣总提到小王和荣总是一个区县出来的老乡，所以，荣总特意来敬老乡一杯，敬完之后就走了，并无敬我们其他人的意思。事后，我们就安排小王以老乡的身份和荣总建立起了业务关系，最终达成了合作。

每个人都有多种身份。你既是销售员，也是某个地域的同乡，一个学校的校友，一个班上的同学，一个人的丈夫(妻子)，一个人的父亲(母亲)，一个人的儿子(女儿)；既是公司的普通一员，同时也是球迷协会里叱咤风云的会长。同样，你的顾客也是这样的，是某个地域的同乡，某个学校的毕业生，某个人的同学，孩子的好爸爸，父亲的好儿子；既是公司里叱咤风云的老总，同时又是球迷协会里最普通的一员。公对公，他以老总的身份可以对你不客气，不愿意见你；私对私，作为球迷，他必须要尊重你，主动拜访你；私对私，作为他儿子班上要好同学的父亲，他又有什么理由拒你于千里之外呢？私对私，他可以不见作为销售员的你，却不能不见作为老乡的你。

每个人在不同的场合扮演不同的角色，拥有不同的地位。销售人员要找到自己最具优势的身份和顾客相对弱势的身份。塑造接近的平台，目的是把双方划入同一个群体，改变双方的心理优势和对比（见图2-8）。只要用心设计，你总会发现你的多个身份中的某个身份会让你在和顾客建立初步关系时变得轻松自然。

> 每个人在不同的场合扮演不同的角色，拥有不同的地位。销售人员要找到自己最具优势的身份和顾客相对弱势的身份。塑造接近的平台，目的是把双方划入同一个群体，改变双方的心理优势和对比。

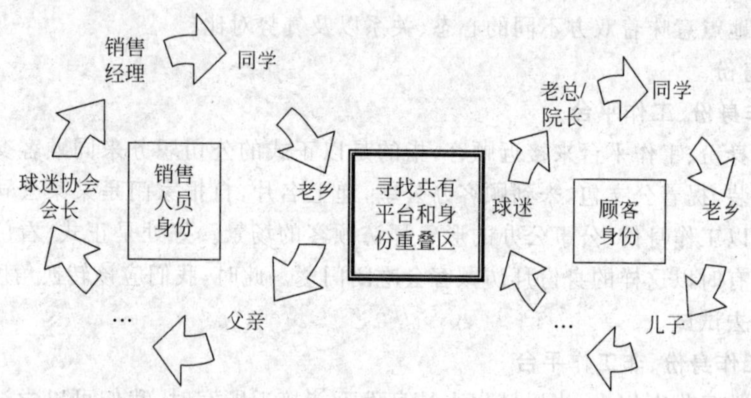

图2-8 寻找和建立有优势的身份

第五，策略。

1. “桥式”接近策略

即通过朋友等中间人和媒介来接近和结识顾客。由于有中间桥梁的存在，顾客和销售人员能够迅速打破陌生感，消除戒备心理，建立起信任。显然，“桥式”策略的关键是找到这个中间人。

如何找到连接我们与顾客的这些桥梁呢？首先来看一下六度分隔理论。六度分隔理论（Six Degrees of Separation，也被称为六度空间假设、小世界假设）由美国著名社会心理学家米尔格伦（Stanley Milgram）于20世纪60年代提出并验证。他认为一个人和任何一个陌生人之间所间隔的人数不会超过六个。也就是说，一个人要想认识另一个陌生人最多经过六个中间人就可以实现。1967年，米尔格伦开展了一次连锁信实验，从内布拉斯加州和堪萨斯州招募一批志愿者，将一套信件交给他们，并要求他们想办法通过朋友把这套信件寄给同一名波士顿股票经纪人，当他们把信寄给最有可能帮上忙的朋友后，朋友可以再找其他朋友帮忙以最终使信件到达股票经纪人手里。最终发现，凡是到达股票经纪人的信都经过了五六个中间人。于是，米尔格伦把这一发现称为“六度分隔”现象，“六度分隔”这个词由此而来。“六度分隔”告诉我们：看似陌生的人之间却存在着客观存在的紧密联系，任何两位素不相识的人之间通过一定数量的中间人总能相识；尽管看上去我们和顾客离得很远，其实，我们和顾客离得很近，只要我们耐心寻找，找对桥梁。1967年5月，米尔格伦在《今日心理学》杂志上发表了这一实验结果。

下面大家可以利用"六度分隔理论"，同时，变换自己的身份和平台并鼓励别人也这样做，尝试着做下面这个练习：

如果你是一家广告公司的销售人员，请问你会如何与当地城市的市长建立联系？

2．"钓鱼式"接近策略

案例：作为鱼饵的礼品

某休闲食品企业参加一个全国性的食品展销会，但是，争取到的Z展位比较偏僻，处于一个不为人注意的小角落里。第一天，来到企业展位前的顾客寥寥可数。第二天开始，前来参观的人都会在展会入口处收到一张小卡片："前来参观展会的朋友，凭门票可以到Z展位获得精美小礼品一份。"很快，Z展位便被挤得水泄不通，参观者无不争先恐后。等到展会闭幕时，企业一共收集到有意向的顾客共300多个，大获成功。

"钓鱼式"接近，即设立一个鱼饵，"愿者上钩"。案例中的鱼饵是精美小礼品。本质上讲，通过广告来寻找和接近顾客的方式，都是"钓鱼式"接近。在广告接近顾客的过程中，鱼饵和产品是同一个。在其他钓鱼式接近中，鱼饵和真正要销售的产品往往是不一样的，即用鱼饵来吸引顾客，然后，利用鱼饵创造的和顾客见面的机会来销售产品。比较常见的鱼饵有"免费""赠品""抽奖""路演""论坛"等。比如很多保健品销售人员以免费诊断、免费旅游、免费健康讲座、免费赠送医疗设备为鱼饵，吸引目标人群来找到他们，然后，和顾客建立良好关系，向顾客销售真正的产品——保健品等。现在常见的会销也是"钓鱼式"接近的一个表现。通常，会销组织方会以一个礼品，或者是赠品，或者是顾客感兴趣的一个话题来吸引顾客参加某个会议，然后在现场为销售员和顾客创造一个面对面沟通和销售产品的机会。"钓鱼式"策略需要我们花时间、精力去用心准备。在钓鱼式接近中，有时鱼饵的发放和产品的销售是由不同人员完成的，发放鱼饵的邀约人员本身不是真正意义上的销售人员，由于鱼儿本身很诱人，他们遇到的阻力要小得多，而真正的销售人员是和顾客见面后激发顾客对产品需求的人员。

3．"主动出击式"接近策略

即销售人员直接去拜访顾客，开门见山、直入主题。采用主动出击式时，顾客的心理占优，销售人员在心理上处于劣势，所以，通常会对销售人员的心理素质提出比较高的要求。

选择接近策略的考虑因素：

(1) 顾客的来源和寻找顾客的方法、途径。顾客的来源不同可以选择不同的接近策略，其实，寻找顾客的方式有时就决定了接近顾客的途径和策略。显然，朋友推荐的肯定用"桥式"，陌生拜访的肯定是主动出击式。

(2) 顾客的规模。顾客的规模大，是大顾客，值得去用心准备，这时"桥式"策略和"钓鱼式"策略都比较好。如果顾客小，单刀直入可能更有效率。

(3) 顾客的数量。数量少，可以细致准备、精耕细作；数量多，广种薄收、直接出击，这未必不是一个好选择。

(4) 时间、资源状况。时间是否充裕，是否能调动所需资源，这些也直接决定了选用什么样的接近策略。时间充裕、资源丰富，可以考虑“桥式”和“钓鱼式”；反之，不如直接出击。

最后，我们对引起客户注意、创造见面机会、接近顾客的完整流程做一个小结。

接近顾客的过程，即和顾客初次见面的时间可能很长，也可能很短，但仔细细分，一个接近顾客的完整流程往往包含以下步骤：

(1) 选择目标顾客；

(2) 引起顾客注意；

(3) 消除顾客戒备心理；

(4) 获得顾客的好感；

(5) 取得顾客的信任；

(6) 审查顾客资格；

(7) 引入正题。

下面，我们对其中的几个步骤做一个补充说明：

1. 消除戒备心理

由于顾客担心和害怕销售人员的强势行为，逼迫他购买他不需要的产品，所以，对销售人员有很强的戒备心理和抵触情绪。因此，销售人员在没有明确探知顾客需求和购买意愿的时候，首先要采取措施消除顾客戒备心理，让顾客觉得安全。这样的方法有：

(1) 不直接涉及产品销售和购买，从与销售无关的话题谈起；

(2) 让顾客了解我们的目的，给顾客提供更多的信息；让顾客了解进程，掌控进程，并拥有最终决定权。比如，最后买不买，你说了算；刘总，我就占用您3分钟时间。

2. 审查顾客资格

在此强调，只有把正确的产品卖给正确的顾客的时候，才会事半功倍，才会让销售人员从内心真正认同行业、职业、企业、产品和自己。因此，以三个标准(支付能力、决策权、现实需要)审查顾客资格，判断顾客是否是合格顾客，贯穿于销售的全过程。顾客符合三个标准，继续推进销售流程；如果不符合，就要看顾客是否可以逐渐满足这三个标准。否则，就要中断销售流程，重新寻找顾客。

3. 切入销售正题

接近和拜访顾客，不是漫无目的地聊天，而是要推进销售进程。因此，在初步寒暄，与顾客建立良好的关系后，就要转移到产品销售上来。能否快速切入销售正题是衡量一个优秀销售人员的重要标准。快速切入正题的方法有：

(1) 使用“您刚才说的这件事情让我想起了另一件事情”这样的语式，来转移到你关心的事情上来。比如，你是卖保健品的，顾客一直很兴奋地和你聊足球的事情，并没有要停下的意思，这时，你可以说：“您刚才说的这件事情使我想起了我的一个客户”，这样就可以实现话题的有效转移，转移到销售人员感兴趣的话题上来。

(2) 开门见山、直奔主题。比如，王总，今天拜访你，是要向你介绍一下我们公司的新业务。

(3) 间接切入。用顾客关心的话题开启整个谈话，逐渐引导到产品购买和销售上来。

比如，如果你是保健品销售人员，顾客喜欢刘德华，那么，我们就可以从刘德华谈起，继而谈到刘德华注重保健，再逐渐引导顾客关注你的保健产品。

（三）2/7Q：这是什么——产品力、产品定义和产品刻画

产品和服务的研发和设计是一切品牌营销的基础，因此，我们要从战略高度来重视产品和服务的研发与设计（见表 2-4）。无论是有形产品还是无形服务，本质上都是服务，是顾客解决方案的全部和一部分。就区别而言，有形产品是可分销的服务，纯粹的无形服务是产销不可分离的。很多国产手机一直给人的印象是价格低廉、硬件出众，但客户体验糟糕。不断标榜自己的 CPU 是 4 核的、6 核的，甚至是 8 核的，不断标榜自己的手机像素是 1 000 万的、2 000 万的，甚至是 4 000 万的，不断标榜用 1/2、1/3，甚至是 1/4 的价格就可以买到和“苹果”一样的手机。但是，它们统统忘了一点，客户购买手机买的是客户体验，要的是客户问题的解决方案，而不是手机硬件本身。结果是软件设计低劣，客户体验糟糕：国产 8 核解决不了的客户需求，国际 4 核解决了；国产 4 000 万的像素反而不如国际 2 000 万像素的照片质量高。国际品牌受消费者喜爱不是因为硬件比我们强，而是“硬件＋软件”的客户体验、客户解决方案比我们强！基于顾客需求分析和顾客整体解决方案进行产品和服务设计，企业就会拥有强大的产品力。

表 2-4　2/7Q 与营销工具

7Q 问题	营销工具和支撑策略
这是什么？	1. 基于顾客需求分析和整体解决方案的产品和服务设计。 2. 产品定义。 3. 产品刻画和创意表现。

产品定义指的是你从哪个角度来诠释你的产品，给它贴上什么样的标签。一个产品从不同的角度看，就有不同的定义；给它贴上不同的标签，它就有不同的身份。比如一种用碳酸水糖浆，白砂糖、焦糖色、碳酸、香料调配的液体应该叫什么呢？可以是一种治疗头疼和疲劳的药水，也可以是一种解渴的名叫可口可乐的饮料；可以是分享快乐的媒介，也可以是烹制可乐鸡的佐料。再比如一把刀，你可以把它定义成水果刀，可以定义成切菜刀，也可以定义成铅笔刀，人们怎么认知一把刀，取决于你是如何定义它的。产品定义和品牌定位密切相关。

产品刻画和创意表现是指用最简洁的形式和戏剧化的方法把产品的特性展现出来，力求在最短的时间里给顾客留下深刻的印象。具体刻画和表现产品的形式有故事、案例、广告语、声音、图片、影视多媒体、活动事件、产品实体展示、实验等，手法有对比、幽默、出人意料、制造悬念等。

例如，创立于 1854 年的著名奢侈品牌 Louis Vuitton（路易 · 威登）就用一个故事塑造了自己品质高贵、不可置疑的形象。在 1911 年，英国豪华邮轮泰坦尼克号在横穿大西洋的时候，遇到冰山，沉没海底。除了葬身海底的不幸的乘员之外，还有大量的金银珠宝也随之沉入海底。后来，人们从海底打捞上一件 LV 硬型皮箱。打开皮箱之后，令人欣喜地发现里面有着各种各样的金银珠宝。但是，令人奇怪的是，竟然有一样东西没被发现。

这样东西是什么呢？就是在这个葬身海底的皮箱里竟然没有发现一滴水！这就是产品的刻画和创意表现。

（四）3/7Q：与我何干——顾客利益表述

3/7Q 的营销工具见表 2-5。顾客从来不关心产品，关心的是产品和服务给自己带来的改变。正如德鲁克先生所言，顾客要的不是钻头，而是墙上的那个孔。因此，回答顾客"与我何干"的提问，关键是要在深刻理解和把握顾客需求的基础上，洞察产品能提供的各种利益点，在产品的利益和顾客需要之间进行有效的链接，然后，用合适的 FAB 表述形式把产品能够带给顾客的利益向顾客说清楚，这样才能打动顾客的心（SPIN 和 FAB 在第六章会进行详细介绍）。

表 2-5　3/7Q 与营销工具

7Q 问题	营销工具和支撑策略
与我何干？	1. 顾客需求和利益点分析。 2. SPIN 激发需求。 3. 购买标准建立与价值观输出。 4. FAB 表述。

企业首先要清楚地在顾客需求和利益层面上回答这样一个问题：企业卖的到底是什么。产品和服务都是载体，只有利益才能让顾客动心。而透过产品所承载的利益才是我们真正要贩卖的东西。同样的产品可以有不同的价值，即使是同样的产品在面对同样的顾客时，也可以有不同的价值，这取决于你贩卖的是产品的哪一个利益点，解决顾客的哪一个问题。一杯咖啡，可以标价 5 元，也可以标价 98 元，168 元，680 元。忽略咖啡间的细微差别，一杯咖啡的价格为什么区别这么大呢？这是因为它解决的顾客问题不同，给顾客带来的利益点不同。5 元的咖啡解决的是顾客口渴和提神的问题，98 元的咖啡为顾客提供的是一个和朋友聊天谈事的空间，168 元表达的是你对客人的尊重和重视以及你的生活品位，而 680 元表达的是你对爱人的深情。可见，同样的产品在不同的顾客问题解决方案里，其利益点是有天壤之别。轻柔的音乐声中，飘来阵阵的咖啡香味，阿拉伯风味的摩卡（Mocha），或是意大利的卡布其诺（Cappuccino）。顾客喝着一杯杯香醇的爪哇咖啡，或沉思、或看书、或谈天……这就是星巴克咖啡店的写照，地点可能是纽约或维也纳，也可能在上海、北京或者是济南。那么，星巴克贩卖的又是什么呢？

（五）4/7Q：为什么相信你——信任是品牌的基石

信任是横亘在顾客和销售人员之间的一个巨大障碍，为了解决"为什么相信你"这个问题，需要销售人员将心比心、换位思考，向顾客提供证明。

案例：我不相信你卖的是高品质产品，也不相信你来自令人尊敬的公司

有一次拜访一家经销商，老板姓陈，在当地颇有商业资源。谈话期间，正好两名销售果汁的业务人员到访。起初，他们并没有给我留下什么深刻的印象，坐下后，夹了一张名片随意地递给了陈老板。当听到其中一位自我介绍是著名 H 果汁公司的区域经理后，我开始打量他：微胖、敦实、穿着随意，可以看见白色衬衫的领口发黑，目光疲惫，往后散漫地依靠在座椅上。在后面的谈话中，他竟然不能回答陈老板提出的诸多问题，比如他进货后，厂家如何帮助他实现动销，顾客为什么会放弃其他类型的饮品而更多地选择果汁等。结果，这位区域经理被问得哑口无言，借口改日再访，灰溜溜地走了。他走后很久，我都怀疑他到底是不是这家令人尊敬的公司的区域经理，他销售的到底是不是高品质的果汁产品，抑或是该公司推出低端品牌了？

高品质的公司必须由高度专业的销售人员来代表，高品质的产品也必须由高度专业的销售人员来销售。在顾客的眼里，销售人员是什么档次的，他背后的公司就是什么档次的，销售的产品就是什么档次的。因此，销售的第一步就是销售人员把自己销售出去，把自己专业的形象销售出去，这就是 COP 法则的核心。

> 对顾客来讲，销售人员就是公司和产品的化身。尤其是产品和服务高度专业，不易被顾客理解时。同时，销售人员有时甚至是顾客了解公司和产品的唯一途径。

OCP 法则是指在销售中要坚持先销售自己(oneself)，再销售观念(conception)，最后销售产品(product)的原则。深入地讲，销售自己是接近顾客；销售观念是激发顾客需求；销售产品是完成销售。所谓销售你自己，就是让顾客喜欢你、信任你、尊重你、接受你，简言之，就是要让顾客对你抱有好感。销售是与人打交道的工作，在销售活动中，人和产品同等重要。其实，当产品是服务或高度专业、不易理解时，销售人员的重要性更为突出。比如，销售保险或其他金融服务。一般来讲，普通顾客只对保险产品能给他带来的基本利益有个相对清晰的认识，而对实际的条款却不能全部把握和理解，甚至是重要的条款，因为，产品合约条款多且复杂，并且包含很多专业术语。在这样的情形下，普通顾客会接受保险，多数情况下是因为他接受了面前这个销售人员，相信销售人员，相信销售人员理解了他的现状和需求，相信销售人员把正确的保险产品介绍给了他，尽管他不完全理解保险产品的条款。同样，销售专业的设备时，销售人员的重要性也特别突出。

顾客购买时，不仅看产品是否合适，而且要考虑销售人员是否高度专业。所谓高度专业就是要有专业的形象、专业的语言、专业的行为、专业的状态。顾客的购买意愿深受销售人员的诚意、热情和勤奋精神的影响。那么如何销售你自己呢？销售自己的途径有哪些呢？

1. 外在形象

外在形象是顾客评价你的第一途径。其特点是，可以快速做出评价和判断，但不可靠。俗话讲，人不可貌相，海水不可斗量。但是，在销售中，人却是可以貌相的。因此，销售人员要重视自己的仪表，舍得在自己的服饰上投资、花时间。只要你下决心做好销售，必须重视在仪表和服饰上的投资，这种投资既是必须的，也是超值的。所以，许多销售经理对一名新销售人员的建议是：领到第一个月的工资后，首先给父母买点礼物，剩余的都去给自己买服饰吧！

为什么投资于服饰那么重要呢？换个角度再来看一下。一个人的成功取决于哪些因素？一般来讲是四个方面：

（1）自己的能力；

（2）做事的态度；

（3）所处的平台或团队；

（4）所使用的工具和装备。

通过终身学习，参加专业培训，来提高自己的能力；认清目标、全力以赴，提高自己做事的态度；选择和加入一个优秀的团队，将会让你事半功倍；而投资于服饰、电脑、汽车等销售工具，更好地武装自己，会让你在竞争中处于领先地位。

案例：公司为什么要这么干净

我认识一个广告公司的老总，我建议他对所有销售人员的穿着都要提出极高的要求，并强调什么层次的销售人员卖什么层次的产品，高层次的产品必须由高层次的销售人员去卖，顾客认为你的销售人员是什么层次的，他就认为你的公司和产品是什么层次的。该老总把这一道理进行引申，把公司打扫得极为整洁和干净，近于食品车间或医院手术室的要求。每当顾客到访公司，都会感到震撼，对公司产生莫大的信任。

所以，广义的外在形象不仅指服饰和仪表，它包括所有会出现在顾客面前的因素，既包括服饰、仪表，也包括所使用的物品、公司的形象等。

2. 语言

语言包括文字和声音，是顾客评价你的第二途径。因此，销售人员要注意自己的谈吐。语言的特点是顾客可以借此快速对销售人员的品质做出评价和判断，但不可靠。由于自我介绍往往是顾客最先接触到的销售人员的语言，因此，销售人员要重视自我介绍。正式的自我介绍应该包括自己的姓名、职业、特点和与顾客的共同愿景等。比如：

大家好！（或张经理，你好！）我姓王，叫王天赐，是大唐科技的销售经理，初次见面，他们都误会我是南方人，其实我是地道的山东人，因此，他们都叫我小山东。我非常喜欢销售这个行业，觉得它是一件伟大的工作，在消费者和好产品之间架起了一座美妙的桥梁，帮助消费者找到好产品，让好产品帮助更多的消费者。希望我们共同振兴民族产业，让我见证你的辉煌！

好的介绍应该给顾客留下深刻的印象，使顾客感受到自己的自信、自豪和真诚，即好的介绍应当达到“让顾客高看自己一眼，让自己更加自豪一点，让自己更远大一点”的效果。

3. 行为

路遥知马力，日久见人心。通过行为来评价一个人，其优点是可靠，其缺点是费时费力，非一日之功。何况，当今社会节奏加快，人与人相处的时间又哪有那么多呢？但是，顾客一旦认可了你的人品，那么这种信任关系却是最长久、最牢靠的。

一个人最重要的品质就是说到做到、信守诺言。因此，我们在和顾客交往的过程中，一定处理好一些所谓的小事情。有的事情很大，但被顾客定性为很小；有的事情很小，但被顾客定性为很大。和顾客讨价还价，争吵得再厉害，顾客也会认为这是件习以为常的小事情；在约好的时间没有到达，迟到5分钟，看似小事情，但往往会被顾客定性为这个人不靠谱。所以，做销售要特别注意细节，尤其是那些和人品联系起来的细节。比如，销售人员答应顾客第二天9点前会把产品资料发到顾客电子邮箱，但是，第二天，当顾客9:10

打开电子邮箱没有看到产品资料的时候，你就已经被定位为不守信、不靠谱的人了。

> 有的事情很大，但被顾客定性为很小；有的事情很小，但被顾客定性为很大。

新销售人员和不成熟的销售人员在行为上需要注意的另一个事项是：避免夸大宣传。新销售人员有时迫于业绩压力或急于在同事、领导面前表现自己，会情不自禁地夸大产品的功能以诱使顾客购买。比如：

顾客非常重视汽车油耗，而汽车的实际油耗是百公里 12 升，销售人员为了达成交易，故意向顾客介绍说实际油耗为 7 升左右，并拍胸脯保证。结果，买车的顾客事后不断向 4S 店投诉，声称受到了销售人员的欺骗，要求退车。销售人员以油耗因驾驶人员不同、驾驶环境不同会有所差异而搪塞。夸大宣传，做出不切实际的承诺，确实会提高销售人员眼前的业绩。当销售和售后分离，分别由不同部门的人员承担时，一些销售人员更会无所顾忌地这样做。但是，这样做的销售人员慢慢会发现，他的路在越走越窄，顾客会越来越少，同事也会越来越远，领导也会越来越轻视他。毕竟，谁会真正从内心尊重并和这样一个人品不好的人共事呢？

> 无论是外表、语言还是行为，销售人员销售的最终还是自己的品质，是对顾客的重视。顾客通过销售人员的外表、语言和行为，试图去发现的也是销售人员的品质和对自己的重视。所以，归根结底，销售人员的人品是最重要的。

销售人员可以通过细节和顾客建立信任关系。

案例：我就不告诉你

保险销售员小张一直跟踪王老板，希望把一款理财类保险产品推荐给他。常来常往，双方的关系也越来越融洽，王老板有什么应酬也会叫上小张陪同。虽然关系很好，但王老板就是不买保险。一天上午，小张从李总那里办完保险业务后，就又去拜访王老板了。

"小张，你拿的谁的保单？给我看一下。"

"不行，这是客户的资料，我要保密。"

"咱俩是什么关系，我只是看一下，我不会告诉别人的。"

"那也不行。"

"你让我看一下，我就考虑从你这里买份保险，怎么样？"

"那也不行，这是规矩。"

当日，不欢而散。第二天，王老板给小张打来电话，表示要办一份价值 30 万元的理财型保险产品。到此，小张才恍然大悟，原来直到昨天上午，他才真正赢得了王老板的信任。

顾客会从销售人员的行为细节来判定其是否专业，是否值得信任。除了着装、语言表达等方面，销售人员还可以从以下行为细节中展现自己的专业，逐步赢得顾客信任：

1. 握手和目光

在初次见到顾客的时候，尽管对握手礼仪有不同看法和主张，我建议应主动伸出手去握手，在握手的过程中要有目光交流，并适度用力。目光旁顾，会被顾客认为不自信或不用心；握手力度太轻，软绵绵的，会被认为形式化和不真诚。当然，销售人员主动伸手，可能会遇到顾客不伸手的尴尬局面。但是,记住,即使这样,你也已经开始在赢得顾客的信任了。

2. 名片和名字

随着微信等工具的应用,名片的使用场合好像越来越少。但是,在正式的场合,名片还是重要的商务工具。递名片时,要双手将名片递向顾客手中,名片的方向要便于顾客阅读,同时要大大方方地报出自己的名字,并进行寒暄。在顾客回赠名片时,同样要双手接名片,并将名片上的姓名和职务读出来,比如,在接到名片、端详名片信息后,说:"张经理,幸会!"顾客在听到自己的名字和职务时会感受到一种尊重和快乐。

3. 就坐和领地

当销售人员去拜访顾客时,如果你错误地坐在了顾客喜欢的位置上,顾客会感觉到被侵犯,所以,在就坐时,要听候主人安排,客随主便。同时,就坐时尽量不要坐在顾客的正对面,这给人对立的感觉,而要选择坐在顾客的侧面或同侧。这样坐会让顾客产生觉得:你是他的顾问,而不是企业派来的销售人员。

更多的4/7Q营销工具见表2-6。顾客在作出购买决策的时候,会面临各种各样的风险,风险使顾客产生怀疑,怀疑产生不信任。因此,信任是横亘在顾客和产品之间的一个巨大障碍,为了解决"为什么相信你"这个问题,需要营销人员向顾客提供证明。

表2-6 4/7Q与营销工具

7Q问题	营销工具和支撑策略
为什么相信你?	1. 打造品牌 2. 证明 3. 背书

品牌意味着信任,信任是品牌的基石。所以,品牌是最为长远和持久的策略。

证明是企业为产品提供的直接的可信赖的线索,主要方式有:

(1) 第三方证明,比如荣誉证书、检测报告、中国保险公司承保等。

(2) 产品的公开实验和展示公关。比如日本的西铁城手表品质优良,为了开拓澳大利亚市场,策划了在澳大利亚高空从飞机上抛撒手表的事件,以证明手表品质的优秀。

(3) 先试后买、先货后款、退换货保证、售后服务保证。2011年,格力空调提出的"一年免费包换、十年免费包修"服务政策,这无疑会极大地赢得顾客对它的品牌信任。

(4) 塑造创始人和团队可信赖的形象。比如乔布斯和苹果手机。

(5) 强调产品规模和产销量。比如格力空调宣传自己连年销量第一。

(6) 强调产地。比如现在中国许多奶粉品牌强调自己的奶源是进口奶源,百分百新西兰进口等。

(7) 强调研发力量和理论依据等。比如强调是由博士、诺贝尔奖获得者研发。

(8) 强调成立的时间早,历史悠久等。比如Since 1907,成立于1907年等。

(9) 强调自己的生产设备、生产体系和生产技术的先进性等。比如强调进口设备,世界领先技术,通过ISO体系认证等。

(10) 强调消费者满意率、老顾客好评等。比如淘宝网的顾客评价留言。

(11) 其他。企业只要真心为顾客负责，细心发现自己的优势，会找到更多赢得顾客信任的线索和元素。

背书是指嫁接顾客对第三方的信任，以快速建立起顾客对企业的信任。主要方式有：

(1) 明星背书。比如巩俐代言欧莱雅。

(2) 赛事背书。赞助著名赛事，由赛事为产品背书，比如赞助奥运会等。

(3) 媒体背书。在影响力大的媒体上做广告，由媒体背书，比如众多品牌争先恐后在中央电视台做广告，不仅是其覆盖面广，更是因为这个媒体权威。

(4) 渠道背书。比如，有些品牌把进入沃尔玛、国美、银座、燕莎等零售渠道作为建立品牌信任的重要一环。

(5) 文化背书。比如一个洋品牌名比一个纯中文名往往会获得更多信任，一个法国化妆品品牌能获得更多好感等。

(6) 其他。

(六) 5/7Q：值得吗——价值才是依据，模式实现价值

5/7Q 对应的营销工具见表 2-7。

表 2-7　5/7Q 与营销工具

7Q 问题	营销工具和支撑策略
值得吗？	1. 顾客让渡价值 2. 价值塑造和价值的最大化呈现 3. 价格和利益对比表达 4. 瞄准竞争对手的报价 5. 提高价值感的报价 6. 降价、涨价的表达 7. 盈利模式

顾客不怕花钱，但怕不值。顾客关心和计较价格的背后，其实是关心值不值的问题。企业要把产品的利益都说出来，用生动的方式让顾客感受到这些利益。当顾客不愿为一个有价值的产品和服务支付价格时，我们就需要创新自己的盈利模式来获得盈利了。

一家企业生产的同样的两件服装，第一件标价 360 元，第二件标价 380 元。你买哪一件？仅就价格而言，我的选择和大家一样，当然是选择价格便宜的第一件。

如果第一件的品牌标签你没有听说过，而第二件的品牌标签是电视经常广告的品牌，你买哪一件？

如果两件的品牌标签也一样，但第一件是 5 公里外的沃尔玛销售，第一件是楼下的专卖店销售。去沃尔玛购物，开车需要经过 3 个路口，正常行程大约 20 分钟，加上购物时间来回约 70 分钟，油费大约 8 元。沃尔玛有免费停车，但由于经常客满，不能保证每次都能找到停车位。如果遇到交通堵塞，结账排队，通常需要更长的时间。去楼下专卖店，来回 15 分钟搞定。你买哪一件？你是买价格较为便宜的第一件吗？

继续。在沃尔玛，承诺 7 天之内退换。在专卖店，货已售出，概不负责。你还坚持你

刚才的选择吗?

要回答上面的问题,不能仅通过价格比较就轻易得到答案。实际上,顾客在决定是否购买某件商品时,其依据不仅仅是价格,是顾客让渡价值,就是与他的投入相比,产品所带来的好处和利益有多少。

"顾客让渡价值"是指顾客总价值(total customer value)与顾客总成本(total customer cost)之间的差额。顾客总价值是指顾客购买某一产品与服务所期望获得的一组利益,它包括产品价值、服务价值、人员价值和形象价值等。顾客总成本是指顾客为购买某一产品所耗费的时间、精力、体力以及所支付的货币资金等,因此,顾客总成本包括货币成本、时间成本、精力成本和体力成本等。货币成本包括产品价格以及差旅支出、信息搜集等交易费用。交易金额越大,对顾客越重要,时间成本和精神成本就越大,购买一瓶水几乎没有时间、精力、体力支出,但是买房、装修却要很大的时间、精力、体力支出。

顾客让渡价值揭示,在假设顾客具有充足支付能力的情况下,顾客是否决定购买某件商品,其依据不是价格的高低,而是顾客让渡价值的高低。企业可从两个方面来提高自己的顾客让渡价值:一是通过改进产品、服务、人员与形象,提高产品的总价值;二是通过降低生产与销售成本,减少顾客购买产品的时间、精神与体力的耗费,从而降低货币与非货币成本。

(七)6/7Q:为什么要在你这里买——制造差异化、创造附加值

6/7Q对应的营销工具见表2-8。

表2-8 6/7Q与营销工具

7Q问题	营销工具和支撑策略
为什么在你这里买?	1. 对标竞争对手 2. 制造差异化 3. 创造附加值 4. 增值服务

你在做销售的时候,你销售的不仅仅是产品和服务本身,还有你自己和公司,换句话说,你和公司其实都是你所要销售的产品的一个组成部分,并且是不可分割的一部分,更是使产品增值和创造附加值的部分。

公司和个人附加值的分析不仅限于正式商务合作能给顾客带来的利益,更重要的是公司和个人能够零成本、低成本为顾客提供的其他服务和利益。比如公司附加值可能有为顾客提供员工培训,邀请顾客员工到公司来学习企业文化和制度,为对方管理现代化和规范化提供建议;个人附加值可能有培训顾客的新员工,把自己的销售经验与顾客分享,为顾客介绍管理规范化方面的朋友和专家,帮助顾客的孩子联系夏令营,准备高考复习资料等。

当顾客提出"我为什么要在你这里买?为什么要买你的?"的时候,他是期望可以在你这里得到更多的差异化、附加值和增值服务,而顾客得到的最终利益是由价值链上的每一个增值环节不断叠加、累积产生的。

如果是品牌方，其重点是差异化和创造附加值。比如我们的洗衣机洗得更干净，更节水，我们的洗衣机是纳米洗衣机等。又如"农夫山泉有点甜"，"甜"就是农夫山泉的差异化和不同点。

如果是渠道商，其重点是差异化和增值服务。比如在某个城市里有4家奥迪4S店，奥迪车都是一样的，价格也一样，那么，如何让顾客选择在你这家4S店买，而不是其他4S店呢？你必须塑造出你不同于其他4S店的特点和增值服务来，比如你家的售后服务技师都是金牌技师。

（八）7/7Q：为什么现在就要买——境况对接与塑造当下价值

7/7Q对应的营销工具见表2-9。

表2-9 7/7Q与营销工具

7Q问题	营销工具和支撑策略
为什么现在买？	1. 需求层面。 (1) 需求境况对接。上市时机选择、境况性购买、节日和假日消费、应季销售、日常消费。 (2) 制造需求的紧迫感(含制造需求)。SPIN、限时、限量、限款。 2. 终端促销活动、反季销售、冲动性购买。 3. 时间价值塑造。

回答顾客"我为什么现在就要买"要从两个方面入手：一个是需求层面，另一个是时间价值层面。

在需求层面解决，又主要是两点：一个是需求境况对接，另一个是制造需求的紧迫感。所谓需求境况对接，是指当顾客处于某种境况和需求的时候，就第一时间想起你的产品。比如士力架，它的广告语是"士力架，横扫饥饿"，显然出现饥饿境况的时候，你就会想起和购买士力架。又如我有次在北戴河一海边游乐场度假，玩水上高空滑梯，现场就有抓拍你从滑梯落下时照片的，然后，等你下来后，就适时推销给你留作纪念。所谓制造需求的紧迫感，就是把隐性需求变成显性需求，把不紧迫需求变成紧迫需求，把小问题变成大问题，并制造供不应求的局面。限量、限款、限时，或分批逐次推向市场等，都是制造供不应求局面的有效方法。

在时间价值层面上，主要是塑造"现在"的价值，即向顾客指出"现在"买和"以后"的价值差异点是什么。主要的手段就是当下的终端促销活动，常见的有买赠、抽奖、特价、免费等。

在电影营销中，7/7Q的应对十分重要，处理不好，会遭遇惨烈票房；相反，就可以票房大丰收。

导演冯小刚因贺岁片而出名，但2012年11月29日上映的投资2.1亿元拍摄的贺岁电影《1942》却遭遇了票房滑铁卢，总票房仅有3.7亿元，而同期上映的冒险剧情电影《少年派的奇妙漂流》(2012年11月22日中国上映)票房却达到5.6亿元，喜剧电影《人再囧途之泰囧》(2012年12月12日中国上映)票房更是到达12.6亿元。为什么会出现这样的情况呢？关键是《1942》的题材与贺岁档的需求不合拍。《1942》主要讲述了1942年的一场灾难，中国抗日战争处于战略相持阶段，此时河南大旱，千百万民众离乡背井，外出逃荒的情节。元旦前夕贺岁档大家图的是轻松、欢快，而《1942》的题材过于沉重，因此，尽管在媒体关注度和曝光率方面《1942》大面积领先《少年派的奇幻漂流》和《泰囧》，但是，观众却多不愿在这样一个欢快的节点选择这样一部沉重的电影。反观映前一直低调的《泰囧》却凭借应时的喜剧效果，在贺岁档大获丰收。次年2013年，冯小刚拍了一部低成本的喜剧电影《私人定制》在贺岁档上映，票房轻松到达6.8亿元！如果冯小刚的《1942》像他之前拍的《唐山大地震》(2010年7月22日上映，票房6.5亿元)一样放在7月而不是贺岁档，它的票房也可能达到6.5亿元。

第五节　7Q销售中的4次销售和两种销售策略

一、4次销售

7Q销售认为，销售人员在每次销售过程中其实是包含了4次独立的销售或者说是说服，分别是：

1. 销售见面

销售人员必须成功地说服顾客与他见面，或说服顾客耐心地听他电话。

2. 销售自己

销售人员必须成功地说服顾客从他这里购买产品，而不是从竞争对手那里购买，说服顾客信赖自己。

3. 销售产品和服务

销售人员必须成功地说服顾客，这个产品是最适合他的产品，能够解决顾客的问题，满足顾客的需求，给顾客带来他想要的好处和利益。

4. 销售时机

销售人员必须成功地服务顾客什么时候是最佳的购买时机，为什么现在购买是最佳购买时机。

因为，这4次销售行为或者说服有其共性的方面，所以有些销售技巧和手段是共用和相通的，比如说二择一询问方式，这需要大家在学习过程中加以注意和活学活用。

二、两种销售策略：货架式和问诊式销售

在实际的销售中，存在两种销售策略：一种是货架式，另一种是问诊式。

1. 货架式销售

我们到超市卖场购买物品，遇到的就是货架式销售。销售人员把所有自己能提供的货品全部陈列在货架上、柜台上或橱窗里，明码标价，顾客需要什么就拿什么。它的销售思想是，尽管我不知道谁是我的顾客，你需要什么，但是我把我有什么产品和它们有什么特点广而告之，全都告诉你，然后，谁需要，谁就来买，你自己需要什么，你就买什么。这种销售策略里，重点动作是商品陈列展示和广而告之。

2. 问诊式销售

到医院里，问诊买药，遇到的就是问诊式销售。医生首先询问我们的症状，然后确诊我们的病因，最后给我们开药方。开出的药品是直接对症的药，是满足我们需求的产品。问诊式销售的思想是，首先找到顾客的需求是什么，再向顾客推荐能够满足顾客需求的产品。这种情况下，顾客是不会拒绝我们推荐的产品的。问诊式销售的关键动作是发现和明确顾客问题与需求。

此外，货架式销售重视顾客的数量，问诊式销售重视顾客的质量。

本章所指地面销售指的是问诊式销售。

第六节　线索—类型—阶段—策略

相由心生，但是我们做销售的却要做到由相及心、由表及里。我们要善于通过顾客的语言、动作、仪表等外在线索来判断顾客的性格类型、需求和所处的购买阶段等内在特征，并据此制定相应的销售策略。即销售的一项重要工作就是判断顾客的特征和性格，这决定了我们将采取什么样的风格和顾客沟通。同时，我们还要通过外部线索和信息调查来判断顾客处于哪个购买决策阶段，这决定了我们将会选择什么样的时机、采取什么样的销售对策来推动和加快顾客的购买进程。那么，如何把看不见的性格特征和购买阶段变成看得见的外在线索，由看得见的外在线索来推理和判断看不见的性格特征和购买阶段呢？只要我们细心思考，就能找出它们之间对应的关系。当然，当某种关系不确定的时候，我们需要更多的信息来佐证。比如，某高档楼盘置业顾问，总是这样来询问来访顾客："先生，您是怎么过来的？""开车过来的。""门口那两宝马是您的吗？""不是，旁边那辆奔驰是我的。"置业顾问希望通过这样的询问并结合对顾客的观察来快速判断顾客的支付能力，审查顾客资格。

第七节　成功销售的11种力量

在不考虑公司和行业的情况下，影响一名销售人员最终业绩表现的因素可以归结为11种力量(包括了销售技巧)，分别是：

1. 个人人际技巧

个人人际技巧可以是酒量大小、爱好宽窄、唱歌水平高低、热情与否，是否经常微笑、赞美等。在一些行业，酒量大的更容易和顾客建立良好的关系，业绩自然就高一些。同样，顾客也更愿意和唱歌好听的人去卡拉OK。销售大师乔·吉拉德说，面带微笑是成功的第一步，甚至是关键的一步，对此话我颇为认同。

2. 个人销售技巧

学习和懂得销售技巧的人能够更好地在产品和顾客需要间建立联系，把产品转化为顾客的需要，自然业绩就高。那些在产品介绍中始终抓不到重点的人，业绩自然落后。

3. 个人形象仪表

大家喜欢多看美女、帅哥，我也一样，顾客也是一样。形象气质好的更受顾客欢迎。

身材高的也是更容易赢得顾客的尊重和信赖。在去见顾客之间好好整理一下自己的仪表，化好妆，无疑会在顾客面前赢得更高的评价，这会为销售加分。

4. 个人品质

可以骗人一时，不能骗人一世。在强调反复消费和购买的销售中，口碑无疑是很重要的，个人的品质无疑是最重要的。诚实守信会让你生意越做越红火；否则，业务会越做越窄。

此外，超强的行动力，勤恳耐劳、坚持不懈，也是一个重要的品质。比如，我们经常发现一个看似毫无潜质的人竟然靠着不断地拜访顾客而获得成功。显然，你一天拜访4个顾客，我一天拜访20个顾客，你手里的名单上有10个顾客，我的名单上有100个顾客，那么我的量一定会给我带来质的变化，纵然你比我会唱歌会喝酒，这都是勤劳的两条腿带来的区别。

5. 个人资源

如果有亲朋在政府部门担任要职，自然就比别人做销售容易点。如果你的同学现在是联想的总经理，你要卖一个课程给联想自然就容易些。人脉是个人资源的一个重要方面，人脉就是钱，是有一定道理的。

6. 专业知识，包括行业知识等

成为某个领域的专家，自然让你在顾客面前顺风顺水，顾客就会对你多一份信服，业绩自然就会高人一筹。销售汽车但不知道汽车的构造，销售化妆品却不知道美容知识，自然会失信于顾客。

7. 公司实力

是销售多乐士涂料容易一点，还是销售一家不知名品牌的涂料容易一点？显然，大公司、大品牌会让你在做销售的时候轻松许多。

8. 产品质量

三鹿奶粉是个大公司的大品牌，结果三聚氰胺事件使销售急跌。可见，产品质量是销售的根基。

9. 行业竞争状况

在银行和移动通信行业做销售比在快速消费品行业容易一点，因为后者的市场竞争比较充分，自然难度就大。

10. 市场(客户)需求状况

三鹿奶粉三聚氰胺事件使整个乳制品行业的销售都出现了下滑，使九阳豆浆机销量上扬，这是行业事件对整个市场需求造成的影响。

11. 个人行动力和意志力

再好的策略和素养，如果没有执行，也不会有结果。

由上可见，销售成功不仅仅是销售技巧的结果，它是11种销售力量综合叠加的结果。于是，我们发现有的人酒量大成了销售冠军，有的人形象气质好成了销售冠军，有的人口碑好成了销售冠军，有的人关系网络厉害成了销售冠军。这么说，生活中看到这些人成为销售冠军也就不奇怪了。既然销售技巧只是11种力量中的一种，是不是就不重要了呢？肯定不是的。个人形象、个人资源、人际技巧等三种力量，我们可以部分地通过后天的学习来改变,而销售技巧和专业知识、个人人品确是百分百后天努力的结果。因此,提升销售技巧可以快速地提高一个人的销售业绩。尤其当我们在其他方面处于劣势时,提高销售技巧、专业知识和个人人品就是我们明智的选择。任何人都可以通过销售技巧的提升来获得销售业绩,即使是一毛不拔、不通世故的小气鬼也能成为销售冠军。请看案例。

案例：不喝酒的销售冠军

我的一名学生毕业后到了一家化肥制造企业,从事复合肥、控释肥、绿色生态肥等农业肥料的销售工作,分别负责江浙地区一个乡县的销售。为了做好销售,他还特地买了一辆摩托车,往返于乡镇田间。这名学生一直给我留下不抽烟、不喝酒、言谈不多的印象。后来,他返校遇见我,说起了他的近况。他充满自信地说:"刘老师,非常感谢当初学习了你的销售课程,让我找到了自己的位置和与别人竞争的优势。"后来得知最近半年来他一直是公司的销售冠军,深受领导器重。

"说说看,你是怎么做到呢?"

"做化肥销售,争取到经销商的支持是关键。追着经销商做销售,陪酒、陪唱不是本事,做成了,也是低层次的销售。我要让经销商来追着我做销售,让经销商认为我是他们的贵人,这才是高雅的销售。经销商的最终目的就是挣钱,挣更多的钱,轻松地去挣更多的钱。所以,我的重点是抓经销商的顾客,就是农民。其实,我去经销商那的时间比较少,基本都是在田间地头和农民打交道,取土样,发回公司做土壤分析,然后,根据结果定制肥料。拿着检测结果,农民们就都被我说服了,要想增产增收,就要根据土壤性质来施肥。结果,他们纷纷到镇上询问有没有我这个品牌的肥料。问得多了,经销商发现老百姓认我这个牌子,就纷纷找我订购。其他地区,都是先货后款,我这先款后货。刘老师,我不喝酒也成了销售冠军,高雅地在做销售,还要多谢谢你啊。"

世界上没有全能的人,你我都有优点,同时也有缺点,我们也都面临同样的选择：是选择扬长避短,还是选择取长补短?我推荐的选择是你自己要扬长避短,让团队来给你取长补短。所以,成功的关键往往不是做好销售的每一个环节,取得每一种销售力量,而是结合自身的优势在一个销售环节、一种销售力量上打造属于自己的核心竞争力,打造自己的专属个人销售系统。

第八节 推销与谈判的12句秘籍

7Q推销与谈判的12句秘籍是：

(1) 找对人,做对事,说对话。

(2) 见人说人话,见鬼说鬼话,见到神仙不说话。

(3) 未见面时说点神话,见到面时多说实话。

(4) 销售是信心的传递,情绪的转移;销售更是价值观的传递,影响力的转移。

(5) 销售始于拒绝,更始于服务。

(6) 销售是快速推动顾客购买进程。

(7) 常在河边走,一定会湿鞋;越靠河边走,越快会湿鞋(勤拜访、勤跟踪、勤总结)。

大数定律,成交倍增。

(8)你销售的永远不是产品,也不仅仅是产品。

(9)顾客要什么,我们就是什么;顾客要什么,我们就有什么;如果确实没有,我们有什么,就让顾客要什么。

(10)客户可以不说,但我们一定要问;客户可以不做,但我们一定要要求。客户是问出来的,要求出来的。

(11)坚持按流程做事。

(12)不做准备,就准备接受失败。

第九节 商务谈判的核心理论

一、成功谈判5要素

1. 筹码

筹码在谈判中是第一位的。筹码决定了双方的实力对比,互相需要或依赖的程度。所谓筹码,就是指可以让对方得到和失去某种利益以及向对方施加和移走某种威胁的所有可用选项。筹码的数量,指的是选项多少。筹码的大小,指的是选项对对方带来利益或损害的大小。在谈判中,筹码的数量和大小都是十分重要的。所谓强势谈判,就是我方的筹码显著多于和强于对方筹码。所谓弱势谈判,就是我方的筹码显著少于和弱于对方筹码。所谓均势谈判,就是双方的筹码数量和大小基本相当。所谓弱国无外交,指的就是如果一方的筹码很少,再好的谈判技巧也无力改变局势。所以,我们反复强调,谈判的关键是先建立强大的筹码,在强大筹码面前,谈判技巧、策略等可能都是浮云。比如,如果我方是某产品唯一制造企业,那么,在面对谈判对手时,我方就具有绝对的定价权。筹码分为4类:

(1)使对方得到某种好处的筹码;

(2)使对方失去现有某种好处的筹码;

(3)向对方施加某种损害的筹码;

(4)从对方身上移走现有某种损害的筹码。

在筹码方面,关键的工作就是两项:

(1)不断建立自己的筹码;

(2)对自己的可用筹码要做到一清二楚。

2. 信息

知己知彼,百战不殆。道出了谈判中信息的重要性。拥有信息优势,就是拥有谈判优势。做好谈判中的信息工作,就是做好谈判中的侦察和反侦察工作。所谓侦察,要尽量获取有利于谈判的知识(比如国家大势、行业知识等)和谈判对方的全方面信息(包括对方的筹码、谈判底线、谈判人员性格、是否有时间压力等)。所谓反侦察,就是做好保密和掩饰工作,使对方无法获得我方真实、全面的信息,或是有意地、有策略地让对方知道我方想让对方知道的信息。

3. 投入

所谓投入，就是投入的人力、物力、财力、时间、精力的多少。筹码，需要花费资源去打造；信息，需要花费人力、财力去收集。如果我方参与谈判的人是 5 人，而对方只有 2 人，其他情况相同下，我方胜算大。如果我方花费了 7 天来准备有关谈判事项，而对方只花费了 1 天，那我方胜算大。

4. 策略

所谓策略，指的是筹码的使用与先后安排。用哪个筹码，不用哪个筹码；先拿哪个筹码，后拿哪个筹码，这就是策略。类似打牌的时候，出牌顺序的安排。

5. 技巧

狭义的技巧，指的是谈判时的语气语调、说话艺术、肢体表情、地点选择、僵局处理方式等。广义的技巧包括了所有这 5 个要素。

这 5 个要素在谈判中的作用是依顺序降低的，在谈判中要注意不应本末倒置。所谓本末倒置，就是热心于小技巧，而忽略于筹码的建立和信息的侦察。优秀的谈判人员总是首先致力于建立自己的推销和谈判的优势和筹码。

二、标准谈判流程

1. 组建谈判团队

谈判的第一步是组建谈判团队，即确认都有谁参与到谈判中去，各自的职责是什么。最小的谈判"团队"是一个人，大的谈判团队可以是几十人，常见的谈判团队是 5 人左右。

2. 确立谈判目的、目标和底线

走上谈判桌前，要先明确此次谈判的主题是什么，希望达到什么目的，达成什么目标，最坏可以接受的底线是什么。

3. 明确筹码，制定谈判策略

明晰双方的实力和相依程度，对自己的筹码做到心中有数，并制定好主打策略和备选策略。

4. 侦察和反侦察

做好与谈判相关的信息搜集工作，做好谈判现场的侦察和反侦察工作。

5. 磋商

(1) 开局：寒暄，调节气氛，介绍团队成员，界定谈判主题、双方分歧点，表明我方立场，了解对方立场。

(2) 僵局处理：遇到双方互不相让，僵持不下时，要有化解和应对的策略准备。

(3) 进攻与妥协：进攻是向对方施压以获取我方最大利益，妥协是向对方做出让步以缩小双方分歧。

(4) 成交：是指双方最终达成一致意见并签约。

6. 协议执行

只有协议执行完了，整个谈判过程才算是完整结束了。

三、理性谈判的4个原则

1. 把人与事分开

是指谈判的核心和关注点只能是谈判内容本身,与你是否喜欢对方的谈判人员无关。不要把对对方谈判人员的喜欢和厌恶带入谈判中来,产生不良情绪,影响谈判的实质内容。运用此原则有两点:一是,不要让自己对对方谈判人员的爱憎影响到自己的实质判断;二是,己方可以通过打造成或引入谈判对手喜欢或憎恨的人士,而影响对方的情绪和理性判断。

2. 把表态和利益分开

是指谈判人员要时刻意识到对方谈判人员的良好热情的态度并不一定等同于对方会做出利益让步。对方谈判人员常用的谈判策略是,一方面彬彬有礼、殷勤备至、热情周到,并进行口头承诺,拍胸脯表态;另一方面,在实质问题和实际利益上却咄咄逼人、寸步不让。己方谈判人员必须明确,在没有签订书面协议并执行完前,所有的表态和友好并不一定是真的友好。

3. 先解决准则冲突,再解决利益冲突

很多谈判之所以达不成结果,是因为双方指导谈判的准则是对立的、不可调和的。所以,谈判的第一步其实不是谈具体谈判分歧,而是谈分歧背后的准则矛盾。如果大家认同了共同的准则,或者各自的准则间不再是不可调和的,自然就会谈出一致的结果。比如,我方认为"好手机"的定义是待机时间长,对方认为"好手机"是指拍照效果好,那么,谈判的第一步就不是价格,而是对"好手机"的共同定义。

4. 追求双赢

是指跳出你死我活、你输我赢的零和思维,尽力达成双方都满意的互惠互利的方案。追求双赢的另一面是,不能在谈判结束时有失败者。如果谈判的结果是,有一方认为自己是失败者,那么,这种达成的谈判协议就是不稳定的,就是暗藏危险的,因为,失败者是不会甘心的。

第三章

推销之驻店销售

开篇两问：

1. 客户上门时的心态是怎样的？

2. 你买瓶洗发水和购买一套房子所需要掌握的知识和付出的精力是一样的吗？

第一节 “坐销”——驻店销售的流程

一、门店销售、柜台销售、淘宝客服都是“坐销”

案例：简化的门店销售询问

导购：您好，大妈。欢迎来到国美西门子专柜。看冰箱吗？

顾客：是的。

导购：来国美之前到过哪些店？

顾客：去过苏宁。

导购：看过不少品牌吧？

顾客：看了看海尔和西门子的。

导购：为什么要买冰箱呢？

顾客：孩子结婚用。

导购：您打算选择一款具有什么特点的冰箱呢？

顾客：省电的、保鲜的、容量大的。

导购：您为什么看重这几点呢？

顾客：省电就是省钱，保鲜才有营养。孩子结婚后，会和我们一起住，容量大些好。

导购：哦，是这样啊。大妈，我给你推荐这款冰箱。耗电量每天只有0.5度，一年就能省出云台山三日游的钱来。它拥有真空舱和零度室两大保鲜秘密武器，超长保鲜，让你做出来的菜特鲜。冰箱的容量还大，有608升。很多年轻人结婚都选择了这款冰箱，喜庆大气。还有个好消息，现在购买送台洗衣机，你还省了购买洗衣机的钱。如果你购买了这款冰箱，你的儿媳肯定要感激你，有眼光，你们婆媳的关系以后不知有多好。大妈，咱们去交款？

以上是某家店门店销售的例子。门店销售、柜台销售、淘宝客服、电话接入等都是“坐销”，即驻店销售。显然，驻店销售的最大特点是，顾客在进门店时，来到柜台跟前时，在货架前徘徊时，抑或登录淘宝网店时，已经有了较为明确的需求。

按销售的复杂程度和涉及的产品来分类，驻店销售可以划分为极简驻店销售、简单驻店销售和复杂驻店销售。

二、驻店销售的流程

门店销售一般遵循以下步骤(见图3-1)。

1. 寒暄

顾客进门后，无论是顾客主动搭讪，还是销售顾问进行主动搭讪，都应该进行简单的寒暄。此外，在接近顾客的时机上也要选择好。通常，顾客进入门店后，销售人员要用目光留意顾客，并跟随顾客。当顾客用目光寻找销售人员，示意需要帮助时，销售人员可以走向前。当顾客脚步或目光停留在某个商品前，表示出感兴趣并久久停留时，销售人员也可以从顾客正侧面走近顾客，询问顾客是否需要帮助。

图3-1 驻店销售流程

2. 三判断

(1) 判断顾客沟通性格，就是看看顾客性格是怎样的，是喜欢听我们讲，还是喜欢自己去看；是犹豫型性格，还是果断型性格等。根据顾客的性格选择恰当的沟通方式，才会事半功倍。

(2) 识别顾客是否是专业顾客。比如可以这样问：先生，你是第一次购买吗？你过去使用和购买过吗？新手和老手在购买同一件产品时，由于对产品的知识掌握不一样，所以关心点也不一样。这就要求我们要区别对待。对于新手要多教育和引导，使用一些通俗的语言，当然，对于专业顾客，我们可以使用一些专业的术语来介绍。

(3) 识别顾客的购买阶段。比如可以这样问：先生，你看过和比较过哪些品牌了？打算什么时候买？如果你是顾客进的第一家店，看到的第一个品牌，那么，顾客处在信息收集阶段，销售人员工作的重点应该是如何吸引顾客在看过其他店和品牌后回头和促使顾客当下决定。如果你是顾客进的第三家店，看到的第三个品牌，那么顾客多处于决策阶段，销售人员的工作的重点当然是促成了。

3. 直接询问顾客的需求

比如可以这样问：先生，打算买什么价位的？你最看重什么？有什么要求？为什么？由于门店顾客多是有相对比较明确需求的顾客，所以，销售人员可以直接询问顾客的需求以及对产品的要求。在这个直接询问需求的阶段，要遵循“询问需求三步骤一技巧”的原理。“询问需求三步骤一技巧”是指在询问需求时遵循以下流程：

首先是询问客户是否已经有中意或看好或感兴趣的产品了，如果有，直接向客户介绍这一产品即可。

第二步是询问客户的购买预算或价格区间。这样我们只要在客户能够承担的价格区间里选择合适的产品向客户进行推荐介绍即可。

第三步是询问客户的具体需求。包括两个层面，一个是产品层面，另一个是顾客层面。产品层面，比如是两厢车还是三厢车，是花生油还是色拉油，是大瓶装还是小瓶装等。

顾客层面，比如这辆车是谁来开，是走山路多，还是城区公路多；购房是用来自住还是投资，几口人住等。询问顾客层面的需求，在推荐产品时，会给我们更大的推荐空间。询问产品层面的需求，在推荐产品时，会更加直接。

一技巧是指“先开放后引导”。在询问需求时，我们鼓励并建议先使用开放式问题，再使用封闭式问题。比如，先生，你对车有什么要求？这就是开放式问题。当感觉到客户难以回答某个问题时，我们立即改为用封闭式问题来引导客户进行快速回答。比如，先生，你是家用还是商用，是喜欢自动挡还是手动挡等。先开放后引导，不会让我们错过客户的重要信息，同时又能快速推进购买进程。我们在推销和谈判中的总体原则是“把主动权掌握在自己手里，把选择权交到顾客手里”。

4. 产品介绍和展示

产品介绍和展示一般遵循两个原则：

(1) 遵循集中展示原则。根据顾客的需求，集中介绍与顾客关心点相匹配的几个产品特点，切忌面面俱到，丧失重点。

(2) 遵循 7Q 销售的 PSFABEVDNQ 介绍流程，即按照问题（pain-points 或 problems）、对策（solution）、特色（features）、优势（advantages）、利益（benefits）、证明（evidences）、价值（value feeling）、差异（differences）、当下（now）、发问（questions）的顺序来介绍。这个原则和流程对于商业演说和品牌文案同样适用。

5. 处理异议

处理异议的最大原则是事前准备和“先澄清再处理”。异议当中，最常见的一个异议就是价格异议，而应对价格异议的一个主要原则就是：不问清需求，不介绍产品；不说清价值，不回答价格。违反这一原则，必然会大概率地面对来自顾客的异议，尤其是价格异议。

6. 促成交易

销售店员要能时时识别顾客的成交信号，步步推动成交。

7. 后续服务和二次销售

要让顾客满意，只有好的产品是不行的，还必须有好的服务。如果顾客满意，我们就可以时时进行二次销售，包括重复购买、扩大购买、推荐新顾客等。

案例：某品牌策划公司电话接听人员工作规范

1. 工作要点

第一是判断来电来访顾客是否是准顾客，第二是塑造公司、品牌顾问团队、首席顾问的价值，让顾客形成期待，第三是电话转接到策划专家（初级品牌策划助理需要此步骤，高级品牌策划助理不要此步骤），第四是安排品牌顾问（团队）与顾客决策人见面。

第一，判断来电来访顾客是否是准顾客。

(1) 询问顾客是从什么渠道知道公司的；

(2) 想做什么业务，做这项业务的目的是什么，初步把握顾客需求；

(3) 询问顾客的行业和产品、销售额、人员规模，把销售额超过 300 万元、员工人数超过 50 人（仅供参考，请灵活把握）的顾客适时导向品牌诊断和策划，非标准合格顾客直接进入筛选问句（问：这个案子至少需要 15 万元的投入，企业能接受吗或类似问句；

(4) 询问顾客需求的迫切程度,打算在什么时间做;

(5) 询问顾客是否有预算和能接受的心理价位是多少,是否接触过设计和策划公司以及接触过哪些设计和策划公司,过去是否做过相似的业务,是哪一年在哪个公司以什么价格做的。

第二,塑造公司、品牌顾问团队、首席顾问的价值。

(1) SH公司已经成立8年;

(2) SH专有和专业的观点工具和模型;

(3) 首席顾问介绍;

(4) 公司和顾问曾经服务过的有代表性的企业顾客名称;

(5) 邀请顾客到公司网站或到百度搜看公司和品牌顾问的宣传视频短片和简介、观点、文章等。

第三,安排品牌顾问与企业决策层会面。

(1) 一定坚持要企业决策人和品牌顾问会面;

(2) 市场人员安排顾客和品牌顾问面谈后,建议书和合作协议由品牌策划部制作。

综上,市场人员三项工作是:判断顾客标准、调查顾客需求,塑造顾问价值,安排双方见面。

2. 标准词

(1) 您好。这里是SLDH品牌策划机构,我是策划助理小林。请问您要做营销/品牌策划,是吗?

(2) 是的。我需要做营销策划。

(3) 好的。能说详细点吗?

(4) 我们公司有个产品要上市,需要做一个从包装到上市推广的策划。

(5) 好的。请允许我先把SLDH品牌策划机构给你做一简单介绍。SLDH成立于2003年,历经8年的风雨成长,已经是山东乃至中国领先的品牌和营销策划机构,成功服务200多家企业,既包括行业翘楚,也包括快速成长的未来行业之星,这些优秀的政府和行业企业代表是:中华人民共和国公安部、济南地税、中国工商银行、招商银行、浪潮集团、港华燃气、鲁润阿胶、语画童年、轻骑铃木、蓝山集团、中国移动等。为了更好地服务于贵公司,我可以问你几个问题,了解一下有关基本情况吗?

(6) 好的。

(7) 请问贵公司名称是?

(8) 山东LR药业。

(9) 公司一年营业额大约是多少?

(10) 3 000万元。

(11) 现有多少员工?

(12) 500人。

(13) 公司的产品是什么?品牌叫什么?

(14) 阿胶。品牌是美人蕉。

(15) 请问打算什么时候做这个策划?

(16) 9月。

(17) 请问贵公司在济南吗?

(18) 在济南(则邀请其到公司来面谈)。/不在济南。

(19) 好的。我会把相关信息转给品牌策划顾问,他会和你联系。那么,请问你怎么称呼?

(20) 我姓李。

(21) 全名如何写呢?

(22) 李思成。

(23) 那李老师,请问你是李总吗?

(24) 不是。

(25) 那你在什么部门,负责什么工作,职务是什么?方便告诉我吗?这方便我们以后的沟通。

(26) 营销部,招商工作。

(27) 好的。策划这项工作是由你全权负责吗?

(28) 是/不是的,我要向王总汇报。

(29) 最后一个问题,有时我们未必适合贵公司,为顾客考虑,我们会建议顾客多找几家策划公司做比较。请问贵公司还找过哪些公司进行了解?

(30) DJT公司。

(31) 好的,我已把你的需要记录下来,我会转给策划经理,他会及时和你联系,并解答你的疑问。

对于不能顺利进行以上对话的顾客,请顾客填写顾客需求调查表。对于不愿填写顾客需求调查表的顾客直接放弃。电话接听人员可根据自己的实际情况灵活运用标准词。

顾客的抗拒在销售的每一个步骤和环节上都可能发生。因此,在每一个环节我们都要寻求有效处理拒绝和异议的方式和方法。不仅顾客会拒绝我们,其实我们也会拒绝顾客。有效处理异议和善于放弃,反映了一个销售人员的素质高低。

第二节 极简驻店销售——一句话推销

一、极简驻店销售的特点

极简驻店销售是指具有以下特点的驻店销售:

(1) 消费者对产品知识较为熟悉,或者产品知识很容易获取和理解,购物中对产品知识的要求不高,比如花生油、洗发水、饮料等。

(2) 买错产品所承担的风险小,承担风险的概率小,价格很低,比如几十元的价格等。

(3) 顾客在购买中决策时间和周期很短,愿意花费的时间、精力少,比如1～10分钟。

二、极简驻店销售流程和一句话推销

极简驻店销售流程是一般驻店销售流程的具体化,一般是:

（1）简单寒暄，轻松自然。

（2）三判断：识别客户专业程度，识别客户购买阶段，识别客户性格及沟通方式。

（3）询问需求，暗植标准。

（4）介绍产品，回答询问。

（5）促成交易，引导付款。

（6）关联推荐，欢迎再来。

由于极简驻店销售涉及的产品价格低廉，顾客花费的时间精力少，销售人员在销售流程的各个阶段都不需要花费很多口舌，通常就是几句话，甚至是一句话的事情，所以，极简驻店销售也叫一句话推销。比如，销售人员看见一名顾客走进洗发水专柜时，可能就说一句话"洗发水搞活动了，平常19.9的，现在只要9.9了"。另外，三判断环节也通常会被省略掉，或不受重视，不愿花费时间在上面。通常，极简驻店销售里很少涉及关联销售。因此，耿建华的极简驻店销售流程为：

（1）简单寒暄。

（2）询问需求。

（3）介绍产品，回答询问。

（4）引导付款。

下面以洗发水和花生油为例，让大家对极简驻店销售有个全面和深入的理解。

三、洗发水

洗发水是指清洁头发的液体类护发产品。洗发水中含有多种成分，这些成分的综合作用能起到清洁头皮和头发的功能。通常洗发水中最能起作用的成分是表面活性剂，表面活性剂起着清洁头发和头皮的作用，当洗发水与水混在一起时能产生泡沫，不过泡沫的多少并不能反映出清洁能力的强弱。在洗发、护发、美发业内，商场超市、专卖店卖的洗发水叫日化线产品，在美发店、美容院等销售的叫专业线产品。一般日化线的多为2合1产品，洗发、护发在一起，专业线要求洗发和护发分开使用。洗发水按功效分，可以分为去屑、柔顺、修复、烫染后护理等。目前，洗发水常见的品牌有飘柔、舒蕾、潘婷、海飞丝、沙宣、拉芳、欧莱雅、夏士莲、力士、清扬、多芬、滋源等。消费者可以根据自己的发质（干性、中性、油性）、粗细等来选择适合自己的洗发水。

场景：超市卖场洗发水货架前。

导购：女士，你是在看洗发水吗？

顾客：是啊，请问QY洗发水在哪里啊？

导购：在那边货架上。这边HFS洗发水也不错，在搞活动，你可以了解一下，买不买不要紧的，各种功效的都有。

顾客：哦，是吗？有去屑的吗？

导购：有啊，我给你介绍一下。HFS已经50多年，现在的配方是最新改进的科技成果。我们的产品中含有活性吡啶硫酮锌（ZPT），并且HFS新配方中优化了锌颗粒的大小，去屑效果更好。很多顾客使用三个星期后头皮屑就已显著减少了，且头皮的整体状况也得到了改善。关键是我们的配方不仅从表面改善状况，去除头屑，让你远离头屑烦恼，也能从源头杜绝头皮屑,并提供去屑、爽肤和保护三重头皮护理,让您重获健康头皮和亮丽头发。你知道吗?90%的世界皮肤科大会医师会建议使用HFS产品来去屑,而70%的医师自己也正在使用HFS。现在买一大瓶,赠一小瓶。拿一瓶还是两瓶?

顾客:不错,先拿一瓶吧。

导购:好,请到这边收银台付款。

顾客取货付款离开。

四、花生油

食用油是指在制作食品过程中使用的油脂,按油料不同可分为动物油和植物油。植物油常见的有花生油、大豆油、橄榄油、菜籽油、玉米油、芝麻油等以及调和油(几种油按比例混合而成的油)。目前生产工艺一般分为"压榨"和"浸出",这也是新国标要求在食用油外包装上标明的内容。"压榨法"是靠物理压力将油脂直接从油料中分离出来,特点是全过程不涉及任何化学添加剂,天然营养不受破坏。"浸出法"则采用溶剂油(比如六号轻汽油)将油脂原料经过充分浸泡后,进行高温提取,特点是出油率高、生产成本低。国内市场上绝大多数的花生油采用的是"压榨法",而多数大豆色拉油则选用"浸出法"。食用油外包装上要标明原料是否为转基因,转基因食品对人体健康的影响尚未确定,选择时消费者应要慎重,首选非转基因食用油。食用油有"4怕":怕阳光、怕高温、怕不密封、怕进水。因此,食用油储存要做到如下4点:一是密封,即用完后拧紧瓶盖;二是避光,不要让阳光直接照射瓶体;三是低温,将油放置在温度较低的地方;四是忌水,不要混入水。现在生活提倡少油少盐,做菜尽量少放油。

现在超市中卖的食用油,通常称为小包装食用油,容量从200mL到6L不等,常见的品牌有鲁花、胡姬花、金龙鱼、福临门、长寿花、西王等。

消费者在选购食用油时要有5看:

一看标识。按国家规定,食用油的外包装上必须标明商品名称、配料表 、质量等级、净含量、厂名、厂址、生产日期、保质期等内容,必须要有QS(质量安全)标志。生产企业必须在外包装上标明产品原料生产国以及是否使用了转基因原料,必须标明生产工艺是"压榨"还是"浸出"。

二看颜色。一级油比二级、三级、四级油的颜色要淡,这是国家标准规定的。也就是说同一品种同一级别油,颜色基本上没有太大的差别,如果这一桶很明显要比那一桶深,产品可能有问题。但不同油脂之间颜色一般没有可比性,因为国家标准中不同油脂同样级别的油脂颜色不一定一样,这主要同油脂原料和加工工艺有关。

三看透明度。透明度是反映油脂纯度的重要感官指标之一,纯净的油应是透明的。一般高品质食用油在日光和灯光下肉眼观察清亮无雾状、无悬浮物、无杂质、透明度好。

四看有无沉淀物。高品质食用油无沉淀和悬浮物,黏度较小。沉淀物俗称油脚,主要是杂质,在一定条件下沉于油的底层。购油时应选择透明度高、色泽较浅(芝麻油除外)、无沉淀物的油。

五看有无分层。若有分层现象则很可能是掺假的混杂油。优质的植物油静置24小时后,应该清晰透明、无沉淀。

场景：超市卖场食用油货架前。

导购：女士，你是要选购食用油吗？

顾客：是啊，你们是什么品牌啊？

导购：我们是 LH 花生油。LH 花生油，大品牌，做菜好吃又健康，现在 4L 装的只要 105.9 元，你不来一桶？

顾客：好的，我先看看其他家的再过来。

导购：好的，一定再过来哦，到时候看看是否给你争取点赠品。

第三节　简单驻店销售

一、简单驻店销售的特点

简单驻店销售是指具有以下特点的驻店销售：

(1) 要求消费者和销售员都要掌握一定的产品知识，产品知识比极简驻店销售中的产品知识要求的要多，比如化妆品套装、手机等。

(2) 买错产品会承担一定的风险，价格比极简驻店销售中的产品要高，通常在几百到几千元之内。

(3) 顾客在购买中的决策时间和周期要比极简驻店销售长一些，比如 10～30 分钟。

二、简单驻店销售的流程

简单驻店销售流程是一般驻店销售流程的具体化，一般是：

(1) 寒暄。

(2) 识别客户专业程度。

(3) 识别客户购买阶段。

(4) 识别客户性格及沟通方式。

(5) 直接询问客户需求和对产品的要求。

(6) 针对性产品推荐和介绍。

(7) 回答询问，引导付款。

(8) 关联推荐。

与极简驻店销售相比，简单驻店销售开始有关联销售和扩展销售，比如客户买手机时，引导客户买耳机；买晚霜时，引导客户买面膜等。“三判断”的部分也不断强化。下面，以手机和化妆品销售来进一步说明简单驻店销售，大家可以发现无论手机销售，还是化妆品销售都加入了与客互动和产品体验环节。

三、手机

JL 手机柜台销售一共分为 8 大步骤：

1. 准备

产品知识的准备(手机性能特点和卖点)，服务礼仪的准备，销售技巧的准备，情绪的准备,柜台陈列的准备,终端形象的准备,礼品的准备,产品的准备(进销存"也叫盘库"),票单、笔的准备。

2. 迎接顾客(拦截顾客)

在顾客走近或路过柜台时,要用眼光主动迎合顾客,伺机邀请顾客驻足了解 JL 手机,自然道出"先生/小姐,欢迎光临! 是看手机吗? JL 手机是大品牌,各种价位和档次的都有,你可以比较了解一下"。我们不要揣测顾客是否倾向于别的品牌,是否只是来闲逛的,我们要把每一个顾客当作一定要卖手机的顾客,是我们的品牌可以打动的顾客。

3. 直接询问顾客预算、产品要求

直接询问顾客对手机价位的要求和功能特点的要求。

"先生,你想看看什么价位的手机? 对手机有什么要求? 比如拍照、音乐、内存等。"

4. 功能演示与互动体验(产品介绍)

产品的介绍先从外观设计到内部设计,材料选取、做工程度、通过的部门检测、所取得的认证与荣誉、功能范围等。针对顾客所提出的问题、功能作详细地演示,有些功能一定让顾客去体验、操作、感受,尤其是优势功能。主要演示主推功能、强势功能和顾客所需要的功能。在这一演示过程中一定要注意正确拿机动作,按照一定的流程来操作,有步骤、有层次进行演示。把顾客的思维牵引到我们的思维中来,让他的思想跟着我们的思想走。

5. 回答顾客的提问,解决顾客的顾虑

常会碰到顾客所提出的问题和顾虑主要有以下几种:

(1) 你们的手机拍照像素是多少万啊? 拍照效果怎么样啊?

(2) 这个手机价钱太贵了。

(3) 我要考虑考虑! 我先看一看! 然后再作决定!

(4) 有没有礼品赠送啊? 有活动吗?

(5) 你们手机的反应不够快! 比 HW 差远了。

(6) 你们的待机时长有多长啊?

……

在回答顾客问题和疑虑时,要多用"是不是""对不对"这样的字眼提问顾客,以正面引导顾客对我们的产品形成积极印象,认识到我们的产品的优点和竞争产品的不足。多让他回答"是""对"。

总之,要耐心地一一解答顾客的顾虑。

在顾客坚持要求更低价格时,可以借鉴以下话术:

(1) 先生,这个价钱已经是最低价格了。我们店最近也在搞优惠活动,所以价格方面已经进行过一次调价。所以,请你放心,价格方面肯定是最低的,不用担心会买贵。

(2) JL 是全国统一零售价,不讲价的。任何一家 JL 厂家授权销售点都是卖这个价,所以请您不用担心买贵。我们保证不会卖贵您一块钱,我们这里是 JL 厂家直销点来的,这些都是厂家定价,不是我们随便标价的。卖低了,店长会罚我们钱的。

(3) 这样吧,我看你也比较有心买,当然我们也希望做成你这单生意,当多做一个熟客。我就帮你跟店长申请一下,给你一个员工内部价的优惠吧。

(4) 价格只能这样了,如果你真想买,我看看能否给你争取点赠品吧。

6. 开单成交

当回答掉顾客关心的问题后，我们就要及时跟进成交。

“先生，请你交一下款，我去给你拿真机。”

“先生，你是要刷卡，还是要付现金?”

在开单过程中要注意一些忌讳话，所谓的忌讳话就是：

“你觉得我们的产品怎么样?”等。

7. 一句话关联推荐和扩展销售

先生，我们现在充电宝、无线蓝牙耳机也在搞活动，要不要带一个?

只说一句话，不多做营销努力。

8. 试机、售后说明、送客、要求客户推荐

开单后一定要现场试机，说明主要功能的使用，并且一定要检查配件和赠品是否完全。然后，要对售后服务政策进行介绍。最后，送客道别，要求介绍新客户：

“欢迎下次光临！如果有朋友买手机，记得让他来找我啊，我给他优惠。”

提示顾客保修政策：

一个月包换，一年保修，全国联保。包换期间，刮花机身及手机屏都不包换的，只做保修。维修时，要带上保修卡及发票。

在送客时，帮客人提袋子，说：“慢走，希望你用得好，如果有什么不明白可以回来咨询。谢谢!”

JL手机销售工作中的注意事项：

1. 演示真机时

(1) 手机必须放置托盘中或拿在手中介绍展示，禁止将手机放在柜台上，视线不得离开手机。

(2) 销售人员在介绍过程中只可拿出一部手机展示，如需再拿出手机时必须先收回一部并确认是真机后方可再拿出另外一部。

(3) 一位销售人员只可接待一名顾客或一拨顾客。如再来顾客，请他稍等或请其他导购接待。

(4) 介绍过程中应及时提醒顾客不要把手机掉到地上。顾客如带小孩拿手机，必须停止销售，立即收回手机后再介绍。

2. 介绍手机过程中

不允许接打私人电话。如有亲友来访，请他稍等。

3. 在顾客确认购买去库房领取新机前必须将柜台上的手机全部收回并上锁

(1) 到库房领取新机时，必须仔细检查手机包装完整，签字确认后方可拿出库房。如签字确认后出现缺少配件及其他责任自负。

(2) 办理手续过程中，顾客由于各种原因突然要离开，销售人员应及时检查手机及全部配件是否齐全，确认后方可让顾客离开。

4. 带领顾客到前台付款时

手机及全套配件必须在销售人员手中，与收银员确认顾客交完款后，方可把手机及配件交给顾客并告知顾客清点配置。

5. 配送手机配件及礼品

(1) 顾客在交完款后凭质量保证单到配件组领取手机配件及礼品。

(2) 不得私自承诺多送规定以外的配件及礼品。

四、化妆品套装

根据2007年8月27日国家质检总局公布的《化妆品标识管理规定》,化妆品是指以涂抹、喷洒或者其他类似方法,散布于人体表面的任何部位,如皮肤、毛发、指(趾)甲、唇齿等,以达到清洁、保养、美容、修饰和改变外观,或者修正人体气味,保持良好状态目的的化学工业品或精细化工产品。

化妆品可以划分为护肤类、香水类、彩妆类、美发类、工具类等:

(1) 护肤类(基础护理):洗面奶、保湿霜(乳)、精华水、眼霜、面膜、面霜等。

(2) 香水类:进口香水、国产香水等。

(3) 彩妆类:眼影、眉笔、胭脂、底妆类(粉底、隔离、遮瑕膏、BB霜)、定妆粉(粉饼、散粉)、眼线、睫毛膏、唇彩、口红、卸妆油(乳)等。

(4) 美发类:洗发水、护发素、倒膜、啫喱水、弹力素、啫喱膏、发蜡、发油、摩丝等。

(5) 工具类:刀类、刷类、扑类、面膜纸、暗疮针、化妆棉等。

这里重点介绍护肤类即基础护理类产品。常见的基础护肤类品牌有欧莱雅、雅诗兰黛、颐莲、百雀羚、相宜本草、资生堂、玉兰油、韩束等。

人们应该按照正确的步骤使用化妆品,才能取得更好的护肤效果。基础护肤的正确步骤为:洗脸、使用爽肤水、使用精华液、保湿、隔离、防晒等。

(1) 洗脸:用洗面奶洁面,晚上的话,先用卸妆乳,再用洗面奶。化过妆或者使用过隔离霜、防晒霜就一定要卸妆。

(2) 使用爽肤水:用化妆棉蘸爽肤水擦脸,能起到二次清洁的作用。如果想保湿就用手直接拍脸上,但是不能太重,轻拍就可以。无论用哪种方法,都要用到皮肤不干为止。

(3) 使用精华液:先将手部搓热,将精华液均匀地搽在脸上,注意精华成分要避开眼周肌肤,用手掌轻轻按压面部的U区,按照由下到上、由外至内的方式轻柔按压,确保精华成分的完全吸收,T区也用相同的方式重复。最后利用手指肚轻轻敲弹脸部的肌肤,100次为一组,进行3组即可。

(4) 保湿:根据自己的肤质(干性、油性、中性、混合、敏感)选择不同的保湿护肤品。秋冬季节皮肤干的话就用霜,白天用日霜,晚上用晚霜。春夏皮肤比较湿润用乳。如果是晚上护肤不敷面膜的话,这就是最后一步。

(5) 隔离:取适量隔离霜于两颊处、额头、下巴,用中指和无名指两个指腹,从脸颊处向下拉伸;扩展到额头中央,再向两边拉伸,随后轻轻拍打直至完全吸收。

(6) 防晒(BB霜):防晒霜应该根据自己的需要和防晒霜的SPF与PA值去选择,防晒霜的功效时间长短取决于SPF值的大小。以SPF15为例,它的功效时间是(15×10分钟=150分钟),也就是说SPF15表示的是防晒功效是10分钟的15倍。并不是时间越长越好,因为时间越长对皮肤的负担就会越重,如果你并不是长时间从事户外工作或运动,就不建议你用高倍的了。

下面是YL品牌的基于7Q的驻店销售流程和技巧，包含了导购人员穿着、POP海报等支持物料和辅助体系等。其终端是大卖场化妆品专柜、天猫网站等。

（一）卖场化妆品YL专柜

1. 视觉

工装：(1)帽子/头带/皇冠，腰带。(2)红白、醒目色。(3)广告语(怕皮肤干燥，用YL·莲花)，或YL·莲花。

陈列：(1)广告语：YL·莲花，拥有核心科技。(2)色彩：YL传统绿色陈列货架，莲花系列白色夹带红色产品包装。(3)陈列位置和面积。争取好的陈列位置和面积，争取端头、堆头、摆台。

2. 场内传播

爆炸贴、海报、DM、包柱、电视、停车场、单页、收银台赠品。

3. 销售流程

销售流程共有6个步骤：

(1) 欢迎词

怕皮肤干燥，就用YL。欢迎看一下YL。

怕皮肤干燥，就用莲花。欢迎看一下莲花。

(2) 顾客6问(为了便于导购掌握和执行，实际中，问3问即可)

① 自己用，还是送人？

② 请问你是什么肤质？

③ 请问你都是在什么环境下工作和生活？

④ 不同年龄的人皮肤的新陈代谢不一样，方便知道你的年龄吗？(这个问题虽然对于女士来讲可能比较敏感，但是，只要告诉顾客为什么要知道年龄信息，并适时赞美顾客，会获得顾客理解和配合的)

⑤ 除了怕干、保湿之外，还看重什么？

⑥ 对产品的价位有要求吗？(这个问题比较有争议)

(3) 赞美

针对顾客的年龄、谈吐、职业、穿着等适时展开赞美。赞美不要多，只要有两次就可以了，一定要自然得体。

(4) 针对性介绍试用和推荐

① 推介。

② 征求顾客是否现场试用。强调透明质酸和全球最大透明质酸研发基地。引导顾客产生积极体验。

③ 推荐相关产品。

(5) 促成交易

① 促成的语言。用好二择一法。

② 促成的技巧。降价特惠，赠送小礼品。

(6) 回访、后续服务和销售

① 回访顾客使用感受，引导积极体验，解决小疑问。

② 邀请顾客再次到柜台，产生后续销售。

（二）天猫、京东等平台上的YL网店

YL网店客服销售流程共5个步骤：

(1) 欢迎词

怕皮肤干燥，就用YL。YL拥有核心科技。欢迎选购YL。有什么可以帮到您？

怕皮肤干燥，就用莲花。莲花拥有核心科技。欢迎选购莲花。有什么可以帮到您？

欢迎词要简单，忌劈头盖脸地给顾客一大段。

(2) 顾客6问

把顾客导入标准流程：为了更好地回答您的问题，我可以先问你几个问题吗？

① 自己用，还是送人？

② 请问你是什么肤质？

③ 请问你都是在什么环境下工作和生活？

④ 不同年龄的人皮肤的新陈代谢不一样，方便知道你的年龄吗？（这个问题虽然对于女士来讲可能比较敏感，但是，只要告诉顾客为什么要知道年龄信息，并适时赞美顾客，会获得顾客理解和配合的）

⑤ 除了怕干、保湿之外，还看重什么？

⑥ 对产品的价位有要求吗？（这个问题比较有争议）

(3) 针对性介绍和推荐

① 推荐。

② 强调透明质酸和全球最大透明质酸研发基地。

③ 适时给到图片和视频。

④ 推荐相关产品。

(4) 促成交易

① 促成的语言。用好二择一法。

② 促成的技巧。降价特惠，赠送小礼品。

(5) 回访、后续服务和销售

① 回访顾客使用感受，引导积极体验，解决小疑问。

② 邀请顾客再次到网店，产生后续销售。

（三）YL营销动作纲要和明细

1. 定位

补水、保湿、预防皮肤干燥、让干燥的皮肤变得水润。

2. 目标人群

YL·莲花的顾客是皮肤干燥的人：

(1) 以年龄界定，第一目标人群是25岁之后的人群。

(2) 以肤质界定，第一目标人群是干性肤质人群。

(3) 以气候和地区界定,北方、西部气候干燥地区。

(4) 以季节界定,第一目标季节是秋冬人群。

(5) 以境况界定,第一目标境况是电脑、雾霾、风沙、尾气、辐射等境况。

(6) 以性别界定,以女性自购和女性为男性代购为第一目标人群。

(7) 在收入、职业、教育、城乡等维度上暂不做界定。

(8) 关于学生,大学生是 YL·莲花的战略目标市场人群。

3. 竞争对手

我们要从功效和价格两个维度来找出 YL·莲花的竞争对手。

(1) 第一竞争对手梯队。最直接和首先瞄准的是温碧泉、丹姿水密码。

(2) 第二竞争对手梯队。第二竞争对手梯队是百雀羚、相宜本草、妮维雅、美即、柏卡姿等相似价格区间的保湿、补水类产品。

(3) 第三竞争对手梯队。第三竞争对手梯队是其他高端品牌的保湿、补水类产品。

(4) 双拦截策略:终端上要直接拦截,网络上要信息拦截。

(5) 双盯住策略:盯住价格,盯住促销。

4. 产品

(1) 莲花精华水和莲花透明质酸原液。

(2) 莲花 6 号。

(3) 莲花系列。

5. 价格

(1) 高定价,高促销,低卖价。

① 莲花 6 号高定价,其他低定价。

② 平时高定价,档期高促销。

(2) 价格和活动盯住温碧泉和水密码。

(3) 网店价格比实体店高的价格体系。

(4) 精华水和原液高价,配套产品低价。

(5) 莲花精华水的价格随年龄和购买力而提升。即莲花 1 号最低,莲花 6 号最高。

6. 渠道

(1) 网店。

(2) 商超。

7. 销售促进类促销和活动

(1) 盯住对手的促销活动,对手搞什么,我们就搞什么。

(2) 常规活动根据档期轮换搞。

(四) 其他要求和规范

1. 顾客来之前

(1) 熟悉产品:要真正熟悉公司产品规格、产地、价格、促销政策、性能、消费者定位、卖点,做到烂熟于胸。

(2) 了解公司:熟悉公司的历史、规模、组织、人事、销售政策、规章制度。必须熟悉以便能回答顾客可能提出的有关问题，对答如流可以消除顾客疑虑，使客户对企业产生信任感。

(3) 形象要求：淡妆上岗、发型得体、站姿端正、衣装整洁、口齿清晰，勤刷牙，口里无异味影响顾客情绪。给人一种专业(佩戴胸牌)、亲切(微笑服务牌)、整洁、舒服等感觉，整体上给人一种信赖。

2. 见到顾客时

(1) 话术前奏——让顾客产生对我们的信任。

自信表现：面对顾客时，声音不要发抖，腿脚不要哆嗦，语言要有力度，具有震慑力。眼睛正视顾客，这不仅是对顾客的尊重，更是自信的表现，换句话说就是“销售等于销售你的自信”。自信建立在你的专业知识上，对产品性能、使用方式等细则的了如指掌。

微笑服务：尽量保持亲切大方的微笑，态度热情，切记以貌取人，服务周到体贴(如果微笑起来不好看，可以使心情快乐起来)。把一个顾客服务好了，实际上等于打了一期形象广告，她很有可能转告身边的朋友，介绍公司的服务，为公司做免费的口碑宣传。

主动接待：“欢迎光临”迎门接待语。要主动为顾客服务，顾客带小孩时要帮忙照顾；顾客拎大包时要提示她可以把包先放下；“现在搞活动呢，比如……”用真诚的诉说，大方得体的站姿赢得顾客好感。

用心沟通：“姐需要点什么”一句问候拉近了与顾客的距离，尽量像谈恋爱一样，把自己最好的一面留给顾客。仔细倾听顾客讲话，适时对其进行赞美与点头微笑表示认同。

(2) 话术开始——与顾客沟通，达成这笔交易。

问题1：你们这里有没有×××化妆品？

分析：顾客兜里有钱，就是来买化妆品的，要想方设法留住她。

N 不好意思，我们这个店暂时没有，其他分店有，如果您需要的话，我可以让公司抓紧时间送过来(可以记录下来，有的话打电话通知)。

N 不好意思，这个牌子的化妆品没有，不过我们这里有和它一样功效的化妆品，现在有很多顾客都在用这款。

N 姐，不好意思没有，我们公司的产品比较齐全，一定有适合您的。

N 姐，很抱歉没有，您可以试试这个产品，这个产品也很适合您的肤质，在北京、石家庄、邯郸卖得都挺好。

Y 有，这一款卖得很快，回头客很多(这样说更加认同了顾客的观点，实际上等于赞扬了顾客的选择)。

Y 有，这一款卖得很快而且正在搞促销呢(诱导顾客进行购买)。

问题2：我考虑考虑吧，或者直接说这产品有点贵了

分析：顾客说出此类话，可能是嫌产品太贵超出了自己的支付能力。

(嫌价格贵，但是很爱美)这款产品虽然价格有些高，是因为所含的营养成分高，它可以使用3个月，一共180多元，一天只花2元钱，就可以让你变地漂漂亮亮，您说值不值？

(嫌价格贵，但确实有消费能力)现在这款产品正在搞促销，过几天就要恢复原价了(或者说没有买赠活动了)。

(对产品不放心) 这是大公司生产的产品，在我们店已经卖了×年了，质量很有保障，

×××明星做的代言人，×××电视台做的广告。

（转移策略）您可以看看那款产品，也挺适合您皮肤的，价格没有这款高，属于性价比较高的产品。

问题3：顾客进店后，不说话，随处逛逛

分析：也可能是寻找特价产品，不好意思说出口，也可能纯粹是逛逛。

姐，要是方便的话，我给你免费画画彩妆吧（顾客有时间逛，当然就有时间画彩妆，顾客试用的时间越长，成交的概率越大）。

姐，这是公司的宣传海报，有很多产品正在搞活动，您可以看看。

您的包真漂亮，您的孩子真可爱，或者说您的衣服真好看（想法赞扬顾客，拉近与顾客之间的距离）。

问题4：顾客犹豫不决时

分析：此时顾客处于徘徊期，应假设成交，引导顾客交费。

我给您换支新的。

我给您包扎起来。

这是给您的赠品。

我给您再办一张会员卡，以后有更多的优惠。

问题5：这款多少钱或者说打几折啊？

分析：顾客询问价格，有意购买，其次就要看自己的服务了。

这款×××元，而且还有赠品相送，赠送力度比较大。

这款现在不打折，不过有赠品相送，相比较打折而言，更实惠。

姐，这款会员××折，全场××折。

问题5-1：再便宜点吧，或者说×××元行了？

分析：顾客讨价还价，希望占点小便宜。

（想直接去掉几十元）这款×××元，已经很便宜了，平常不搞活动时是×××元（这时可以加送袋装产品）。

（想去掉几毛钱或几块钱）这是电脑走账，少了几毛钱不要紧，我们店员就得往里垫。

（说别的店便宜，上次在别的地方买很便宜）姐，品牌不同也有差异的，像咱们的产品是获得××协会认可的；质量绝对有保障。

（说别的店便宜，上次在别的地方买很便宜）姐，一分钱一分货，咱不能比价钱得比效果。

（说上次买很便宜）姐，现阶段，这价位是全国统一价，您上次买可能是厂家搞活动促销，我们真的无能为力了（笑着说）。

问题5-2：这个产品打折吗？有赠品吗？

分析：顾客希望自己赶上搞活动的时候，自己买的化妆品是最低最实惠的，不希望自己吃亏。

（产品不打折，没有赠品情况）这是国际高端品牌，全国统一售价，在任何地方都没有打折这一情况，购买这种产品，可以办理会员，会员积分，实际上也相当于打折。

（产品不打折，没有赠品情况）姐，这是国际高端品牌，一直都是进价销售。

（不打折有赠品情况）现在不打折，但是有赠品相送，这种产品很畅销，目前赠品已经不多了。

（打折没有赠品的情况）现在正在搞活动，可以享受××折优惠，目前这款是限量版销售。

问题 6：这个牌子怎么样啊？没听说过

分析：顾客不了解产品情况，最主要的是不相信这款产品。

这是××明星代言，用实际例子说明谁用过此化妆品。

我们店员×××就用这个牌子。

这是采用×××为原料，可有效改善皮肤光泽，给予肌肤充分滋润，有效细致毛孔，均匀肤色（切忌，不要说×××店也上着专柜，也卖得挺好，我们不要替×××店做广告）。

问题 7：这个产品用起来怎么样啊？

分析：顾客对产品功效缺乏了解，希望更深入了解此品牌。

这是国际品牌，而且使用方便，便于携带，设计也挺精美（或者其他的产品独到好处）。

这是采用×××为主要原料，上市已经好几年了，会员就有很多，一直很畅销。

这是大型企业生产的，采用纯进口原料，口碑很好的。

问题 8：顾客面对两种化妆品，不知道选择哪一种

分析：当顾客还没有下决心购买时，销售人员就应临门一脚，替顾客下决心。

姐，其实这款挺适合您的皮肤的，用上效果一定好。

顾客在犹豫究竟是选择商品 A 还是商品 B。这时销售人员不能问顾客：您要这个吗？而应该说，商品 A 的保湿效果好，而商品 B 的功效主要是美白，您要哪个呢？（把每个产品卖点说透）

顾客在犹豫究竟是选择商品 A 还是商品 B。这时销售人员不能问顾客：您要这个吗？而应该说，商品 A 的保湿效果好，而商品 B 的功效主要是美白，您也可以搭配使用，效果会更好。

问题 9：顾客听完销售人员介绍，对商品爱不释手，但没有决心购买

分析：没有决心购买，可以再给顾客一个理由。

姐，难道你不想给身边的人一个惊喜，让他们眼前一亮吗？（满足顾客虚荣）

我用的也是这一款，皮肤改善了很多。

这一款是昨天下午调过来的，卖得很快，经常出现缺货现象。

问题 10：现在可以做护理吗？

分析：很明了的询问，希望店里可以及时给予服务。

现在她已经下班了，如果您没有什么急事的话，可以坐下来等一会，我马上通知她赶快过来，可以吗？

姐，她已经调到别的店了，我再安排其他人给你做吧，她的手法也不错，做护理服务很长时间了，找她做的顾客也很多。

姐，×××没在，我给您做吧。

问题 11：多给点赠品吧，又不值钱

分析：顾客想多占点便宜，觉得营业员可以给自己更多的实惠。

姐，真的不好意思，试用装也有严格的管理条例，这已经超出了我的能力范围。

姐，给您的已经比其他顾客多了，千万不能让其他顾客知道啊。

（调节气氛，微笑地说）买两样吧，买两款再赠送你一份赠品（跟顾客开玩笑，适合特别熟的老顾客）。

（调节气氛，微笑地说）姐，赠品就是给顾客使用的，但是已经超出我能力范围了，您可以介绍朋友过来，我免费赠给您一套（小样）。

（微笑地说）姐，赠品是给不了啦，不过我们会员持会员卡可以享受超低折扣。

（微笑地说）姐，赠品真的不能给了，不过会员生日当天，有礼品赠送。

问题12：顾客走到前台，开始付款

分析：顾客付款时，心情可能高兴，也可能心事重重，我们的目的不仅是销售了产品，更应该提高顾客的满意度，从而提高顾客对我们服务的忠诚度和依赖。

（顾客高兴时）姐，以后常来店里逛来，经常有你意想不到的惊喜。

（顾客心事重重）姐，您就放心用吧，质量肯定没问题，而且这个价位也不贵，用完后您肯定还会再来（笑着说）。

(3) 话术后奏——给顾客留下好印象。

问题1：你们这是什么产品啊？给我退换

分析：此时顾客情绪比较激动，应缓和顾客情绪，找到顾客生气的原因。

（买错了）姐，是你买错了，不是产品的质量问题，这种情况公司是不允许退货的（检查她的产品，如没问题可调换）。

（过敏了）姐，这是特价打折商品，公司是不允许退换的，而且在墙上也有说明（指引顾客向墙上贴有“打折商品不退不换”的地方看）。

（过敏了）姐，您是按照说明使用的吗？这款化妆品很讲究使用方法的，对手法涂擦轻柔程度要求很严（根据实际情况，在不影响二次销售的情况下，可以给顾客调换化妆品）。

（怎么劝说，顾客都要求退换的情况）给你退换，我真的做不了主，这是公司电话，您可以拨打，如果公司同意退换，我也无话可说。

（确实应该调换）姐，真的不好意思，是我们服务不到位，希望您谅解，我给你拿支新的。

问题2：顾客没有买产品，向门口走去

分析：此时顾客没有购买产品，可能是产品原因，也可能是服务不到位。

姐，这是公司的海报，您可以拿回家看看。

（主动拉开门）姐，请慢走，欢迎下次光临。

问题3：电话回访会员分析：此时顾客已经使用产品，对产品功效已经有所了解。

姐，我是YL化妆品的工作人员，前几天您在我们店购买了一款化妆品，现在您方便接受一下回访吗？

（接受回访）谢谢您接受我的回访，请问您在使用×××化妆品中遇到什么问题了吗？有没有不舒服的情况？（教顾客如何正确使用）。

（接受回访，并很满意）谢谢您对我们的支持，现在公司这款产品正在搞活动，您可以抓紧时间过来看看(告诉顾客产品正在促销,诱导顾客进行第二次消费)。

(不接受回访)不好意思,打扰您了,再见。

3. 送走顾客后

不管成交与否都应提前一步给顾客开门,并微笑说:"慢走。"如果没有销售成功,但是顾客确实很有消费能力,可以赠送她一些试用装或杂志,让她回去试用或阅读(我们应尽量地挽留高端顾客,增强公司的美誉度)。

送走顾客后,要先记录好顾客的信息,方便以后查阅。主要包括以下几条:会员姓名、会员编号、联系方式、购买金额等。

发现产品缺货,要及时做好记录,向公司配送中心要货。

其次打扫室内卫生,擦拭化妆品专柜,时刻保持化妆品表面的整洁卫生。最后店内无消费者光顾时,和同伴一起站在门口迎接顾客的到来。

第四节　复杂驻店销售

一、复杂驻店销售的特点

复杂驻店销售与极简驻店销售、简单驻店销售相比,具有以下特点:

(1) 无论对顾客和销售员来讲,对产品知识的要求更高,掌握起来也更加较难。要求销售人员具有专业的产品知识,顾客通常在具有一定的产品知识后才会决定购买。

(2) 买错产品的风险大,价格高,比如汽车、住房、大病医疗服务等。在这里需要说明和强调的是,价格虽然是判断驻店销售类型的重要标准,但不是准确的标准和唯一的标准,真正的标准就是购买风险,而购买风险包括财务风险、健康风险、社会风险、心理风险等。

(3) 销售人员接待周期较长(比如 2 个小时),接待和沟通次数多(比如 3 次),客户决策时间和周期较长(比如 1 个月)。

二、复杂驻店销售的流程

复杂驻店销售流程是一般驻店销售流程的具体化,一般是:

(1) 售前准备。

(2) 来客寒暄。

(3) 判断顾客购买阶段。

(4) 判断顾客专业水平。

(5) 判断顾客性格和沟通风格。

(6) 询问和明确顾客需求。

(7) 产品展示和介绍。

(8) 答疑解惑与异议处理。

(9) 逼定。

(10) 扩展销售。

(11) 收款和产品交付。

(12) 售后服务、客户满意和后续销售(比如要求客户转介绍、客户推荐等)。

三、汽车

(一) 汽车基础知识

汽车按用途可以分为载人的轿车,载客的客车,载货的货车。汽车按使用目的分为商用车和家用车。汽车还可以分为自动挡和手动挡,两厢车和三厢车等。SUV 是 Sport Utility Vehicle 的简写,中文意思是运动型多功能车,现在的 SUV 一般是指那些以轿车平台为基础生产,在一定程度上既具有轿车的舒适性,又有越野车的通过性的车型。MPV 是指多用途汽车(multi-Purpose Vehicles),现多指商务车。从源头上讲,MPV 是从旅行轿车逐渐演变而来的,它集旅行车乘员空间宽大、轿车的舒适性和厢式货车的功能于一身,一般为两厢式结构,即多用途车。一般轿车为五座:前排坐椅是两个独立的坐椅,后排坐椅一般是长条坐椅。一些豪华轿车后排则是两个独立的坐椅,所以为四座。某些跑车则只有前排座椅,所以为两座。商务车和部分 SUV 则配有第三排座椅,所以为六座或七座。

将轿车划分成 A 级、B 级、C 级、D 级是德国汽车界(因为德国的汽车工业足够强大所以才有界限划分)的一种车型划分方式,并不是世界通用的划分标准,它们之间也没有严格的规定。这种分级的方法主要依据汽车轴距、排量、重量等参数,依 ABCD 字母顺序,越往后,轴距就越大,排量就越大,重量就越大。

欧系车以安全性而著名,日系车以经济性而著名,美系车以舒适性而著名,国产车以高性价比而著名。常见的汽车制造商有:奥迪、宝马、奔驰、沃尔沃、雪铁龙、丰田、本田、日产、通用、福特、长城、长安、上海汽车、比亚迪、奇瑞、吉利、现代、起亚等。

目前,整车的零件数量在 8 000~30 000 个,包括细小的螺丝钉在内。零件构成部件,整车的部件在 50~100 个。汽车一般由发动机、底盘、车身、电气与电子设备等部分组成。

发动机是汽车的动力源,它由机体、曲柄连杆机构、燃料供给系、冷却系、润滑系、点火系(汽油发动机用)和起动系等几部分组成。

底盘是汽车的基础,接受发动机发出的动力,使汽车正常行驶。它由传动系、行驶系、转向系和制动系等组成。

电气设备由电源(发电机和蓄电池)、汽油发动机点火系、起动系、照明与信号装置、空调、仪表等组成。汽车电子设备主要有电控燃油喷射系统及微机控制点火系、电控自动变速器、电控防抱死制动系统(ABS)、电控门锁、自动防盗报警装置、车辆网络系统和汽车音响等。

车身是汽车的载体,用以装载驾驶人操纵装置、载客或载货。货车车身由驾驶室和货厢(或封闭式货厢)组成;轿车和客车车身是一个整体,有承载式车身和非承载式车身两种。非承载式车身强度高,但是车身重,车内空间利用率相对小,用的钢材多,成本相对较高。非承载式车身主要用于载重货车和专业越野车。家用轿车和城市 SUV 都是承载式车身。

A柱、B柱、C柱是支撑车辆结构强度的主要部分，是连接车身不同部位的柱形体。A柱在发动机舱和驾驶舱之间，左右后视镜的上方，会遮挡一部分的转弯视界，尤其是左转弯。B柱在驾驶舱的前座和后座之间，就是两侧两扇门之间的那根纵向杠子，从车顶延伸到车底部，从内侧看，安全带就在B柱上。C柱在后座头枕的两侧。

（二）外观与乘坐舒适性指标

1. 车辆尺寸：长×宽×高

单位是毫米(mm)，具体的测量方法：

车身长度：汽车长度方向两个极端点间的距离。

车身宽度：汽车宽度方向两个极端点间的距离。根据业界通用的规则，车身宽度是不包含左、右后视镜伸出的宽度，即后视镜折叠后的宽度。

车身高度：从地面算起，到汽车最高点的距离，但不包括车顶天线的长度。

2. 轴距和车型分类

轴距是同侧相邻前后两个车轮的中心点间的距离，即从前轮中心点到后轮中心点之间的距离，就是前轮轴与后轮轴之间的距离，简称轴距，单位为毫米(mm)。轴距是判断车内乘坐空间大小和车型分类的重要指标。

根据轴距的大小，通常把轿车分为如下几类：

微型车：通常指轴距在2 400mm以下的车型，例如，奇瑞QQ3、长安奔奔、吉利熊猫等。

小型车：通常指轴距在2 400～2 550mm的车型，例如，本田飞度、福特嘉年华等。

紧凑型车：通常指轴距在2 550～2 700mm的车型，这个级别车型是家用轿车的主流车型，例如，大众速腾、丰田卡罗拉、福特福克斯、本田思域等。

中型车：通常指轴距在2 700～2 850mm的车型，这个级别车型通常是家用和商务兼用的车型，例如，本田雅阁、丰田凯美瑞、大众迈腾等。

中大型车：通常指轴距在2 850～3 000mm的车型，这个级别车型通常是商务用车的主流车型，例如，奥迪A6、宝马5系、奔驰E级、沃尔沃S80等。

豪华车：通常指轴距在3 000mm以上的车型，这个级别车型通常就是富豪们选择的车型了，价格基本都在百万元以上，例如，奔驰S级、宝马7系、奥迪A8等。轴距在3 300mm以上车型稀少，主要有三个品牌：劳斯莱斯、宾利和迈巴赫。

3. 空车质量(整备质量)和行李箱容积

空车质量指的是汽车按出厂技术条件装备完整(如备胎、工具等安装齐备)，各种油水添满后的质量，通常单位为千克(kg)。如果整备质量较大，其好处是驾驶起来的感觉比较平稳，尤其是在高速行驶的时候，其负面影响就是动力消耗大，会导致油耗高，起步速度慢，制动距离长等。对一款汽车来讲，其重量应该是一个合理值，不能太轻，也不能太重。

允许总质量：允许总质量指的是汽车在正常条件下准备行驶时，包括载人(包括驾驶员)、载物时允许的总质量，单位通常为千克。

最大承载质量：允许总质量减去空车质量则是车辆的最大承载质量，即这部车最大能够承载多少质量。

行李箱容积：行李箱容积的大小用来衡量一款车携带行李或其他备用物品的多少，单位通常为升(L)。

4. 汽车内饰

广泛的汽车内饰涉及汽车内部的各种用料，比如方向盘套、座椅用料、脚垫、内部摆件、收纳设计、空调与换风系统等。

5. 汽车外观

汽车外观包括：车身颜色、进气格栅、汽车标志、车头立标、车灯、天线、车身腰线、车身镀铬装饰条、轮胎铝合金轮毂、天窗、迎宾踏板等。

品牌、车身长宽高和汽车外观决定了消费者对汽车的第一印象。

6. 汽车悬挂系统

悬挂系统是汽车的车架与车桥或车轮之间的一切传力连接装置的总称，其功能是传递作用在车轮和车架之间的力和力矩，并且缓冲由不平路面传给车架或车身的冲击力，并衰减由此引起的震动，以保证汽车平顺行驶。

悬挂系统应有的功能是支持车身，改善乘坐的感觉，不同的悬挂设置会使驾驶者有不同的驾驶感受。外表看似简单的悬挂系统综合多种作用力，决定着汽车的稳定性、舒适性，同时，也与汽车的操控性、通过性和安全性密切相关，是现代汽车十分关键的部件之一。

（三）动力操控与通过性指标

车辆操控性的好坏主要由4个因素来决定：动力系统、底盘和悬挂的匹配、转向系统、制动系统。

发动机是为汽车提供动力、把其他能量转化为动能的设备。发动机是汽车的心脏，它的性能影响汽车的动力性、经济性和环保性。根据动力来源不同，汽车发动机可分为柴油发动机、汽油发动机、纯电发动机以及混合动力发动机等。排量、最大功率、最大扭矩是衡量发动机性能的三个重要指标。

最大功率、相应转速和最高车速：最大功率是指该车可以实现的最大动力输出，功率的物理定义是指机器在单位时间里所做的功。功的数量一定，时间越短，功率值就越大。功率使用kW做单位，也常用马力(PS)，1PS等于0.735kW。发动机的输出功率同转速关系很大，随着转速的增加，发动机的功率也相应提高，但是到了一定的转速以后，功率反而呈下降趋势。因此，发动机在达到最大功率时对应的转速称为最大功率转速。一般在汽车使用说明中转速的单位用r/min来表示，如最大功率为100ps/5 000r/min，即在每分钟5 000转时最高输出功率100马力。最大功率越大，汽车最高车速也就越大。

最大扭矩、加速度和爬坡能力：最大扭矩(N·m)是发动机性能的一个重要参数，扭矩越大，发动机输出的“劲”越大，汽车的爬坡能力就越强，起步速度就要快，加速性也越好，牵引力也越大，拉的东西越多。一般跑车的扭矩都比较高。但是扭矩随发动机转速的变化而不同，转速太高或太低，扭矩都不是最大，只有在某个转速时或某个转速区间内才有最大扭矩，这个区间就是在标出最大扭矩时给出的转速或转速区间。最大扭矩一般出现在发动机的中、低转速的范围,随着转速的提高,扭矩反而会下降。

发动机排量:发动机排量(Engine Displacement)简称排量,单位是升(L),是发动机各气缸工作容积的总和,是单缸排量 Vh 和缸数 I 的乘积。而气缸工作容积则是指活塞从上止点到下止点所扫过的气体容积,又称为单缸排量,它取决于缸径和活塞行程。发动机的性能指标和排量密切相关,一般来说,排量越大,功率也就越高。排量也是车型划分的一个重要指标。一般情况下微型轿车的排量小于等于 1.0L;普通级轿车的排量在 1.0~1.6L 范围内;中级轿车的排量在 1.6~2.5L 范围内;中高级轿车的排量在 2.5~4.0L 范围内;高级轿车的排量则大于 4.0L。T 是 turbo 的缩写,意为涡轮增压。L 是 liter,升的意思,指发动机的排量为多少升,排量后面没有 T 而标注 L 的一般是自然吸气发动机。自然吸气是汽车进气的一种,是在不通过任何增压器的情况下,大气压将空气压入燃烧室的一种形式。自然吸气发动机在动力输出的平顺性与响应的直接性上,要优于增压发动机。涡轮增压是一种利用内燃机运转产生的废气驱动空气压缩机的技术。涡轮增压的主要作用就是提高发动机进气量,从而提高发动机的功率和扭矩,让车子更有劲。一台发动机装上涡轮增压器后,其最大功率与未装增压器的时候相比可以增加 40%甚至更高。这样也就意味着同样一台发动机在经过增压之后能够输出更大的功率。比如 1.8T 涡轮增压发动机,其动力可以达到 2.4L 发动机的水平,但是耗油量却并不比 1.8L 发动机高多少,在另外一个层面上来说就是提高燃油经济性和降低尾气排放。

油箱容积:油箱容积是指一辆车能够携带燃油的体积,通常单位为升(L)。油箱的容积决定了汽车的最大行驶里程。

百公里加速:百公里加速指的是 0~100km/h 加速时间,是对汽车动力最直观的体现。

最高时速:汽车满载,在平直、良好的水泥或沥青路面上用最高挡行驶,可以达到的最高行驶速度,称为汽车的最高车速。

制动距离:制动距离是指驾驶员在某一车速下踩下制动踏板产生作用至汽车完全停止时,轮胎在路面上出现明显的拖印的距离。制动距离越小,汽车的制动性能就越好。

爬坡角度:爬坡度角是指汽车满载时在良好路面上用第一挡克服的最大坡度角,它表征汽车的爬坡能力。爬坡度用坡度的角度值(以度数表示),或以坡度起止点的高度差与其水平距离的比值(正切值)的百分数来表示(%)。

最小转弯半径:最小转弯半径是指当转向盘转到极限位置,汽车以最低稳定车速转向行驶时,外侧转向轮的中心在支承平面上滚过的轨迹圆半径。它在很大程度上表征了汽车能够通过狭窄弯曲地带或绕过不可越过的障碍物的能力。转弯半径越小,汽车的机动性能越好。

前后配重:前后配重指的是车身前轴与车身后轴各自所承担重量的比。汽车的配重,一般在 50∶50 是最平均的,宝马最引以为豪的就是 50∶50 的前后配重比。但现实生活中我们经常遇到过弯、加速等情况,从力学上来看,48∶53~40∶60 对付弯道加速会比较灵活,但爬坡就差一点。相反,当前重于后时,过弯就会很迟钝。

汽车的通过性是描述汽车通过能力的性能指标,亦称越野性能。通过性的主要参数为:最小离地间距、接近角、离去角、纵向通过角、横向通过角和最大涉水深度等。

最小离地间距与车辆通过性：汽车的最小离地间距，就是在水平面上汽车底盘的最低点与地面的间距，通常单位为毫米(mm)。不同车型其离地间距也是不同的，离地间距越大，车辆的通过性就越好。所以通常越野车的离地间距要比轿车要大。

接近角：接近角是指在汽车满载静止时，汽车前端突出点向前轮所引切线与地面的夹角。即水平面与切于前轮轮胎外缘(静载)的平面之间的最大夹角，前轴前面任何固定在车辆上的刚性部件不得在此平面的下方。接近角越大，汽车在上下坡或进行越野行驶时，就越不容易发生"触头"事故，汽车的通过性能就越好。

离去角：离去角是指汽车满载、静止时，自车身后端突出点向后车轮引切线与路面之间的夹角，即是水平面与切于车辆最后车轮轮胎外缘(静载)的平面之间的最大夹角，位于最后车轮后面的任何固定在车辆上的刚性部件不得在此平面的下方。它表征了汽车离开障碍物(如小丘、沟洼地等)时，不发生碰撞的能力。离去角越大，则汽车的通过性越好。

相对于接近角用在爬坡时，离去角则是适用在下坡时。车辆一路下坡，当前轮已经行驶到平地上，后轮还在坡道上时，后保险杠会不会卡在坡道上，关键就在于离去角。离去角越大，车辆就可以由越陡的坡道上下来，而不用担心后保险杠卡住动弹不得。

纵向通过角：纵向通过角是指在汽车空载、静止时，在汽车侧视图上分别通过前、后车轮外缘做切线交于车体下部较低部位所形成的最小锐角。它表征汽车可无碰撞地通过小丘、拱桥等障碍物的轮廓尺寸。纵向通过角越大，汽车的通过性越好。

横向通过角：横向通过角，又称最大行驶侧坡坡度，指从一个水平面上延伸一个斜坡，在保证不侧翻、能够顺利安全通过的情况下车辆的横向通过角。

最大涉水深度：最大涉水深度指的是汽车所能通过的最深水域，也是安全深度，通常单位为毫米(mm)，这是评价汽车越野通过性的重要指标之一。最大涉水深度由最小离地间距(底盘高度)和发动机进气口位置决定(一般约平大灯位置)。

(四) 安全性指标

汽车安全包括主动性安全和被动性安全。主动性安全是避免发生安全事故的措施，被动性安全是发生安全事故时减少损害的措施。

主动安全配置：所谓的主动安全配置，就是汽车上为预防事故发生而采取的一系列安全设计。常见的主动安全配置有ABS、ESP、制动力分配(EBD/CBC等)、刹车辅助(EBA/BAS/BA等)、牵引力控制(ASR/TCS/TRC等)、自动防眩目后视镜、胎压监测、车道偏离预警系统、碰撞预警系统、车道变更辅助系统、安全带未系提示、高位刹车灯、辅助泊车系统(倒车雷达、360影像、自动泊车入位系统)、前后挡风玻璃雨刷、挡风玻璃及后视镜加热除霜装置等。ESP就是一种主动安全配置，它实际上是一种牵引力控制系统，全称叫车身电子稳定系统，这个系统包含了ABS(防抱死刹车系统)及ASR(驱动防滑转系统)，它不但控制驱动轮，而且可以控制从动轮。简单地说，如果我们在高速上直线行驶，前方右侧有辆车突然向左，那么我们通常会下意识地向左猛打方向盘，通常这时候就会出现轻微的转向不足，但是如果有了ESP，刹车系统就会根据当时的情况加大左后轮的制动力，帮助车辆向左避开前方车辆。就这样在不知不觉中，它就帮你避免了一场车祸。

被动安全配置：所谓的被动安全配置，就是指当事故发生后为减少或避免人员伤害而设计安装的配置。常见的被动安全配置有安全气囊、安全带、高强度车身、前后保险杠、儿童安全座椅、前后的可溃缩车体、可溃缩式转向柱等。

目前,很多主动安全配置和被动安全配置都已经成为汽车标配。

（五）经济性指标

汽车的经济性指标包括购置价格、购置费用、用车成本(比如油耗)等。

购置价格：车辆的裸车购买价格。

购置费用：车辆购置税、新车保险、挂牌费用、装具费用。

用车成本：油耗、车辆养护费用、保险、年检、车位费等。

油耗和工信部油耗：油耗通常指的是100公里油耗。工信部油耗测试采用2000年颁布的欧洲循环驾驶法,它包含市区工况和市郊工况。在欧洲循环驾驶法中,认定市区部分占据30%,市郊部分占据70%。在直接测量和间接测量两类方法中,工信部采用的是间接测量法。对于轻型汽车来说(最大总质量不超过3.5吨),将整车放置在实验台上,模拟实际道路行驶中的车速和负荷,按照一定的工况(如怠速、加速、等速、减速等)运转测得。工信部规定,从2010年1月1日起,将建立轻型汽车燃料消耗量公示制度。消费者除了可以在工信部网站看到车辆的公示外,车企还必须在车辆出厂前粘贴实际油耗标识(前风挡位置"小黄标")。油耗和发动机技术、发动机排量、整车质量有关,其次和路况、驾驶行为等有关。

（六）购车预算与付款方式

消费者的购车预算包括裸车预算和挂牌预算。裸车预算是指购买车本身的预算,而挂牌预算包括了车辆挂牌上路的所有费用,包括裸车价、税费、保险、装具、挂牌等所有费用。

消费者在决定购买一辆汽车时,可以选择全款购车,也可以借助汽车金融工具来进行购车。常见的汽车金融工具有汽车消费贷款、融资租赁、汽车分期付款等。

（七）汽车销售流程

汽车销售流程是复杂驻店销售流程的具体化,包括：

(1) 售前准备。

(2) 来客寒暄。

(3) 判断顾客购买阶段。

(4) 判断顾客专业水平。

(5) 判断顾客性格和沟通风格。

(6) 询问和明确顾客需求。

(7) 六方位绕车介绍。

(8) 试乘试驾。

(9) 答疑解惑与异议处理。

(10) 逼定。

(11) 扩展销售。

(12) 收款和产品交付。

(13) 售后满意度跟踪和后续销售(比如要求客户转介绍、客户推荐等)。

大家可以看到,在汽车驻店销售流程里,一般驻店销售流程的产品展示和介绍可具体化为两个环节:六方位绕车介绍和试乘试驾。

在这里我们着重说一下询问和明确顾客需求、六方位绕车介绍、扩展销售、售后满意度跟踪等4个环节。

在询问和明确顾客需求阶段,汽车销售顾问至少应当向顾客询问并明确以下信息:

(1) 顾客是否已有中意的品牌车型?

(2) 顾客的购车预算是多少?是裸车预算,还是挂牌上路预算?是只考虑全款,还是会考虑汽车金融服务?

(3) 这是否是顾客的第一台车?

(4) 顾客是打算卖掉旧车置换新车,还是直接新购一台车?

(5) 是自己开,还是有专人开?是买给自己的,还是买给别人的?或是买给企业的?

(6) 是商用还是家用?

(7) 每年用车里程是多少?

(8) 用车环境和路况是怎样的?雨天、雪地、涉水、爬山、市内、高速、郊外、山地,还是沙漠多?

(9) 是三厢车还是两厢车?

(10) 是轿车还是SUV?

(11) 喜欢什么颜色?

(12) 是自动挡还是手动挡?

(13) 排量有没有要求?比如1.5L还是2.0L?

(14) 5座还是7座?

(15) 经济性、安全性、操控性、越野性、舒适性、外观品位,顾客更在乎哪个?

(16) 打算什么时候用车/提车?

复杂驻店销售流程的产品展示和介绍阶段在汽车销售流程主要表现为六方位绕车介绍。六方位绕车介绍法是指汽车销售人员在向客户介绍汽车的过程中,销售人员围绕汽车的车前方、发动机盖、车左方、车后方、驾驶室、后排座椅等六个方位展示汽车。遵循这一流程向顾客展示和介绍车辆,可以让顾客更加全面和更有感觉地了解车辆的性能。不同品牌车型在六个方位介绍的内容会有所不同,关键是看每个品牌和车型各自的优势在哪里,是什么。在车前方位,主要是品牌和整车造型介绍。发动机位,主要是发动机性能介绍。车左方位,主要是轮胎、轮毂、腰线、车门等介绍。车后方位,主要是后备厢和安全性能介绍。在驾驶室,主要是仪表盘、天窗、内饰、操控性能等。后排座椅,主要是乘坐舒适性介绍等。六方位介绍完了,就可以引导顾客进行试乘试驾了。

扩展销售阶段是指在顾客已经决定购买车辆后,引导顾客在本店购买汽车装具、新车保险、选择汽车金融服务、选购延保服务、二手车置换以及其他服务的行为。

售后满意度跟踪是指顾客在提车离开的那一刻开始,在顾客到家后要有一个回访跟踪电话，询问是否安全到家，用车感觉怎么样，在用车一周内回访顾客用车过程中是否顺手，在首次保养时间到时提醒顾客及时到店保养等，顾客生日时要及时送上祝福等。不同汽车销售店对汽车销售顾问售后满意度跟踪的要求和频率会有所不同。

四、房产

（一）房产基础知识

顾客在买房前至少要了解以下与房屋相关的知识：建筑面积、套内面积、公摊面积、层高、户型、交房标准（毛坯房、精装修）、交房日期、公寓/商铺/写字间/住宅/厂房、承重墙和非承重墙等。同样，置业顾问（房屋销售顾问）在上岗前也必须了解和熟知这些知识。

1. 房屋参数

户型：常以几室几厅几卫生间来表示。

建筑面积（销售面积、证上面积）：住宅的建筑面积是指建筑物外墙外围所围成空间的水平面积。建筑面积包含了房屋居住的可用面积、墙体柱体占地面积、楼梯走道面积、其他公摊面积等。房屋总价就是根据建筑面积来计算的，通常楼书或其他宣传册上所标注的面积就是这个建筑面积。

公摊面积：公摊面积是分摊的公用建筑面积的简称，包括楼梯间、电梯井、共用走廊等公用区域面积的分摊，它与套内建筑面积之和构成了一套商品房的建筑面积。

套内建筑面积：套内建筑面积是建筑面积扣除公共分摊面积后的余额。

套内使用面积：套内使用面积，俗称地砖面积，它是在套内建筑面积的基础上扣除了柱体、墙体等占用面积后的余额。

得房率：得房率＝套内建筑面积/建筑面积。对于普通购房者来说，得房率越高，消费者获得的实际住房空间就越大。

公摊系数：公摊系数＝公摊面积/套内建筑面积。

公摊率：公摊率＝公摊面积/建筑面积。

得房率＋公摊率＝1

建筑层高、净高：层高是指楼板上表面（或下表面）到相邻上层楼板上表面（或下表面）之间的竖向尺寸。净高是指层高减去楼板厚度的净剩值。

进深：在建筑学上是指一间独立的房屋或一幢居住建筑从前墙皮到后墙壁之间的实际长度。

开间：住宅的宽度。指一间房屋内一面墙皮到另一面墙皮之间的实际距离。

承重墙和非承重墙：承重墙指支撑着上部楼层重量的墙体，在工程图上为黑色墙体，打掉会破坏整个建筑结构；非承重墙是指不支撑着上部楼层重量的墙体，只起到把一个房间和另一个房间隔开的作用，在工程图上为中空墙体，有没有这堵墙对建筑结构没什么大的影响。

2. 单栋参数

整栋参数有：楼高、层数、单元数、几梯几户、板式结构/塔石结构、建筑结构类型、平房/别墅/多层/小高层/高层等。房屋建筑结构一般是指其建筑的承重结构和围护结构两个部分。各种结构的房屋其耐久性、抗震性、安全性和空间使用性能是不同的。常见的房屋建筑结构有钢结构、钢筋混凝土结构、砖混结构、砖木结构、木结构、框架结构、框剪结构等。

房屋建设状态有：期房、封顶、现房。

商品房预售许可证、商品房销售许可证：购房者在选购房屋时，应查验楼盘的商品房预售许可证或商品房销售许可证。商品房预售许可证的适用对象是期房，因为该证件是证明房地产管理机关允许房地产开发企业在房产项目未建成时便可销售的标志。商品房销售许可证的适用对象是现房，因为该证件是证明房地产管理机关允许房地产开发企业在房产项目竣工后便可销售的标志。

3. 小区环境参数

小区小环境参数有：楼间距、容积率、绿化面积、园林景观、车位配套、地下室配套、人车分离道网。

建筑密度：规划地块内各类建筑基底占地面积与地块面积之比。

建筑容积率：是反映和衡量建筑用地使用强度的一项重要指标，是指地块内建筑物的总建筑面积与地块面积的比值，即容积率＝总建筑面积÷建筑用地面积。其中，总建筑面积是地上所有建筑面积之和。这个比值越小，意味着小区容纳的建筑总量越小，居住生活质量就会越高。

绿化率：是指规划建设用地范围内的绿地面积与规划建设用地面积之比。

楼间距：两相邻楼的外墙面距离。同一个小区两栋相邻的楼与楼之间的距离。楼间距对房屋的日照时长、采光、通风、隔音等有重要影响。

小区大环境：小区坐落位置、教育配套(幼儿园、小学、初中)、购物配套(超市、农贸市场)、动静属性(私密性)、交通便利性(公交、地铁、轻轨、高架桥、高铁、机场等)、医疗配套、公园、广场、健身房、游泳馆、娱乐(电影院)、生活便利性(银行、餐馆等)。

土地性质和使用年限：土地性质一般分五类：住宅用地、商业用地、工业用地、综合用地和其他用地。居住用地70年；商业、旅游、娱乐用地40年；工业用地50年；教育、科技、文化、卫生、体育用地50年；综合或其他用地50年。

4. 购买流程

购买流程有：查看房屋预售证、了解小区环境、了解户型、缴纳定金、签订合同、缴纳全款或按揭(商贷、公积金贷、混合贷)、网签、收房入住、缴纳契税和房屋维修基金、办理产权证。

签订合同与网签：在房地产领域，网签就是交易双方签订合同后，到房地产相关部门进行备案，并公布在网上。备案和网签都是为了让房地产交易更加透明化，防止"一房多卖"，损害购房者利益。

契税：契税(Deed Tax)是土地、房屋权属转移时向其承受者征收的一种税收。契税是购房者办理房屋产权证时必须向国家机关缴纳的费用。

房屋维修基金：房屋维修基金实际上包括房屋公用设施专用基金和房屋本体维修基金。房屋公用设施专用基金简称专用基金，用于物业共用部位、公用设施及设备的更新、改造等项目，不得挪作他用。专用基金实行"钱随房走"的原则，房屋转让时，账户里的余额资金也随之转移给房屋的新的产权所有人。房屋维修金也是房屋办理产权证时必须缴纳的费用。

小产权房、大产权房：小产权房是指在农村集体土地上建设的房屋，未缴纳土地出让金等费用，其产权证不是由国家房管部门颁发，而是由乡政府或村政府颁发，亦称"乡产权房"。"小产权房"不是法律概念，是人们在社会实践中形成的一种约定俗成的称谓。该类房没有国家发放的土地使用证和预售许可证，购房合同在国土房管局不会给予备案，所谓产权证亦不是真正合法有效的产权证。原则上，小产权房仅能由集体土地上的居民购买，其他人的购买和交易不受法律保护。大产权房与小产权房相对，国家发产权证能自由买卖的叫大产权房，平时我们能买到的普通商品房都属于大产权房，可以合法地进行买卖和二手房交易，受法律保护。小产权房不能抵押贷款和上市专卖。

5. 销售工具

常见销售工具有：小区沙盘、样板间、工法房、实体房、楼书等。

小区沙盘：小区沙盘就是以一定比例，用特定材料呈现的户型、楼体、小区环境等的缩微模型。

样板间：样板间就是按照1∶1比例建造、装修、装饰的在售户型，消费者可以通过样板间实际感受交房后的房屋效果。样板间是一个楼盘的脸面，其好坏直接影响房子的销售。

工法房：工法房就是将房屋施工工艺、内部结构、建筑用材等进行展示的房子。

实体房：实体房就是楼房建成后实际交付的现房。

楼书：楼书就是房地产开发商或销售代理商宣传楼盘、吸引购房者用的图册等宣传资料。

（二）房产销售流程

房产销售流程是复杂驻店销售流程的具体化，包括：

(1) 访客到前准备。

(2) 迎宾。

(3) 三判断。

(4) 询问和明确顾客需求。

(5) 沙盘前介绍开发商品牌和小区整体情况。

(6) 推荐和介绍户型。

(7) 参观样本间。

(8) 答疑解惑与异议处理。

(9) 客户跟踪。

(10) 逼单和签约。

(11) 付款或办理按揭。

(12) 交房和办理产权证。

与汽车销售流程相比，大家可以发现，其客户跟踪是在第8个环节，这说明对于房产销售来说，很少是顾客来一次就决定购买了，通常顾客要多次到房产销售案场后才会下定决定购买某个房产。

在房产销售之询问和明确顾客需求阶段，置业顾问至少应当询问和明确以下顾客需求信息：

(1) 是否已经看中某个户型？

(2) 购房总预算是多少？是全款还是按揭、分期？

(3) 是自住、出租还是投资？

(4) 是一套房，还是二套房？

(5) 是刚需（婚房、养老、自住）还是改善型购房？

(6) 自用，还是给孩子、老人买？

(7) 客户对房屋的具体要求：楼层、单元、户型、面积、朝向（房号、东向、西向、中间向、南向、北向）等。

(8) 根据客户年龄段和职业，判断客户是在乎房屋大小，还是教育、医疗、交通、生活便利性等。

(9) 打算什么时候购买？打算什么时候入住？对交房日期有没有特别要求？

(10) 看过哪些楼盘了？

五、银行理财

（一）银行理财基础知识

银行的主体业务是存款、贷款业务。尽管银行的中间业务（例如，本外币结算、投行咨询业务、担保等）在不断增长，但存款和贷款业务仍然是主体。这就决定了银行业务是双向营销，一方面要向客户进行贷款营销，吸引客户把钱存到银行；另一方面也要向客户进行贷款营销，希望客户能够从银行贷更多的款进行消费和经营。所有的客户按照性质可以分为个体客户和组织客户（政府、事业、企业等），俗称对私业务和对公业务，个体和小微企业业务也称为零售金融业务，大企业和机构业务也称为批发业务。按照客户资金规模可以进一步进行划分，个体客户可以分为普通客户、贵宾客户（银行存款在20万元以上）和私人银行客户（资产净值在600万元以上），组织客户可以分为中小微企业零售业务和大企业批发业务等。

针对组织客户进行营销的岗位是对公客户经理（信贷经理）。对公客户经理的主要营销场景是拜访式销售、大客户销售，尽管也存在客户主动上门的情景。

针对个体客户进行营销的岗位有柜员、大堂经理、理财经理等。其中，理财经理是专职营销岗位，柜员和大堂经理不是，对理财经理的素质要求比柜员和大堂经理要高，专门服务私人银行客户的理财经理，也叫私行经理。柜员、大堂经理、理财经理的主要营销场景还是驻店销售，即在银行网点对客户进行接待和营销。当然，随着银行业竞争的加剧和互联网金融业务的发展（比如直销银行），理财经理的营销场景会更加多元化，也会更加主动，走出去营销的场景也会越来越多。

本部分主要讲银行理财和银行理财经理。

理财，也称为（金融）资产管理、财富管理等，指的是实现财富保值增值以满足自身财务目标的行为和过程。银行理财，是指通过银行渠道选择合适理财产品实现财富保值增值的行为。广义银行理财包括个人家庭理财和对公理财。本处银行理财是指个人家庭理财，客户是有财富保值增值需求的个人和家庭，银行理财经理就是帮助客户选择正确理财产品实现财富保值增值和风险管理目的的银行销售人员。

狭义的银行理财产品指的是银行自身作为发行主体发行的理财产品。广义的银行理财产品还包括其代理销售的第三方保险产品、基金产品、贵金属等。理财合约中，落章为银行的是银行自有理财产品，落章不是银行的就是银行代理销售的第三方理财产品。一般来讲，理财产品包括保险、储蓄、基金、信托、股票、债券、贵金属等，更广义的理财还包括购买房产、借贷安排、自我投资和其他有助于财富保值增值的选项。

理财产品中的三个重要评价指标是安全性（风险性）、流动性和收益性。安全性是指预想的收益是确定的，还是不确定的。是确定的，则安全性高，风险低；是不确定的，则安全性低，风险高。理财产品中，保本保收益的就是安全性高的，比如储蓄存款；不能承诺保收益，也不能承诺保本的，就是安全性低的。流动性是指在需求现金的时候，能否及时得到足额现金的能力，比如定期存款的流动性比活期存款低。收益性是指收益的高低。对于理财产品来讲，这三个指标很难同时满足，高安全性往往意味着低流动性和低收益。

个人家庭理财，包括银行理财的基本需求和目标主要包括八项：(1)日常现金规划；(2)大额消费支出规划；(3)子女和父母支出规划；(4)风险管理与保险规划；(5)税收规划；(6)投资规划；(7)退休养老规划；(8)财务分配与传承规划。

1. 日常现金规划

日常现金规划有两项内容：一是在储蓄和当下消费之间做决策，确定各自比例；二是规划财富形式以满足日常生活的支出需求，看重的是理财产品的流动性。

2. 大额消费支出规划

大额消费支出包括购房、购车、梦想支出（比如环球旅行、国外留学）等的支出。对这些大额支出需要提前做出规划，包括是否采用贷款等负债来实现其购买，因此，大额消费支出规划包括了负债管理。

3. 子女和父母支出规划

子女和父母支出规划包括子女教育支出、父母赡养支出，这都要个人家庭根据自己情况合理做出规划，既要保证孩子不输在起跑线，成人成才，还要孝敬父母，使其安度晚年。在中国国情下，子女支出可能还包括子女婚房、婚庆支出。

4. 风险管理与保险规划

风险管理与保险规划是预防家庭成员出现意外伤害、大病医疗和其他意外而做出的提前规划。月有阴晴圆缺，人有旦夕祸福，居安思危，做出提前筹划和预防是有必要的。这里主要涉及的就是保险产品。

5. 税收规划

“税收筹划”又称“合理避税”。它来源于1935年英国的“税务局长诉温斯特大公”案。当时参与此案的英国上议院议员汤姆林爵士对税收筹划作了这样的表述：“任何一个人都有权安排自己的事业。如果依据法律所做的某些安排可以少缴税，那就不能强迫他多缴税收。”这一观点得到了法律界的认同。发展至今，税收筹划的规范化定义得以逐步形成，即“在法律规定许可的范围内，通过对经营、投资、理财活动的事先筹划和安排，尽可能取得节税(Tax Savings)的经济利益。”

6. 投资规划

投资规划就是可以获得尽可能多的财富增长的资产安排，但是，这必须以个人家庭的风险承受能力和风险偏好为基础和依据。因为，风险和财富收益如影相随。理财经理向客户推荐的理财产品必须与客户的风险承受能力和风险偏好相一致，相匹配。

7. 退休养老规划

退休养老规划是为保证客户在将来有一个自立、尊严、高品质的退休生活，而从现在开始积极实施的规划方案。合理有效的退休养老规划不但可以满足退休后漫长生活发生的需要，保障自己的生活品质，抵御通货膨胀的影响，而且可以显著提高个人净财富。退休规划的理财工具具体来说包括社会养老保险、企业年金、商业养老保险以及其他储蓄的投资方式。

8. 财产分配与传承规划

财产分配规划是指为了家庭财产在家庭成员之间进行合理分配而制定的财务规划。在中国，主要指的是家庭资产在多个子女之间的分配。如果是独生子女，基本不涉及财产分配。财产传承规划是指当事人在其健在时通过选择遗产管理工具和制定遗产分配方案，将拥有或控制的各种资产或负债进行安排，确保在自己去世或丧失行为能力时能够实现家庭财产的代际相传或安全让渡等特定目标。理财规划师在进行财产传承规划时，主要是帮助客户设计遗产传承的方式，以及在必要时帮助客户管理遗产，并将遗产顺利传承到受益人的手中。

在明确家庭理财需求和目标后，个人家庭理财中常用的理财工具有：

(1) 个人家庭资产负债表；

(2) 个人家庭资产收支表及家庭理财生命周期图(草帽图)；

(3) 标准普尔家庭资产配置四象限图。

通过个人家庭资产负债表可以了解特定时期家庭的整体财务情况。

通过未来一段时间内的个人家庭资产收支表可以判断是否存在资金缺口，并确立理财目标。把人一生的收支情况画成一张图，形似草图，被称为草帽图，即家庭理财生命周期图。从草帽图可以很形象地看出，处于不同家庭生命周期阶段的家庭收支状况和理财需求优先级等。对一个人来讲，其真正的理财生命周期始于其开始挣得第一份收入，实现经济独立开始。由此可以把一个人的家庭生命周期划分成5个阶段：

(1) 未挣取第一份稳定收入前时期(经济独立前时期)；

(2) 经济独立至结婚时期；

(3) 抚育子女时期；

(4) 子女经济独立后时期；

(5) 退休后时期。每个时期的可以用理财资金和理财需求都是不同的。

标准普尔为全球最具影响力的信用评级机构，曾调研全球十万个资产稳健增长的家庭，分析总结出他们的家庭理财方式，从而得到标准普尔家庭资产四象限图。“标准普尔家庭资产四象限图”把家庭资产分成四个账户，这四个账户作用不同，所以资金的投资渠道也各不相同。只有拥有这四个账户，并且按照固定合理的比例进行分配才能保证家庭资产长期、持续、稳健地增长。

第一个账户是日常开销账户，也就是维持日常生活水平要花的钱，一般占家庭资产的10%，为家庭3～6个月的生活费。一般放在活期储蓄的银行卡中。这个账户保障家庭的短期开销，日常生活，买衣服、美容、旅游等都应该从这个账户中支出。

第二个账户是杠杆账户，专门解决突发的大额开支，一般不超过家庭资产的20%，为的是以小博大。这个账户保障突发的大额开销，一定要专款专用，保障在家庭成员出现意外事故、重大疾病时，有足够的钱来保命。这个账户主要是意外伤害和重疾保险，因为只有保险才能以小博大，200元换10万元，平时不占用太多钱，用时又有大笔的钱。这个账户平时看不到什么作用，但是到了关键的时刻，只有它才能保障您不会为了急用钱卖车卖房，股票低价套现，到处借钱。如果没有这个账户，您的家庭资产就随时面临风险，所以也叫保命的钱。

第三个账户是投资收益账户，也就是生钱的钱。一般占家庭资产的30%，用有风险的投资创造高回报，为家庭创造稳定收益，包括个人家庭投资的股票、基金、房产、企业等。这个账户重在收益，关键在于合理的占比以及风险与收益的匹配度，也就是赚得起也要亏得起，无论盈亏对家庭不能有致命的打击，这样才能从容地抉择。

第四个账户是长期收益账户，也就是保本升值的钱。一般占家庭资产的40%，为保障家庭成员的养老金、子女教育金、留给子女的钱等。这个账户为保本升值的钱，一定要保证本金不能有任何损失，并要抵御通货膨胀的侵蚀，收益不一定高，但却是长期稳定的。这个账户最重要的是专属：

(1) 不能随意取出使用。养老金说是要存，但是经常被买车或者装修用掉了。这是不对的。

(2) 每年或每月有固定的钱进入这个账户，才能积少成多，不然就随手花掉了。

(3) 要受法律保护，要和企业资产相隔离，不用于抵债。

我们常听到很多人年轻时如何如何风光，老了却身无分文穷困潦倒，就是因为没有这个账户。这个账户的关键是保本升值，本金安全、收益稳定、持续成长，主要以债券、信托、分红险的养老金、子女教育金等构成。

标准普尔家庭资产四象限（四个账户）可以通俗说成“保质”“保命”“保值”“保守”，即第一个账户的钱用于保持日常生活品质，第二个账户的钱用于保命，第三个账户用于财富保值增值，第四个账户的特点是在追求财富时持有保守的态度，“保本保收益”。

（二）银行理财销售服务流程

对于客户来说，在没有了解和掌握基本的理财知识前是不会下决心购买理财产品的。对于银行理财经理来说，如果没有掌握专业的理财知识就无法使客户信服其能够为客户提供专业的理财服务。下面，我们来看看标准的银行理财销售服务流程是怎样的。

银行理财销售服务流程是复杂驻店销售流程的具体化，包括：

(1) 迎宾寒暄。

(2) KYC：了解客户理解需求、可用资金，评估风险承受能力和风险偏好，统称KYC

(Know-Your-Customer)。

(3) 理财产品推荐：教育客户，推介与客户风险评估等级相匹配的理财产品，在理财销售专区，进行双录(录音录像)。

(4) 办理购买手续。

(5) 定期向客户通报理财产品资讯。

(6) 理财产品赎回与到期兑付。

(7) 二次销售理财产品。

KYC阶段，银行理财经理要按照规范流程详细了解客户的财务状况、投资经验、投资目的、风险偏好、投资预期等情况，并填写《个人客户资料档案表》，以建立个人的资料档案。风险评估是投资者在购买银行理财产品过程中最重要的一环。当客户有了购买某款银行理财产品意愿的时候，理财经理要指导客户填写《个人客户投资风险评估报告》，对客户的风险偏好、风险认知能力和承受能力进行了解并确认，随后才能为客户推荐与客户风险评估相匹配的银行理财产品。

银行对客风险评估报告的问题包括客户有多少资产、多少用来投资理财、是否愿意承担一定的本金或收益损失、是否购买过其他理财产品等。根据结果将投资者分为五类，一是谨慎类，二是稳健类，三是平衡类，四是进取类，五是激进类，其中谨慎类投资者不能承受任何本金损失，激进类投资者能承担一切风险，与之对应，理财产品对应的风险等级分别为PR1级(谨慎型产品)、PR2级(稳健型产品)、PR3级(平衡型产品)、PR4级(进取型产品)、PR5级(激进型产品)，风险依次递增，可以通俗表述为保本保收益产品、保本浮动收益产品、不保本低波动产品、不保本中波动产品、不保本高波动产品。大部分投资者的风险评估结果是前三类甚至是前两类，一些保守的老年人是第一类。监管部门规定，银行理财经理不向客户推荐超越其风险承受能力的理财产品，并且有义务以口头、书面、抄写等多种方式向客户进行投资风险提示。银行理财产品的说明书上，总会在风险提示一栏写着"理财非存款、产品有风险、投资须谨慎"这些字，这是提醒投资者别心存侥幸，别低估风险的存在。

银行理财相关法规规定，在银行网点销售理财产品过程中必须在理财销售专区同步进行录音录像，不得承诺保本保收益，不得宣传"预期收益率"。商业银行发行理财产品，不得宣传理财产品预期收益率，在理财产品宣传销售文本中只能登载该理财产品或者本行同类理财产品的过往平均业绩和最好、最差业绩，并以醒目文字提醒投资者"理财产品过往业绩不代表其未来表现，不等于理财产品实际收益，投资须谨慎"。个人首次购买理财产品时，应在银行网点进行风险承受能力评估和面签。

在办理银行理财产品的购买手续时，理财人员要再次提醒投资者阅读相关合同、合约和风险揭示书，如果此时客户预感到投资风险，可终止购买该款产品，如无异议，才可以进行资金划转，获得相关业务凭证和回单。在此环节中，投资者还会被告知理财产品信息的查询途径，理财经理的联系方式以及客服投诉电话等。对于保险产品，还有更长时间的"犹豫期"或"冷静期"。"犹豫期"是指投保人在收到保险合同后10天(银行保险渠道为15天)内，如不同意保险合同内容，可将合同退还保险人并申请撤销。在此期间，保险人同意投保人的申请，撤销合同并退还已收全部保费。该10天(银行保险渠道为15天)即所谓“犹豫期”。犹豫期内退保，必须注意以下几点：首先，如果因为特殊情况无法及时接收保单，最好提前通知保险公司。其次，收到保险单后，一定要亲自填写保单回执，并注明日期。因为保险公司对犹豫期的认定，是以回执日期为起始日进行计算的。最后，投保人必须认真阅读保险条款，对自己还不够了解，或理解有偏差的内容，要及时向代理人询问，以免误保。银行购买私募产品也有“冷静期”，银行应当在销售文件中约定不少于 24 小时的投资冷静期。

银行理财经理在理财产品产生重大市场变化时，应及时与投资者沟通最新信息和市场情况。此外，银行理财经理也应跟踪评估投资者的风险承受能力，及时给出相应的提示。一般来说，银行理财人员应每隔一年定期对投资者的《风险评估报告》或投资建议进行重新评估，并反馈评估情况。

最后需要提示理财经理的是，银行理财的销售不是结束于办理完理财产品购买手续，而是结束于理财资金赎回或兑付。

第四章

拜访式销售、大客户销售、组织客户销售、工业品销售

开篇两问：

1. 人们为什么害怕拜访客户？尤其是第一次拜访。
2. 在大客户销售中，仅靠说可以吗？

第一节 “行销”——拜访式大客户销售流程

一、组织客户销售、工业品销售、大客户销售、拜访式销售及其特点

组织客户销售、工业品销售(中间品销售)、大客户销售、拜访式销售，这 4 种销售虽然名称上不一样，内涵、外延也有所不同，但是，这 4 种销售的核心流程和技巧是一样的。或者说 4 个名词是从不同角度定义了一个类型的销售。组织客户销售，强调了销售的参与方是组织而不是个人，以区别于个体消费者的销售；工业品销售，强调销售的产品是工业品而不是个人消费品，以区别于牙膏、手机等消费品销售；大客户销售，强调少数客户对整体销售额的占比，以区别于零散性销售；拜访式销售，强调了销售的形式是主动拜访，而不是坐等顾客上门，以区别于驻店柜台式销售。这几个销售名词虽然相互区别，但是又高度重合，因为，大客户销售往往就是组织客户销售，工业品销售往往就是大客户销售。并且，在当前环境下，只有针对大客户的销售才是我们所说的进行拜访式销售。这些销售的最基本特点有 3 个：

(1) 面对的是一个购买决策团队，而不是一个个体。

(2) 面对的销售对象是具有专业知识的买家。

(3) 对专业买家的沟通是深度沟通，而不是浅层沟通。

在本章中，我们取这些销售名词类型的共性，以拜访式大客户销售来为代表，交叉融合介绍这 4 种销售类型。在学习过程中，读者应该能够做出灵活转变。

二、拜访式大客户销售的专业流程

在拜访式大客户销售中，组织采购决策流程和销售流程不同于个体购买决策流程和销售流程。组织采购决策流程和销售流程都涉及多人多岗，而个体购买决策流程和销售流程都是由一个人来完成的。

拜访式大客户销售的流程分为 8 个步骤：

1. 锁定和寻找客户

此阶段的任务是建立合格目标客户的标准，并确定目标客户，寻找目标客户。

2. 销售准备

销售前准备包括：

(1) 信息准备；

(2) 心理准备；

(3) 仪表准备；

(4) 销售工具准备；

(5) 客户名单准备。

信息准备包括一般顾客行为、竞争对手、行业状况、企业和产品等信息。对一个组织客户的最基本分析，就是该组织客户的组织架构、采购流程、涉事岗位、具体人事信息等。

3. 接近顾客，建立关系

初次接洽及拜访顾客，目的是与顾客建立起融洽和信赖的关系，发展线人和同盟，初步判断客户属性，主要的沟通工具是面对面访问、电话、传真、信函等。第2阶段和第3阶段的区别是，第2阶段是我认识客户，客户不认识我，第3阶段就是让客户从不认识我到认识我。

4. 识别顾客问题，激发顾客需求

这是销售的关键环节，主要判断顾客需求的紧迫性、预算大小，了解决策团队、决策流程，帮助顾客建立正确的购买标准等。

5. 提报方案，呈现价值

根据顾客需求，对接需求，判断己方产品能否满足对方需求，提报解决服务方案，向顾客说明产品是如何满足顾客需求的，与竞争对手相比优势在哪里，并报价。

6. 答疑解惑，处理异议

当顾客提出异议的时候，销售顾问能够给予专业的解答。异议是好事，异议是客户内心的展现，这更便于我们发现障碍点，解决障碍点。

7. 促成交易，交付执行

一手钱，一手货，销售人员和顾客皆大欢喜。

8. 后续服务与再次销售

通过后续服务让客户获得良好的体验，提高满意度，与客户建立良好关系，并维护关系；适时引导客户进行再次购买。优秀的销售人员重视售后服务，在他们眼里这才是销售的开始。

在建立关系和识别问题阶段可以多问、多听，在提报方案、呈现价值阶段可以多说。当然，我们提供的这个流程仅是参考，是你思考的起点，而不要拘泥于此。我们真心希望，经过融会贯通之后，你能根据自身和行业的特点设计出属于自己的3步骤的销售流程、6步骤的销售流程，或者是9步骤的销售流程，只要你喜欢和有效。

大家可以发现，拜访式销售与驻店销售在销售流程上最主要的区别是，拜访式销售有了锁定和寻找目标客户这个阶段，同时在建立关系时我们是更主动的。

三、工业品品牌营销的7件事

企业大客户销售顾问虽然可以用专业的销售流程和技巧去说服和打动客户，但是，如果竞品有品牌营销去支撑地面销售，而自己的企业没有，可以想象必然会遇到更多的困难和挑战。美国的陆军并不一定是强大的，但有了美国空军的支持，美国的陆军就一定是强大的。Intel是微处理器行业毋庸置疑的巨头，即使现在，Intel也没有放弃这样的品牌动作：每台电脑上的"Intel inside"这个标志，即使Intel要为此付每台电脑广告费。IBM有专业的销售流程，亦坚持在电视媒体投放品牌广告，举办各种论坛。所以，工业品一定要为地面销售提供空中火力支援。但是，如何做呢？关键是做好工业品品牌营销的7件事。

（1）产品定位和广告语。这个世界没有完美的产品，打动消费者不是因为你完美，而是因为尽管你有缺点，但是你更有一个动人的优点！这就需要工业品的产品定位和广告语去呈现。

（2）专业的商务展示。所有面对客户的人员都必须以专业的形象示人，并且能够做30分钟专业的商务演讲和展示。

（3）标志性活动。一个品牌必须有一个标志性的活动。针对专业买家举办的专业赛事，可以有效树立品牌在专业买家和潜在客户心目中的地位。

（4）高端论坛。高端论坛可以树立品牌高度。

（5）犯一次错。只有犯一次错，才能让别人看到您的品格。

（6）抢占互联网。专业人员获取专业知识的重要途径就是互联网。

（7）做一点广告。

工业品的品牌营销如果做好这7件事再加上7句保成交，您的产品不畅销都难！

四、拜访式大客户销售过程设计的7个关键点

由于拜访式大客户销售涉及的金额大，为整个销售过程进行精心设计是更值得的。在进行拜访式大客户销售过程设计时，应当注意以下7个关键点。

（1）选准会谈地点和场合。

（2）选准会谈时机和时长。

（3）选准沟通工具。

（4）设计好沟通物料。

（5）设计好7Q话术。

（6）设计好细节流程和小策略。

（7）掌握专业的沟通技巧和商务礼仪。

五、拜访式大客户销售辅助工具——表格

1. 客户跟进记录表（见表4-1）

表4-1 客户跟进记录表示例

序号	客户名称	启动日期	跟进事项和推进判定	……	跟进日期	跟进事项和推进判定	沟通次数	成交周期	战胜/战败分析
1									
2									
3									
…									

2．客户 7Q 自查、采购进程、销售进程、MUNU 四合一表（见表 4-2）

表 4-2 客户 7Q 自查、采购进程、销售进程、MUNU 四合一表

客户名称：

序号	项目	1/7Q	2/7Q	3/7Q	4/7Q	5/7Q	6/7Q	7/7Q		战胜/战败分析
1	7Q									
序号	项目	需求产生	信息搜集	比较评价	决策	购买	消费	再评估	反馈	
2	购买进程									
序号	项目	销售准备	顾客选定	建立关系	激发需求	产品展示	异议处理	促成交易	后续服务和二次销售	
3	销售进程									
序号	项目	M：是否有购买力	A：是否有决策权	N：是否有客观需要	U：需要是否明显而迫切					
4	MANU判定									

注：空格里面填分值，10 分为满分。

3．客户信息调查表及大客户团队分析表

这个图表主要是列出客户关键信息、组织架构、决策流程以及各岗位上所在人员信息（性格、角色）等。

在本章后面部分有客户组织架构和决策流程的举例。

4．顾客需求分析表

分析顾客的所有需求，包括组织和个人的所有需求，如表 4-3 所示。

表 4-3 某公司牙膏产品顾客需求分析表

序号	人 物	需 求
1	超市	1. 人气；2. 市场份额；3. 利润。
2	采购经理	1. 保住职位；2. 更多奖金；3. 产品要么有名气，要么利润空间大。
3	商场经理	1. 产品好销；2. 更多奖金。
4	导购	1. 提成高，收入高；2. 工作轻松，理货、上货简单；3. 有促销活动。
5	顾客	1. 防蛀；2. 美白；3. 坚固牙齿；4. 清新口气；5. 经济实惠。

想要制作全面、深入的需求分析表，首先要分析在销售中有哪些利益相关者，然后再逐个分析每个利益相关者的具体需求。从上表中，我们看到利益相关者有 5 个，分别是超市、采购经理、商场经理、导购和顾客，他们各自的需求和关切点是有很大差异的。

5．产品满足分析表

分析产品能够满足顾客的所有方面，同时要把自己和公司作为产品的一部分考虑进来进行分析，如表 4-4 所示。

表 4-4 某公司牙膏产品满足需求分析表

序号	项　目	需　求
1	牙膏	1. 美白；2. 防蛀；3. 清新口气；4. 礼品；5. 尊重；6. 职位晋升；7. 好运输，易储藏；8. 方便理货上架……
2	自己（销售员）	1. 对企业文化有了解，能帮助顾客培训新员工；2. 朋友在大学工作，可以帮助有孩子要高考的顾客了解各专业情况，指导志愿填报……
3	公司	1. 提供全年促销方案；2. 终端电视广告支持；3. 健康大讲堂；4. 明星代言，高知名度，大品牌，让顾客有面子；5. 返点高；6. 导购的提成高；7. 配备导购……
4	上级领导或同事	1. 企业文化的专家；2. 有一辆奔驰；3. 有同学在银行工作……

开发顾客需求分析表和产品满足分析表的目的是在顾客各种可能的需求和产品之间建立有效链接，以发现销售机会，下面是个简单的案例，大家可以体会一下。

案例：团购的需求

BN 抗菌纳米陶瓷用品企业是一家生产抗菌骨质瓷餐具、杯子、工艺瓷器、陶瓷净水器的高科技企业。我们受邀后，给他们做了诊断，基于诊断结果，建议他们做以下两点转变：①所有骨质瓷产品的定位从自用转移到送礼上来；②退出超市，停建专卖店，销售渠道从传统渠道转移到网络招商和团购上来。关于团购，我们向顾客指出团购存在以下需求和形式：

(1) 办公类团购。它是组织单位基于办公需要而进行的对某种产品和服务的集中采购，企业或政府集中采购汽车、打印机、电脑等，属于这种形式。办公类团购一般要求产品的知名度要高，安全性和实用性要强，强调附加值和售后服务，但价格敏感度差。陶瓷净水器可以满足这类团购需求。

(2) 福利性团购。它是组织单位以向员工发放福利为目的而进行的对某种产品的集中采购。一般来讲，单位经济效益越好，福利性质的团购就会越多，金额也会越大。福利性团购一般有预算限制，对产品的喜好受具体经办人和决策人的影响较大。因为是免费的福利，普通员工对团购不会提出特别的要求。抗菌纳米骨质瓷餐具套装和活性杯可以很好地满足这方面的需求。

(3) 礼品类团购。它是组织单位出于馈赠目的而对某种产品的集中采购。礼品类团购对产品提出的要求是要新颖，有突出的特点。最重要的礼品类团购又出现 4 种形式：第一，政府部门基于对外交往中的礼尚往来而进行的团购；第二，企业在重大节日回馈大顾客而进行的团购；第三，高端产品和品牌进行活动促销，作为赠品而出现的团购；第四，会议产业中，作为参会嘉宾礼品的团购。陶瓷餐具套装可以很好地满足前两种需求，活性杯可以很好地满足后两种团购需求。

请大家试着结合某公司牙膏产品顾客需求分析表和某公司牙膏产品满足需求分析表这两张表，在需求和产品之间进行各种可能的有效链接，分析一下各种可能的销售机会。

6. 战斗力分析和提升表(见表 4-5)

表 4-5　战斗力分析和提升表

周/月份/季度/年份：　　　　　　　　　　　姓名/团队：

序号	指标项目	数量	比率项目	数值
1	销售线索数量			
2	沟通次数		沟通比率	
3	成交数量		成交率 1	
4	成交额		成交率 2	
5			客单量	

第二节　牙膏销售与超市采购

一、牙膏销售和客户关注点

牙膏是常见生活日用品,牙膏销售会面对 3 种客户：酒店、超市、个体消费者。酒店、超市属于组织购买,针对酒店、超市的销售属于大客户销售,通常是拜访式销售,是主动推销,是行销；而针对个体消费者的销售,多是驻店销售,等客上门。

酒店、超市、个体消费者在购买牙膏时关注的利益是不同的。个体消费者关注的是价格、品牌和功效等,这些功效包括美白、防蛀、清新口气、防牙龈出血、脱敏等。超市作为采购方,它关注的是利润、销量、人气、付款条件、响应速度等,虽然利润、销量、人气最终也和牙膏的价格、品牌、功效相关,但它们并不一致,也不在一个角度上。超市在采购牙膏时,有时并不是仅仅考虑牙膏,还要整体考虑某一个牙膏品牌和其他牙膏品牌的关系,牙膏和其他商品品类的关系,经济指标的考量更系统和直接。超市选择采购大品牌,虽然大品牌利润低,但人气高,会带来人流,既提高了消费者采购其他商品的可能性,也提高了超市的品位和档次。超市选择采购没有知名度的牙膏品牌,虽然其知名度低,但却可以闷声发大财。同时,即使品牌、价格、功效一样,超市也会选择可以延后付款的商品,而不是先款后货的商品。即使我们在这里不继续进行进一步探讨,大家也可以看出个体消费者和组织购买者的区别了。同样,作为组织购买者,酒店在采购牙膏时,其关注点和超市也有很大的差异,酒店最为关注的首先是成本。针对超市采购和酒店采购的销售行为与个体消费者相比,它虽然前期难度大,周期长,但一旦建立业务关系,这种关系往往是稳定和持久的,金额也比较大。超市和酒店都会长期重复大额采购。

本节只就超市采购和针对超市的牙膏销售做一介绍。假如你是某牙膏品牌的销售经理,要新开发一个超市客户,你首先要做的就是描绘出超市的组织架构、采购流程、关键岗位职责和绩效考核点。

二、超市组织架构、岗位职责

虽然不同超市会有不同的组织架构,但具有很大的共性。超市一般设置以下部门,分别是采购部、卖场管理部、信息部、仓库管理部、财务部、综合部(见图 4-1)。采购部和卖场管理部是超市核心部门。采购部门负责所有超市商品的采购工作,决定了商品的去留,也决定了主推哪个商品。采购经理对商品的销量负第一责任。卖场管理部负责卖场现场的管理。超市采购部和卖场管理部会按照商品品类设置子部门,如生鲜食品部、日化部、小家电部、服装鞋帽部等。牙膏属于日化部。人员招聘、安保、保洁、办公都可以归到综合部。

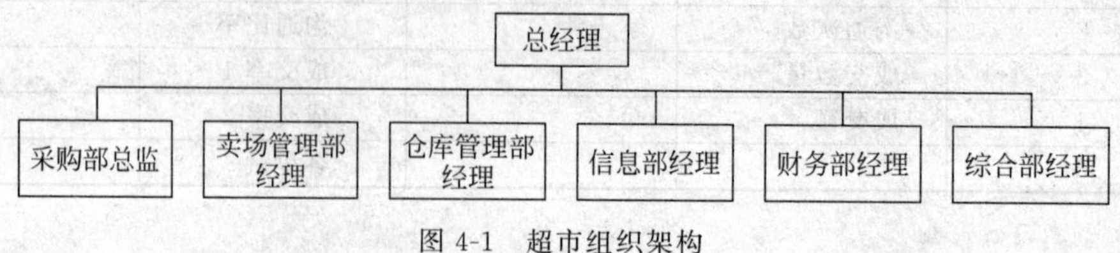

图 4-1 超市组织架构

这里我们主要看一下采购总监的岗位说明。

采购部总监的岗位说明：

直接上级：总经理

直接下级：采购员

岗位职责：

(1) 对商品的销量和毛利率负第一责任；

(2) 负责公司采购工作和供应商管理,包括：询价、比价、签订采购合同、验收、评估及反馈汇总工作；

(3) 调查、分析和评估目标市场,确定需要和采购时机；

(4) 负责各商品的促销工作；

(5) 完善公司采购制度,制定并优化采购流程,控制采购质量与成本；

(6) 组织对供应商进行评估、认证、管理及考核；

(7) 制订部门的短、中、长期工作计划,编制并提交部门预算；

(8) 负责采购人员的岗前培训和在岗培训,并组织考核；

(9) 协调公司各部门间的工作。

考核指标：

(1) 销量；

(2) 采购成本、付款方式、毛利率；

(3) 每单位货架(卖场面积)销量、毛利率；

(4) 消费者退换货和投诉情况。

……

三、超市采购流程和货品管理

大型连锁超市(比如沃尔玛、家乐福、银座、华联、物美等)都有一个专门的采购部和采购小组负责采购,一般由6～10人构成。他们最先做的是产品信息采集,主要是各地供应商提供的新产品及报价,这是日常性的工作。当采购人员认为某个产品市场前景较好,质量有保证的时候,就会和厂家就细节和价格进行谈判。我们可以看到,超市和供应商的合作，既可能是供应商销售部主动达成的，也可能是超市采购部主动达成的，供应商有把产品销售给超市的动机和责任，超市采购部也有寻找最有市场前景的产品，把产品引入超市的责任和动机。

连锁超市一般实行总部统一采购和门店本地化采购相结合的政策。总部统一采购，可以实现采购的规模化，有效降低采购成本，创造经济效益。但连锁超市也允许各超市门店与所在地供应商建立合作关系，直接从当地采购、配送部分商品，既减少中间环节，又降低进货成本。

连锁超市在商品采购计划落实后，就进入采购作业的具体流程（见图 4-2）。

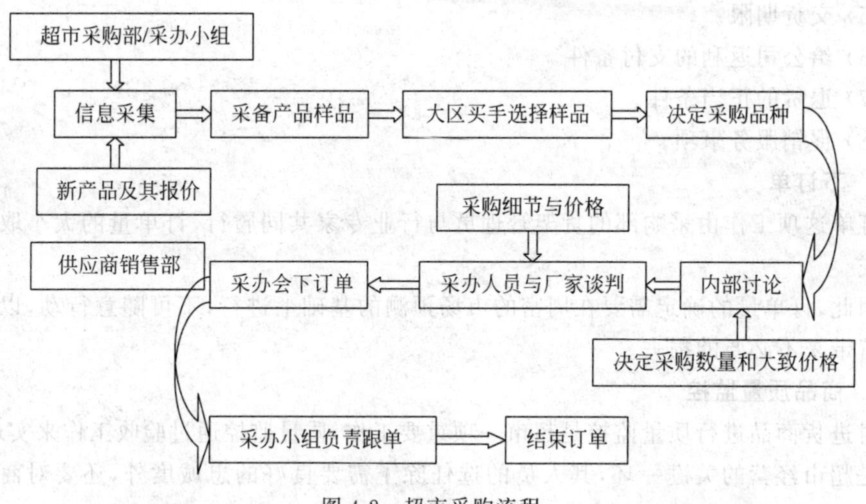

图 4-2　超市采购流程

1. 供应商准入制度

供应商准入制度的核心是对供应商资格的要求，包括供应商资金实力、技术条件、资信状况、生产能力等，这些基本资料要求供应商详细提供并通过相关资信评估机构的确认。

经审核，供应商资格达到标准后，超市公司采购人员应将本方对具体供货要求的要点向供应商提出，初步询问供应商是否接受。具体要点包括：商品的质量和包装要求；商品的送货、配货和退货要求；商品的付款要求等。

2. 供应商接待制度与洽谈

为了规范采购行为，超市公司制定与供应商接待制度，以保证顺畅的沟通渠道，接待地点应在公司采购业务部供应商接待室，双方洽谈内容应紧紧围绕采购计划、促销计划来进行。采购计划包括各类别商品的总量目标及比例结构、周转率、进货标准、退换货条件，以及背后服务保证等；促销计划包括确认厂商是否参加促销活动、时间安排、促销方式、优惠幅度等。这些谈判内容再加上违约责任、合同变更与解除条件，以及其他合同中必须具备的内容，即形成采购合同。

3. 签订采购合同

采购合同中有 8 个方面是必备的条款：

(1) 每个品种的单位交易量。其中包括全公司一次的交易量,一年中每一次的交易量,每一年有何增长率等。

(2) 整体交易额。包括每一次、一个月、一个季度、一年的总交易额情况,每年有何增长率等。

(3) 货款支付方式。包括银行转账及期票或运期支票方式选择,结算截止日和结算支付日,代销、委托销售需附的特殊条件等。

(4) 运输方法。包括运输费和包装费由谁承担,运输距离,送货频率,指定的交易时间,货品包装及包装单位,运输时所选的车种等质量管理程度,卸货的方式和数量等。

(5) 交货期限。

(6) 给公司返利的支付条件。

(7) 退货的正当条件。

(8) 促销服务事项。

4. 下订单

订单这项工作由采购部的货架管理员与行业专家共同履行,订单量的大小取决于铺贷方式。

因此,订单量的确定需要在周密的市场预测的基础上进行,不可随意行动,以免为超市经营带来不必要的损失。

5. 商品质量监控

对进货商品进行质量监控是超市一项重要工作,质量监控通过验收工作来实现,由于验收是超市经营的关键一环,其人员的选任除了需要良好的忠诚度外,还要对商品的特性、品质及相关法规等有充分认识才能胜任。验收的权责如下:

(1) 商品数量的检查事项;

(2) 商品质量、规格的检查事项;

(3) 商品内容、成分的检查事项;

(4) 商品制造商、进口商、地址及电话的检查事项;

(5) 进货厂商送货车辆的温度、卫生情况的检查事项;

(6) 进货厂商发票与送货内容的检查事项;

(7) 退换货的检查事项;

(8) 送货人员的检查事项;

(9) 其他有关验收业务的处理事项。

6. 付款

四、采购协议及供货合同

甲方:　　　　　(以下简称甲方)

乙方:　　　　　(以下简称乙方)

为了搞好市场供应,满足消费者需求,提高经济效益和社会效益,经甲乙双方友好协商,本着诚信互利,共同发展的原则,达成以下协议:

第一条：经营范围

乙方经营范围为：　　　　。甲方每月做出单品销售业绩排序，若乙方经营品种排在同类商品后十名，甲方有权随时淘汰乙方销售不畅的品牌、品种，且甲方概不退还乙方交纳进店促销费用。甲方因统一管理、营运（包括季节、行情变化）或实际需要，有权随时调整乙方商品位置，排面或作其他改变，甲方进行以上变动时应提前通知乙方，乙方应同意甲方调整要求，并全力配合实施。

第二条：商品数量

自营商品数量及计量单位以采购订单或超市规定为准。

第三条：商品价格

一、商品价格指经乙方与超市双方协商后订立的买卖价格，该价格包含所有增值税及关税等各种应由乙方缴纳的税金及超市要求的包装形式的包装费，运送到订单上指定地点的费用等一切费用。

二、价格经双方议定后，乙方在 30 天内不得调高价格。

三、除属于国家定价的商品外，应公平合理，不得高于乙方销售予其他客户的价格，如因乙方提供的商品进价致使超市商品售价高于其他竞争店价格，无法适应市场竞争时，超市有权调低售价并保持原有毛利。

第四条：商品质量

略

第五条：包装

一、商品的包装应符合国家的规定或双方的约定，并确保商品安全、卫生地运抵甲方。商品原包装存在短缺、破损而产生的费用由乙方负担。

二、商品包装上的标识应符合国家法律法规等有关标识的说明、产地、原材料、用途、警示语、保质期及保质条件、生产日期等规定，否则甲方有权拒收，由此造成的一切损失及费用均由乙方负担。

三、进入甲方超市销售的商品在甲方收货处应贴店内条形码，否则甲方有权拒绝验收。乙方使用的条码不符合国家要求或粘贴有误，在商品销售时带来混乱和对顾客造成损害由乙方负责承担全部损失。

第六条：商品交货

一、乙方应按订单规定的时间将商品运至甲方指定交货地点，所有交货费用均由乙方承担，因任何原因拖延，乙方未能在订单规定时间内（除不可抗拒因素外）将商品交予甲方，甲方有权拒收商品，由此引起的一切损失均由乙方承担。乙方到货以本超市发出订单为准，乙方应严格按照本超市订单商品数量、规格、品质、日期送至本超市，乙方应为其未交货或交货不足而对本超市造成的损失负责赔偿。

二、乙方交货时，应将货品整齐码放在甲方收货指定区域，并应会同甲方收货员当面点清商品数量。原则上乙方应接受采购订单一次交完，不可多交或分批交货。乙方有责任教育本单位或外雇送货人员服从超市收货人员管理，并依照超市的规定做商品验收。

三、商品交货违约罚则：乙方如未能依订单所载日期交货，或预计在未来某一时间内会供货不及，则应在收到超市订单当天以书面形式通知本超市，并取得超市认可，否则按照以下规定承担违约责任：①正常销售商品依订单进货总额5%承担违约责任，并处予单次1 000元罚款；②促销商品以延误之订单金额10%承担违约责任，并处予单次2 000元罚款；③因乙方违约造成超市对第三方违约，乙方应承担全部责任，并负责对第三方的全部赔偿。

四、乙方所提供超过临界预警保质期（详见超市商品管理规范）的个别商品，乙方在接到甲方通知后应及时办理调换或退货。

第七条：商品退货

退货货款从应付款中扣除。货款不足以上扣款，卖方应及时补足不足部分，退货所产生之相应费用以现金方式交超市财务，乙方对此表示同意。

第八条：促销配合

一、甲方组织大型促销活动，乙方应积极合作并给予支持，乙方每年必须参加不少于______次的超市各类促销活动。

二、乙方按实际销售金额的______%返利（每月销货款中扣除），（年、季、月）累计销售达______万元，乙方应按实际销售金额的______%返利。

三、节假日及其他促销费：元旦______元，春节______元，劳动节______元，中秋节______元，国庆节______元。店庆（全年销售金额*______%）元，开业______元。

第九条：费用情况

略（进场费、条码费、店庆费等）。

第十条：结算管理

一、付款条件：（月结/到货）______天。

二、以下所称发票均指增值税发票，将发票在甲方规定时间内交予甲方财务。如果未在超市所约定日期之前提交发票，或提交错误发票造成超市作业不及时，货款的支付将顺延到下一个支付期。如无发票，甲方将另行从乙方货款中提取______%作为代扣税，如不能开据发票，需在合同或另外协议中作特殊说明。

三、乙方如对超市的对账作业有异议，应从对账日之日起三日内以书面形式将具体内容通知超市，超过该期限，视为对账目无异议，乙方对此表示同意。

四、超市的结款作业统一由公司财务部负责，乙方发票、购货单位名称填写依据订单上所示。

五、清户时，超市有权暂扣部分货款作为乙方已售商品的质保金，金额与所扣时间以乙方所供商品为依据。

六、双方同意甲方可在应付给乙方款项中，扣除乙方应支付甲方的账款或其他费用及款项。中秋节与国庆节、元旦与农历春节结款时间顺延至该节日完毕后的下月结款。

第十一条：促销员管理

一、为了更好地提高销售、促进卖场管理，乙方应派______人负责卖场的排面整理与售卖。

二、所派促销员要严格遵守超市各项规章制度，服从超市卖场管理，如发现违纪情况，本超市有权按超市的相关管理制度对其进行处理(罚款、除名等)。促销员上岗办理手续，严格遵守店内各项制度，不得私上、更换，如有需要提前上报，店内统一调整。促销员管理费________元/人/月。

三、乙方承担促销员的工资，如乙方未按时对促销员发放工资，本超市有权从货款中扣除350元/人/月作为促销员的基本生活费用。

第十二条：违约责任

一、乙方不得借用、盗用或串用其他销售编码在甲方场地非法经营，甲方一经发现，有权向乙方追偿损失，并对乙方处以5 000元以上罚款且甲方有权终止协议，损失乙方自负。

二、任何一方违反本协议，应根据法律法规及本协议规定承担违约责任。甲、乙任何一方采取商业贿赂及其他不正当商业行为而形成的协议无效。甲方当事人不得要求乙方给予任何形式的不当利益，如经查实，甲方将严肃处理；若乙方以任何形式的利益给予甲方当事人，以获取不正当商业利益或特殊商业待遇者，甲方将终止本协议，并可对乙方处以5 000元以上罚款。

三、乙方委托甲方销售的商品应具有所有权或合法的支配权、处分权，并不得侵害他人的知识产权(包括专利权、商标权等)，如果乙方委托甲方销售商品，因所有权存在瑕疵而侵害他人知识产权，由此引起的一切后果及经济损失，完全由乙方承担。

四、乙方在做各种广告时，应事先征得甲方同意，若擅自使用甲方名称、徽标、字样，按违约处理。

第十三条：不可抗力

甲乙双方的任何一方由于不可抗力原因不能履行本协议时，应及时向对方通报不能履行或不能完全履行的理由，如协议无法正常按期履行，双方均有权终止本协议。

第十四条：责任纠纷

一、乙方应对所签购销合同、各种补充协议以及超市商品价格承担保密的责任。如违背，应承担由此给超市带来的包含商业名誉在内的一切损失。

二、乙方对“供货商基本资料”必须完整如实地填写，如有变动应提前15日通知超市，否则由此带来的一切后果由乙方负责。

三、本协议一式三份，甲方持二份，乙方持一份，均具有同等法律效力，双方签字盖章之日起生效。未尽事宜由双方共同协商解决，若有争议，双方本着友好协商原则解决，如20日内达不成解决方案，应将争议提交合同履行地经济合同仲裁委员会仲裁。

补充：

甲方：	乙方：
法人代表：	法人代表：
地址：	地址：
邮编：	邮编：
电话：	电话：

传真：　　　　　　　　　传真：
甲方代表：　　　　　　　乙方代表：
甲方签章：　　　　　　　乙方签章：
年　月　日　　　　　　　年　月　日

五、牙膏销售代表销售流程

药膏品牌厂方销售代表的销售流程是拜访式大客户一般销售流程的具体化，包括：

(1) 确定客户：列出所有超市目录和采购部负责人姓名、联系方式。

(2) 销售准备：产品宣传资料、样品、销售政策准备等，以及超市方情况调研。

(3) 建立关系：初次联系，寄送样品。

(4) 正式洽谈。

(5) 回答客户的关切，达成一致。

(6) 签订合作协议。

(7) 执行协议：超市下单、厂方发货、厂方协助销货、超市付款。

第三节　广告公司业务与企业广告决策

一、广告公司组织架构和业务销售流程

(一) 广告公司组织架构

广告，指的是把信息广而告之。本文广告是指商业广告，指的是企业投入资金让企业的有关信息被广而告之。

广告公司的核心部门主要是三个：客户关系部(Account Servicing)、创意策略部(Creative)和媒介部(Media)(见图 4-3)。

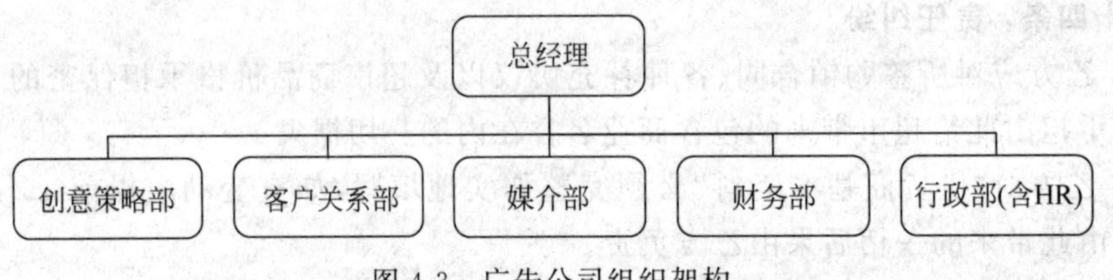

图 4-3　广告公司组织架构

客户关系部，有的称之为业务部、市场部，主要工作是与潜在客户建立良好的关系，激发和发现客户潜在需求。创意策略部负责构思及执行广告创意，包括创意策划、文案编辑、视觉设计、影像制作等。媒介部主要为客户建议合适的广告媒体(如电视、报章、杂志、海报、直销、微信、抖音、网站等)，并为客户与媒体争取最合理的收费。

(二) 广告公司业务开发流程

广告公司的广告业务开发，通常是由客户关系部引领，创意策略部和媒介部共同参与来完成的。整个广告开发与销售流程如表 4-6 所示。

表 4-6　广告业务开发流程

序号	广告业务开发流程	执行部门	关键点说明
1	建立关系拜访客户	客户关系部	与客户建立并维持良好关系，伺机发现需求
2	发现需求提案竞标	客户关系部、创意策略部	客户关系部发现需求后，需要创意策略部制定能满足客户需求的广告方案，进行提案或参与竞标
3	商务洽谈签订合同	总经理、客户关系部	进行价格谈判，确定付款方式，比如，先付 50%，执行验收后再付 50%
4	合同执行按约回款	创意策略部、媒介部、客户关系部	创意策略部和媒介部联合执行广告提案，客户关系部负责跟踪回款

1. 拜访、回访客户与电联客户（见图 4-4）

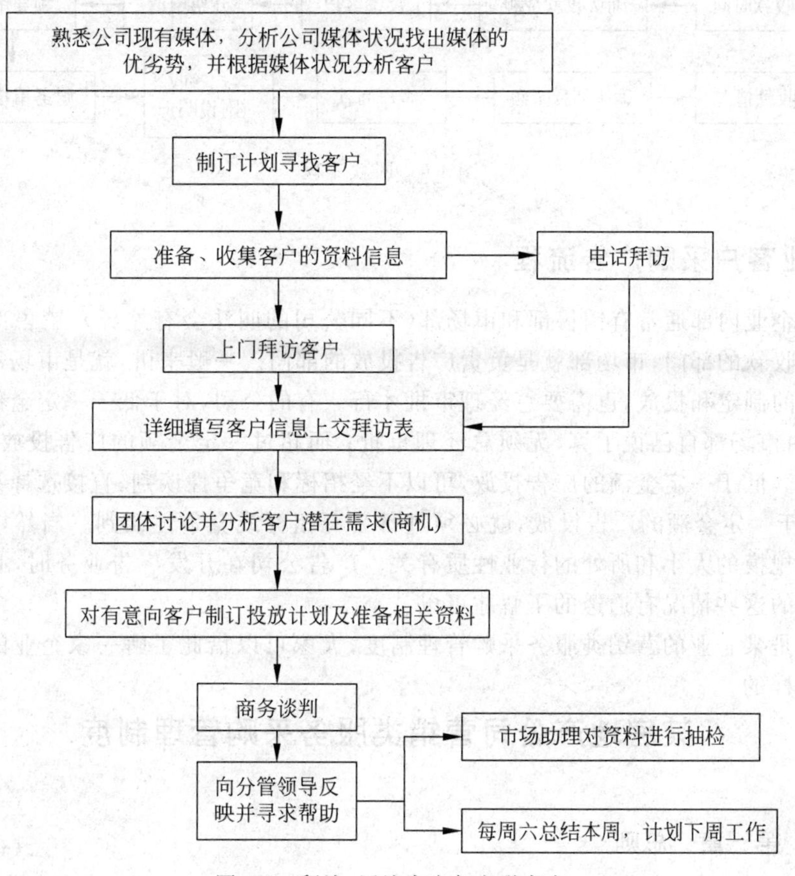

图 4-4　拜访、回访客户与电联客户

2. 提案竞标

略。

3. 商务谈判与签订合同(见图4-5)

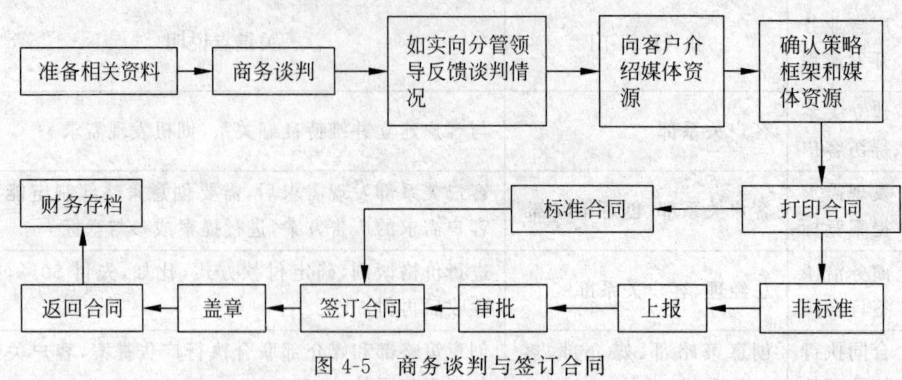

图4-5 商务谈判与签订合同

4. 回款流程(见图4-6)

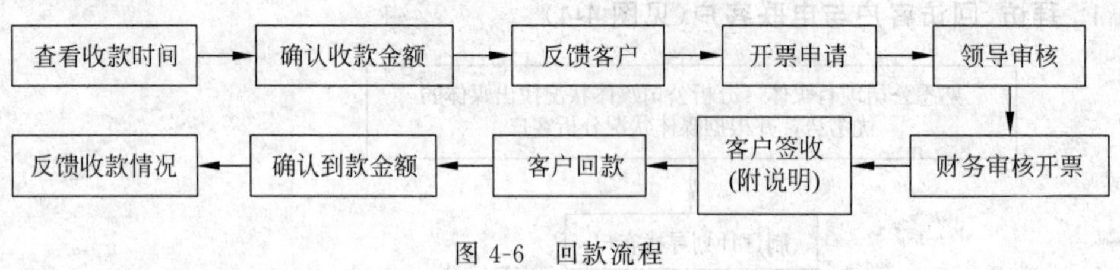

图4-6 回款流程

二、企业客户采购广告流程

工商企业内部通常有销售部和市场部(不同公司的叫法会有差异),销售部是负责与客户洽谈收款的部门,市场部就是负责广告投放的部门。一般来讲,就是市场部具体负责广告策略的制定和投放,也需要总经理审批才行。有的公司,对于低于一定金额的广告投放,可以由市场部自己说了算,无须总经理审批;而超过一定金额的广告投放,必须经总经理审批。低于一定金额的广告投放,可以不经招标和竞争性谈判,直接选择某个广告公司;而高于一定金额的广告投放,就必须进行公开招标或竞争性谈判。当然,具体情况,也和公司规模的大小和所处的行业性质有关。广告公司在开发广告业务时,必须对目标企业客户的这些情况有通透的了解才可以。

下面是某企业的营销类服务采购管理制度,大家可以借此了解一家企业的广告采购流程是怎样的。

某房地产公司营销类服务采购管理制度

……

(一)第一章 总则

……

第二条

销售费用类采购实行评审职能与执行职能分开,评审职能在运营中心/运营部,执行职能在项目公司销售部。

第三条

1. 制作、印刷、外卖场/示范区/样板间/售楼部的家具及装饰、园艺、礼品，奖品，合同总额在 20 万元以上，必须通过招标选择供应方，原则为价低者得。

合同额在 20 万元以下 2 万元以上的上述业务，必须至少由 3 家比价，选择最低者为供应方。

2. 广告代理、影视广告创意与制作、销售代理、策划顾问、公共关系、阶段性活动代理、网页设计等智力咨询型业务，合同总额在 10 万元及以上的，由项目销售部门与运营部门共同对方案及报价进行招标，专业得分前两名中的价低者中标。10 万元以下的，由销售部推荐供应方，运营部门进行价格谈判，在不超过历史最高价的情况下合作，否则另行选择供应商。

3. 报纸杂志、广播影视时段等资源独占型业务，由运营部门负责议标进行价格谈判，在刊例价折扣不高于历史数据的情况下合作。

4. 路牌、墙体、车身、电话亭、楼宇液晶电视、车载电视、网络媒体、外卖场及其他非纸质媒体，10 万元及以上，有 2 家及以上同类供应商，或供应商有 2 家及以上代理商的，须招标确定合作方，原则为价低者得；独家垄断的，由供应方开具有效文件并附企业资质证明，运营中心进行议标，在不超过历史最高价的情况下合作。

5. 其他不具备招标或 3 家比价条件，金额在 2 万元以上的，必须有运营部门监督或到现场共同采购，参考市场价格确定采购。

详情见表 1。

表 1　费用类别与采购方式

费用类别	合同总额	采购方式	中标原则
制作、印刷、外卖场/示范区/样板间/售楼部的家具及装饰、园艺、礼品，奖品	20 万元及以上	招标	价低者得
	20 万元以下，2 万元以上	3 家比价	价低者得
外卖场/示范区/样板间/售楼部工程	按工程类招标办法实施		
广告代理、影视广告创意与制作、销售代理、策划顾问、公共关系、活动代理、网页设计	10 万元及以上	招标	专业得分前两名中价低者得
	10 万元元以下	议标	不超过历史最高价
报纸杂志、广播影视时段	不限	议标	不高于历史最高价
路牌、墙体、车身、电话亭、楼宇液晶电视、车载电视、网络媒体、外卖场及其他非纸质媒体	10 万元及以上，有 2 家及以上同类供应商，或供应商有 2 家及以上代理商	招标	价低者得
	独家垄断	议标	不高于历史最高价
不具备招标及 3 家比价的其他采购	2 万元及以上	运营部门参与	参考市场价格

注：历史最高价指我司该类业务的最高价格，具体解释权归运营中心。

（二）第二章　职责与流程

第一条　职责与流程

1. 集团运营中心/异地项目公司运营部：主责部门，负责供应方联络与管理，组织招标评标，负责非招标采购的价格谈判。

2. 销售部：负责提出技术方案及采购要求，推荐供应方，参与评标，签署合同或执行采购。

3. 未经运营部门招标、审价确定供应方，销售部不得直接与供应方起草合同送审，已有年度采购协议的除外，但可推荐供应方，在时间较紧急的情况下，已经经运营部审核并有过合作的供应商优先。

（三）第三章　招标

第一条　适用范围

1. 销售费用类招标适用于广告代理，影视广告创意/拍摄/制作，销售代理，策划顾问，互联网推广、公共关系、活动代理，制作，印刷，外卖场/示范区/样板间/售楼部的设计、装修、家具、园艺布置、饰品与物业管理，礼品，合同总额在20万元以上的。

2. 凡符合条件的项目都必须以招标方式确定合作单位，禁止将项目分解规避招标。

第二条　招标准备

销售部根据方案及招标技术要求、工期要求等资料填写《采购知会单》并编制招标文件。招标文件的主要内容：

1. 工作说明：主要说明该招标项目的总体情况，列明发标、截标、开标、评标、定标时间及地点等。

2. 项目投标须知：细述招标要求，包括技术要求及质量要求、结算办法、付款条件、工期要求及对投标单位的资质、合格条件要求等。

3. 投标文件编制和递交要求：第一部分——投标人对招标人技术条件的回应；第二部分——设备材料型号、配置、品牌、技术方案、营业执照、企业简介、资质等级、生产技术力量、业绩、质量保证措施和服务承诺等（简称技术标）；第三部分——投标报价清单或投标报价书（简称经济标）。

4. 所有投标书的内容及封面均应加盖投标人的公节及印鉴。

……

（四）第四章　评标与定标

1. 所有投标人均应在截标时间前投标。原则上，超过截标时间送达的标书为废标。为区别，所有投标人应在标书上贴上标签，注明标书内容、投标单位等。

2. 为加强招标的严肃性，采取密封投标方式，所有投标人的标书均应密封并在封口上加盖密封节。由运营部门人员验证标书的有效性并开启标书。

3. 评标过程中如发现两份标书雷同或有证据证明为串标的，两份标书均应判为废标。

评标过程中如发现投标资料有弄虚作假行为的，标书应判为废标。

4. 评判标准

制作，印刷，外卖场/示范区/样板间/售楼部的设计、装修、家具、园艺布置、饰品与物业管理，礼品采购项目，以公开开标的评标最低价确定中标单位，中标单位的投标报价原则上不能超过最高限价；超过最高限价的项目，必须报运营中心主管领导审批后才能确定中标单位。

广告代理，影视广告创意/拍摄/制作，销售代理，策划顾问，网页设计，公共关系，活动代理等智力咨询型项目，由运营部门、销售部门及主管领导根据统一表格评分决出专业得分，专业得分前两名中的低价者中标。中标单位的投标报价原则上不能超过最高限价；超过最高限价的项目，必须报运营中心主管领导审批后才能确定中标单位。

(1) 专业评分依照由运营中心制定的统一表格进行，评分人员应对各自的评分结果签名确认。(评分表格见附件)

(2) 为确保评分的客观性，单个评分人员为不同供应方的评分不得相差过大。以该人员评出的各供应方总得分相加除以供应方数量为平均分，凡给单个供应方的总分上下超过平均总分的30%为无效评分，应调整后重新计算，最多重算一次。

(3) 各评分人员为单个供应方评出的总分相加为最终得分，总分前两名者参加经济标评分，价低者中标。

5. 审批权限

(1) 单项招标项目总金额在50万元以内的，招标结果由运营中心销售管理部(异地由项目公司运营部)负责人确认后报项目总经理审批 。

(2) 单项招标总金额在50万～100万元间的，招标结果由项目公司总经理确认后，报集团主管副总裁审批。

(3) 单项招标总金额在100万元以上的，招标结果审批记录经主管副总裁确认后，报集团总裁审批。

……

附1　广告招标提案评分表(全案代理)(见表2)

表2　广告招标提案评分表

公司名称：　　　　　　　　　　　　　　　　　　　　　　提案时间：

(总分100分，各单项指标满分10分)

公司资质	以往案例	服务团队	市场认知	策略推理	推广节奏	创意	视觉	文案	媒体计划
总得分		评语： 评分人(签名)：							

附2　广告招标提案评分表(影视广告)(见表3)

表3　广告招标提案评分表

公司名称：　　　　　　　　　　　　　　　　　　　　　　提案时间：

(总分100分，各单项指标满分10分)

公司资质	以往案例	策略推理	创意	卖点提炼	镜头与画面	旁白字幕	标版	导演	可执行性
总得分		评语： 评分人(签名)：							

第四节 银行对公业务与企业融资贷款

一、银行对公信贷产品：贷、票、函、证

本节主要描述的是银行对公业务中的对公信贷营销，其客户主要是工商企业、事业单位等。对公信贷营销有两大难点是一般产品销售所不具有的，即周期长、风险大。第一是周期长，把款放出去，仅仅是开始，把款收回来（全部本息），才是结束。第二是风险大，在把款放出去和把款收回来的整个过程中，都存在客户赖账，成为坏账的可能。所以，客户经理在进行企业贷款营销时，必须要做好两方面的工作，一个是客户信贷需求的挖掘工作，一个是做好贷前调查、贷中审查、贷后检查工作，落实客户的真实还款能力和还款意愿，并做好持续追踪，降低风险。放款不是本事，把款放给风险低的正确的客户并把款收回来才是本事。不良企业客户总是掩盖自己真实的偿还能力，把自己扮演得很强大，并愿意承受更高的利息，结果是最后赖账，让银行血本无归，客户经理下岗，甚至担上刑责。

在银行竞争日趋激烈的环境下，对公客户经理的主要营销场景是拜访式销售、大客户销售，尽管也存在客户主动上门的情景。

对公信贷产品包括贷、票、函、证。贷，是最核心和基础的对公业务。有的银行只做贷款业务，不做票、函、证业务。

贷，指的是贷款，即信贷，分为短期贷款和长期贷款等。按担保性质，银行贷款分为抵押、质押、保证、信用贷款四类。按资金用途，银行贷款可以分为流动资金贷款、一般固定资产贷款、一般项目贷款、并购贷款等。

票，指的是票据业务，包括银行承兑汇票、票据贴现等业务。银行承兑汇票是由承兑银行开立的，保证在指定日期无条件支付确定的金额给收款人或持票人的票据，是一种变相的贷款。票据贴现是持票人在需要资金时，将其收到的未到期承兑汇票，经过背书转让给银行，而银行仅将票面金额扣除贴现利息后的票款付给收款人，汇票到期时，银行凭票向承兑人收取现款的业务。

函，指的是保函，是银行用自身信誉为担保，应委托人申请而开立的书面承诺文件。在银行保函下，当委托人不能和第三方履约时，银行要代为履约赔偿。银行保函主要用在工程和贸易中。

证，指的是信用证，是因国际贸易的需要而产生的，是国际贸易中进口商和出口商之间的增信行为。具体来说，信用证是银行应进口商申请，开立给出口商，当银行收到出口商委托银行寄来的全套（货物）单据后，经审核单证相符，即对出口商或其指定人进行承兑或付款的一种书面承诺。

二、企业客户融资行为和财务架构

企业的发展离不开资金的支持。企业资金不足时，就需要融资。企业资金的来源包括自筹和借债。自筹包括股权融资等，包括自己出资、天使投资、风险投资、私有股权投资（PE）、上市公开招募等。借债包括向员工借债，亲朋及民间借债，银行贷款，企业债券等。

股权融资的好处是，资金长期使用，盈利时向股东支付分红，亏损时股东承担风险。借债，即债务融资的好处是，企业不会稀释股权和控制权等，坏处是必须到期还本付息。举债经营并不一定是坏事，关键是控制好风险。善于合理举债（也被称为杠杆）实现企业发展，是企业成熟的标志。

企业融资时，一般由董事长、总经理或企业实际控制人决定，由财务部门执行经办。这时候，企业总经理或企业财务负责人就可能找到银行，申请贷款。企业具体的融资决策流程为：

（1）收支分析：依据企业发展目标，全面分析资产负债，规划未来资金支出和收入情况。

（2）缺口分析：评估资金缺口和资金到位时间，即资金需求。

（3）方案分析：评估融资路径即融资方式，是股权融资还是债务融资，债务融资中包括银行信贷等（包括贷、票、函、证等）。

（4）银行洽谈：如果选择债务融资，接下来就是接触并选择合适的银行机构，向银行客户经理询问合作意向和形式。

（5）银行合作：最后签订贷款协议，银行放款，企业用款，到期还本付息。

财务部门直属总经理领导，常见的四个岗位是财务经理、会计、出纳、库管。会计和出纳、库管都归财务经理领导，财务经理向总经理负责。

下面是一家企业财务部、财务经理和相关岗位的职责描述：

财务部工作职责：

（1）负责公司资金的筹措运用、资本营运、会计核算和成本核算工作。

（2）负责编制并执行公司年度、月度财务收支计划。

（3）负责各类经济合同的审核，按规定的程序和条件核付各类款项。

（4）负责内部费用的支出报销，及时办理职工各类社会保险。

（5）负责与银行、审计、税务及社保等相关部门的业务联系工作。

（6）定期分析、比较有关资料，及时编制月份、季度、年度分析报告。

（7）参与公司投资项目的可行性研究。

（8）参与制订公司中长期发展计划、项目开发计划，参与编制年度、季度、月度经营工作计划。

（9）完成公司领导交办的其他工作。

财务经理岗位职责：

（1）在公司董事会领导下，负责主持财务部的全面工作，组织并督促部门人员全面完成本部职责范围内的各项工作任务。

（2）贯彻落实本部岗位责任制和工作标准，密切与销售、采购、仓管等部门的工作联系，加强与有关部门的协作配合工作。

（3）负责组织公司财务管理制度、会计成本核算规程、成本管理会计监督及其有关的财务专项拨款项目管理制度的拟定、修改、补充和实施。

（4）组织领导编制公司财务计划、审查财务计划。拟定资金筹措和使用方案，全面平衡资金，开辟财源，加速资金周转，提高资金使用效果。

(5) 组织领导本部门按上级规定和要求编制财务决算工作。

(6) 负责组织公司的成本管理工作。进行成本预测、控制、核算、分析和考核,降低消耗、节约费用,提高监利水平,确保公司利润指标的完成。

(7) 负责建立和完善公司财务稽核、审计内部控制制度,监督其执行情况。

(8) 指导及督促仓库主管做好内部管理工作。

(9) 负责审核公司的报表、记账凭证。

(10) 负责定期编制财务分析报告,考核经营成果,并及时提出建议,促进公司不断提高管理水平。

(11) 负责审核上报财政、税务、工商、海关等部门的税务资料。

(12) 参与协助各部门制定考核指标,分析各考核指标的执行情况,并及时提出改进措施。

(13) 审查公司经营计划及各项经济合同,并认真监督其执行,参与公司技术、经营以及产品开发、基本建设、技术改造和其他项目的经济效益的决议。

(14) 组织考核、分析公司经营成果,提出可行的建议和措施。

(15) 完成公司领导交办的其他工作。

会计:

(1) 负责编制公司月度、年度会计报表,年度会计决算及附注说明和利润分配核算工作,并按时提交相关报表给公司董事会及证监会审核。

(2) 负责公司税金的计算、申报和解缴工作,协助有关部门开展财务审计和年检。

(3) 负责会计监督。根据规定的成本、费用开支范围和标准,审核原始凭证的合法性、合理性和真实性,审核费用发生的审批手续是否符合公司规定。

(4) 及时做好会计凭证、账册、报表等财会资料的收集、汇编、归档等会计档案管理工作。

(5) 其他。

出纳:

(1) 负责现金收入和支出的管理,确保报销单据手续齐全,及时转交单据,每日清点现金,现金收支管理做到日清月结,每月编制《现金盘点表》,做到账实相符,接受相关人员不定期对库存现金的盘点抽查。

(2) 负责管理公司银行存款账户及办理银行款项收付工作。每月按时到银行取得银行对账单,并与银行账相互核对,如有差异应及时编制银行余额调节表。

(3) 负责日常经营收入及其他收入款项的及时登记及《收入周报表》的编报,按时编制公司资金使用报表,并报送相关领导。

(4) 负责保管及整理公司资金收付的有关单据,并及时交予总账助理人员进行账务处理。

(5) 按照公司采购合同及请款制度,及时、准确办理银行及相应款项结算业务,及时、准确开具支票、汇票等对外各项付款业务,督促采购人员支付款项、资产及发票坚持三统一,且手续齐全准确,登记有关销售收入,采购支出各款项的进销存系统。

(6) 税务外勤工作及销售业务发票的领取、使用和保管,及时跟踪销售发票客户查收情况，整理和填写《发票签收单》的回执。

(7) 负责管理公司销售合同的执行情况，及时登记销售合同交货、收款发票开具及相关事项，及时向相关业务员和领导反映异常现象，严格执行公司开票流程，并依据销售合同督促业务员与客户进行账目核对及账款催缴。

(8) 确保会计原始凭证齐全，协助成本会计出具各种报表。

(9) 其他。

库管(库房管理)：

(1) 负责仓库库存管理，严格执行公司对库存管理流程及相关规定。

(2) 认真填写出入库单据，确保出入库手续齐全。

(3) 负责日常库存产品的验收、核对、清点工作。

(4) 完成财务经理安排的其他工作。

三、银行信贷流程和架构

站在银行和客户经理的角度，授信业务开发的流程为：

1. 建立关系

驻店式销售的特点，见到客户时，客户是有明确需求的。而拜访式销售的特点，你和客户建立关系的时候，客户并不一定有需求，但它早晚有需求。这就需要银行客户先和潜在企业客户建立良好关系，伺机而动。

2. 发现需求

客户经理识别目标企业客户，主动发现和激发客户资金需求，或被动接受企业客户资金需求的申请。

3. 设计授信方案

客户经理针对企业客户的资金需求进行银行产品组合设计，设计授信方案，包括贷、票、函、证及创新业务等。

4. 评估违约风险

客户经理对企业进行尽职调查，就企业的资金用途、还款能力、还款意愿做出判断，进行信用评级即违约风险评估。

5. 撰写调查报告

客户经理撰写企业授信方案和风险评估调查报告，提交风险控制部门审批。

6. 风险控制和审查

风险控制部门根据风控评估情况出具是否给予放款的审查意见，写出审查报告。在风险控制环节，有的是由风控经理完成，有的是上贷审会(贷款审查委员会)完成。

7. 有权人批复

最后由具有信贷批准权限的部门领导(有权审批人)或委员会决定是否批准。

8. 签订协议并执行

签订贷款协议(面签)，放款，贷后跟踪，按期收回本金和利息，对逾期未还客户进行催收等。

9. 后续开发

后续开发包括：企业客户关系维护，客户金融需求深度挖掘和开发（比如现金管理、综合理财等），供应链上下游开发等。

从以上信贷业务开发流程中可以看到，该业务除了信贷经理外，还涉及风控经理、有权人等其他岗位。银行授信业务的组织架构，从业务流程来看，可分为前台、中台、后台。

前台主要为从事市场营销与客户关系管理的授信营销部门，即公司业务部门及支行等，主要岗位是客户经理（信贷经理）。

中台主要为授信业务的管理部门，如风险管理部门及放款中心、法律合规部门等。

后台主要为从事业务操作处理的部门，如会计结算部门等。

前中后的界限不一定很精确，有些存在着交叉。

客户经理、产品经理和风控经理是对公信贷营销中主要涉及的三个岗位。客户经理负责客情，发现需求时，可以请求产品经理共同制作授信方案。风控经理对客户的违约风险进行二次审查。对于客户经理，不仅要对企业客户进行信贷营销，还要向企业客户拉存款，进行存款营销。下面是三个岗位的主要职责：

客户经理的信贷岗位职责主要有：

(1) 与潜在企业客户建立关系，发现和挖掘业务需求，填写商机表。

(2) 受理客户提出的授信业务申请，收集有关授信信息资料，对申请人申请授信业务的合法性、合规性、安全性和盈利性进行调查，并对调查资料的真实性负责。

(3) 对客户和授信业务进行风险评级和分类，撰写“授信分析报告”，对授信额度、期限、利率（费率）和使用方式，以及担保情况等提出明确意见，经部门主管同意后报授信管理部门审查。

(4) 办理核保、抵（质）押登记及其他发放贷款的具体手续。

(5) 按贷后监控政策要求对授信客户进行定期和不定期监控。

(6) 对发生不良贷款的客户，制订催收、清收计划，并根据批准意见实施。

(7) 对符合移交条件的问题类客户，负责与资产保全部门办理移交手续。

(8) 负责未移交问题类授信客户的清收和管理工作。

(9) 对未移交问题类授信客户与保全部门保全岗共同实施定期和不定期监控。

(10) 办理未移交问题类授信客户的问题贷款的重组手续。

(11) 负责在客户信息系统中录入客户信息、财务数据、风险评级等，做好客户集团关联关系的调查及集团客户的客户信息、业务信息的收集、整理、建立和客户信息系统的维护工作。

(12) 对存在潜在风险的客户实施监察名单管理，提出申报/退出监察名单的理由，负责制定行动计划，并组织、监督实施。

(13) 在已实施定期和不定期监控的基础上，协助并配合风险经理对“正常类客户”进行风险评估和风险检查。

风控经理岗（授信审查岗）：

(1) 负责分行的授信审查，包括审阅调查报告、对授信企业进行实地走访、审批权限内的授信项目和对上报上级审批的授信项目提出自己的审查意见。

(2) 负责分行客户经理对信贷政策、信贷审查的咨询解答。

(3) 负责信贷审查员权限内的担保品鉴价,出具鉴价意见并根据需要进行现场核查;对权限外的担保品负责提交鉴价岗鉴价。

(4) 负责所审查项目的贷后管理有关工作,指导客户经理贷后检查工作,并审查贷后检查报告、访客报告、预警报告,提出信用评级、风险分类调整建议等。

(5) 兼任押品保管员,在押品保管员 A 角不在岗时,临时掌管押品保险柜的密码或钥匙,负责押品出入库并登记台账,定期对押品的账实核对盘点。协助部门总经理工作并做好部门总经理交办的其他事项。

产品经理岗:

(1) 分析行业动态,解读未来行业市场发展趋势,制定并实施银行产品开发规划和营销计划,撰写产品研究报告。

(2) 开展产品研究分析,创新与引入行业金融新产品,设计客制化产品方案。

(3) 界定不同客户群体,根据不同客户群体特点,为重点客户群体设计个性化的银行产品和服务的组合方案。

(4) 开展针对一线营销人员的业务技能提升与新产品业务培训。

(5) 辅助推动营销事业部各类产品销售,协助客户经理开展重点产品以及方案的营销推广活动。

(6) 收集客户对产品的需求信息及反馈意见,对产品中存在的问题推动协调解决。

四、发现企业需求、客户信用评级和信贷营销方案

对于新任客户经理来讲,陌生拜访是其获取客户的第一步,是重要的一步,必须的一步。资料寻找法也是扩展客户经理资源的一种有效方法。当然,对于成熟的客户经理,当有客户经理离职时,银行也会把一部分存量客户给到客户经理去维护和开发。由于金融服务和银行产品是虚拟产品,是看不到、摸不着的,所以,讲案例、讲故事,制作和提报各种书面方案是其重要的销售方式。同时,客户经理不仅要对企业客户进行外部营销,还要对银行内部协作部门进行内部营销。

对于进行拜访式销售的对公营销的客户经理来说,最重要的三项技能是发现企业金融需求,对客户进行风险评估和信用评级、制定授信方案。

客户经理除了直接询问企业客户和接受企业客户的询问外,一项重要的发现企业客户资金需求的途径是企业的财务报表,即三大表——资产负债表、现金流量表和损益表。可以通过资产负债表发现企业可能的金融需求,而三张报表的联合分析可以确定企业的还款能力是大是小,违约风险如何。

客户经理可以从资产负债表中应收票据科目下识别票据贴现业务的机会,可以在应收账款科目下识别应收账款质押或应收账款保理业务的机会,在预付账款科目下识别货权质押融资的业务机会,在存货科目下寻找存货质押融资的业务机会,在长期投资科目下发现上市公司股权质押融资的机会,在固定资产科目下发现房地产或厂房抵押融资的机会,在短期贷款科目下发现银行承兑汇票的销售机会,在应付票据科目下挖掘出国内信用证的营销机会等。

除了资产负债表外，客户经理也可以在企业发展规划、业绩目标、产品销售的季节性等方面去识别和发现金融产品销售机会。

客户信用评级是指对企业客户将来能否按期足额偿付本息的一种评估，也成为信用风险评估或违约风险评估。包括还款能力的评估和还款意愿的评估，企业主体评估和债项评估。还款意愿的评估主要是通过对企业实际控制人和高管的品格和道德评估来完成的，还款能力主要是通过对企业高管的经营能力、企业的盈利能力、未来现金流状况、行业发展态势、企业核心竞争力、产品竞争力、抵质押物的评估和控制、担保人的评估、资金流向把控等来实现的。企业主体评估是对企业整个组织的评估，债项评估是对企业当下借款项的评估，尤其在供应链金融中，债项评估占据更大的比重，甚至比主体评估还要关键和重要。

企业客户在金融方面有五个方面的需要：采购、销售、融资、理财、资金管理。设计授信方案，提供金融服务，必须从这五大需要入手，切实帮助客户降低采购成本，便利销售，降低融资成本，及时融资，实现理财，强化集团内的资金管理。同时，实现信贷营销和存款营销（拉存款）的相辅相成。下面是某银行的授信方案暨授信调查报告格式：

一、企业客户基本情况

（一）基本概况

（二）历史沿革

（三）股权状况

（四）法人治理结构（介绍章程中相关的三会运作机制）

（五）组织架构及人力资源

（六）关联企业（应该有各公司的主要财务指标，包括总资产、总负债、权益、销售收入、净利润、贷款等）

（七）企业形象

（八）发展战略

二、主营业务市场及发展潜力评价

（一）主导产品及工艺流程

（二）经营合法性

重点对污染源，降低污染措施、合法手续进行详述。

（三）市场状况

国际、国内市场行业状况分析（应分两方面。一是介绍公司主导产品的市场供应、需求状况，阐述市场是供大于求，还是供需平衡，供不应求。二是原材料的供需市场）。

（四）主要竞争对手

（五）研发能力

（六）营销策略

三、经营状况

（一）装备水平、生产规模

列表说明是否符合国家行业准入要求。

（二）在建项目

项目内容、合法性、总投资、资金来源。

（三）原材料供应

介绍需要什么原料，主要供应商（应该有每年的大致供应量，结算方式、揭示公司的原料供应是否有保障，是否稳定，原料的价格变动是否剧烈，对生产的影响）。

（四）生产、销售情况

1. 介绍近三年的产能、产量、销量，比较达产率、产销率。

2. 介绍公司的主要客户，占全部销售的比例。

（五）经营能力

列举主导产品的生产成本、销售价、销售利润进行比较。特别要比较原料价格的变动对盈利能力的影响。

（六）纳税情况

介绍公司的真实纳税额、应纳未纳额，原因。

四、财务状况评价

应介绍存货较年初增加较多的原因，对于其他应收款的性质，收回可能性要做分析。

行业公司收支的季节性和周期性规律等。

五、信用状况

1. 应列明近三年来，企业在各行的评级、授信、用信情况，对于现有余额应列出明细，包括贷款行、到期日、发放日、执行利率、担保方式等。

2. 说明该公司是否有对外担保，被保证人的具体信息。

六、授信方案

包括授信额度、授信期限、利率、贷款用途、担保方式等。

七、授信风险及收益评价

包括新增授信用途及还款来源分析、担保分析、授信额度的合理性分析等。

八、综合结论

略。

以上是授信调查报告，是客户经理提给内部银行上级部门看的，目的是得到上级部门的支持和批准。而另一方面，客户经理要得到企业客户的认同，赢得企业客户的选择，必须向企业客户提报“银行企业客户金融服务方案”。下面是某银行客户经理给企业客户提报的金融服务方案。

A 银行关于 ZHQ 公司的金融服务方案

尊敬的 ZHQ 公司领导：

A 银行非常荣幸参加此次贵司合作银行的招标，我们希望能够以自己的专业为贵司的发展贡献自己的一份力量。

第一部分　银行整体情况介绍

A 银行成立于某年某月……位居全球大银行排名第×位。

第二部分　银行优势介绍

在中国金融领域，A 银行一直是领跑者之一，能够为企业提供全方位、多样化、高效率的金融服务。

……

第三部分　分行介绍

A银行济南分行积极参与各行业建设……曾多次被总行评为先进分行，更是济南地区甚至是山东地区最受企业客户欢迎的银行。

第四部分　对客户和金融需求的认知

我们对ZHQ公司的整体评价：ZHQ是我国最早研发和制造重型汽车的企业，是目前国内重型汽车行业的龙头企业。

……

我们对ZHQ金融需求的理解为：

……

第五部分　银行提供服务的整体思路

一、资金融通方式的创新

1. 短期借款"票据化"，进一步降低财务费用。

2. 长期借款"信托化"，进一步降低融资成本。

二、强化对系统内资金的集中管理

……

三、强化对销售渠道的管理

……

四、开展供应链金融

……

五、综合金融服务

与银行开展住房合作金融安排，激励并稳定骨干员工。……

第六部分　产品介绍

1. 信贷产品：项目贷款、流动资金贷款。

2. 现金管理产品：集团委托贷款、网上银行服务、法人账户透支业务。

3. 票据产品：银行承兑汇票、商业承兑汇票、保兑仓、仓单质押、厂商银。

4. 投资银行产品：短期融资债。

5. 顾问服务：票据使用顾问、理财顾问。

6. 年金业务。

第七部分　服务团队介绍

1. 支行行长介绍。……

2. 客户经理介绍。……

由上可以看出，在针对组织购买的大客户销售中，仅靠嘴巴是不行的，需要书面资料相配合才可以，甚至还需要其他销售工具相配合，比如样品、案例、现场实验等。

第五章

分行业和场景中的商务谈判

开篇两问：

1. 你是采购者时的心态和你是销售者时的心态会有差别吗？这种差别是怎样的？

2. 如果谈判中，你处于弱势，你会怎么办？

商务谈判涉及的金额越大越好谈。因为金额越大，风险就越大；谈判双方越重视，谈判人员就越专业。

第一节　工业品与采购商务谈判

在工业品商务谈判中，主要分为两个阶段，一个是技术谈判，一个是交易谈判（狭义的商务谈判）。技术谈判，主要是确保谈判一方提出的技术解决方案确实能解决另一方的问题，满足另一方的要求，涵盖规格及技术指标、数量、质量要求等。交易谈判，主要包括交易价格、产品交付安排、付款方式、违约与纠纷处理机制等，价格谈判是交易谈判中最核心的内容，谈判双方也往往在价格谈判上陷入僵局。技术部门负责技术谈判部分，判断能否满足工艺需求，技术上是否先进，可以不参与商务谈判，但应该保留技术部门的否决权。交易谈判一般由最终决策人和法务、财务部门人员共同参与完成。

在商务谈判中，站在销售的一方就是销售谈判，站在采购的一方就是采购谈判。采购谈判是指企业为采购商品作为买方，与卖方厂商对购销业务有关事项，如商品的品种、规格、技术标准、质量保证、订购数量、包装要求、售后服务、价格、交货日期与地点、运输方式、付款条件等进行反复磋商，谋求达成协议，建立双方都满意的购销关系的过程和行为。采购谈判的程序可分为计划和准备阶段、开局阶段、正式洽谈阶段和成交阶段。由此可以看出采购谈判的程序和一般商务谈判过程，以及和站在销售方描述的谈判过程没有差异。采购谈判的一个重要目标是成本控制，在符合要求的情况下千方百计降低成本。采购人员应该秉持这样的心理参与采购谈判：这不是在为公司讨价还价，而是在为顾客讨价还价，我们应该为顾客争取最低的价钱。同时，也要明白，虽然采购的核心就是杀价，但并非价格越低越好，因为，有时过低的价格不利于双方真诚和持久的合作。同时，采购方还要从关注单价到更多地关注总成本，从关注与供应商的短期交易到更多地面向长期合作。作为采购工作，也有三怕：一怕采购多了，压库存，占资金；二怕采购少了，耽误生产；三怕采购错了，影响品质。

下面是一个具体的以国际商务为背景的 HD 公司工业品商务谈判案例（案例来源：周玲玲．HD公司国际商务谈判案例[D]．哈尔滨工程大学，2011）。

（一）HD公司国际商务谈判背景

1. HD公司概况

HD公司成立于2005年，公司位于上海市浦东新区陆家嘴金融区，是一个主要从事轴承加工制造以及进出口贸易的公司，以内销为主、外销为辅的复合型企业。公司成立以来，利用上海在国际贸易中的港口优势及周边出口产品加工基地的有利条件，拓展业务渠道，增强与东欧以及独联体国家的业务往来，扩大出口业务。公司成立的生产型企业主要加工生产各种轴承、汽车配件等。

作为国内少有的专门面向独联体国家的轴承生产销售企业，HD公司主要研发、设计、制造和销售适合于独联体国家的各类通用轴承和非标准轴承，HD公司是中钢协的主要成员。HD公司下属有轴承生产企业，拥有员工200多名和各种生产设备以及检测仪器。HD公司生产的9大类型100多个系列的大、中型球和滚子轴承（ID＞80mm，OD＜3 000mm，P0 P6 P5 P4级）。轧机轴承是公司的主导产品之一，还包括关节轴承、回转支撑轴承、CARB轴承、带调心座的剖分圆柱滚子轴承等。HD公司还能够设计和生产各种非标准轴承及各种轴承相关配套产品，如轴承座、紧定套、退卸套、胀套等，以满足客户的需求。公司轴承产量为180万套/年。公司设有轴承研究机构，目前，公司的中、高级技术职称的科技和管理人员30余人，他们在轴承设计选型、轴承部位改造、进口轴承替代、提高轴承承载能力、降低生产成本等方面为客户提供强大的技术支撑。

公司生产的轴承产品广泛应用于冶金、石化、煤炭、矿山和陶瓷等诸多行业；产品在国内享有比较高的知名度，并且初步远销到世界很多国家和地区。

公司始终坚持以“优质的产品、可靠的进度、满意的服务、创名牌产品”为目标的质量方针，并把“为客户提供100％的合格品和最满意的服务”作为公司的经营承诺。产品严格执行包括用户代表参加的验货交货制度，始终坚持售后跟踪服务，视客户为上帝，以客户满意为最大安慰。从而，公司才有了长足的发展。

结合国内国际轴承市场的形式，HD公司决定加大人力物力的投入，进军俄罗斯市场，扩大自己的轴承产品在俄罗斯市场上的知名度。

2. HD公司国际商务谈判的环境背景

HD公司为成立近5年的专门从事对俄罗斯出口贸易的公司。公司的总经理由于看准了市场，抓住了商机，公司发展得很快。随着公司业务的做大做强，公司在管理上的弊病也显现出来，特别是国际商务谈判策略与技巧尤为不足，而且其重要性尚未得到管理人员和业务人员的高度重视。

HD公司与俄罗斯客商进行贸易谈判，属于跨文化国际商务谈判。跨文化国际商务谈判是指，不同的意识形态和政治制度之间，以及不同的国家、地区和民族之间有关商业活动的谈判。不同的国家、地区和民族，操持的语言各异，双方的思维方式和价值观念迥异。欧美人习惯将繁复的谈判项目化解成几个单一的小题目，而后分别化解；但亚洲人认为，应采取通盘考量的方式来平衡商务谈判中的诸多利益。即便在相同的文化群体中，由于政治观点的不同也会产生些许隔阂，相互间语言习惯和价值观念等方面也显现出些许的距离感。跨文化国际商务谈判促使彼此在历史传统、意识形态和政治制度等方面求同存异,关键是要突破文化和教育上的阻碍。所有文化都是人类精神和物质活动的成果,是人类文明的亮点所在。一个民族以及一个人的存在本无孰优孰劣。尊重所有人、承认所有人都拥有生存和发展的权利,更应承认所有文化具有的合理性,进而更加认识到多元文化的必然性。因此,我们会挣脱自我的束缚去欣赏其他的文化、文明,破解缘于不同文化间的诸多误解和阻障。

同时,国际商务谈判是商务活动中经常进行的活动,它存在于商务活动的任何阶段,同时也是决定国际贸易项目合作成败的重要环节。所有国际贸易项目的成功与否都与国际商务谈判有着紧密的联系。国际商务谈判的定义有很多种,根据美国哈佛大学教授 Jeswald W. Salacuse 的定义,国际商务谈判是指一个利益共同体的各方为了取得对自己预期有利的结果而进行协商。因此,国际商务谈判的要素包括交易实体和一个过程。而跨文化国际商务谈判与其他国际商务谈判的区别就是文化因素的存在。跨文化的国际商务谈判是来自不同国家的人员,在文化背景迥异的情况下,彼此之间开展的商务活动。实际上,在一次跨文化的商务经营过程中,国际商务谈判会自始至终都存在,从前期的商务合作意向,到后期为了顺利完成约定的交流,再到化解彼此在合同进程中出现的矛盾等,均离不开国际商务谈判。因此,对于跨文化的国际商务谈判,不能仅从某个特定国际贸易项目来理解,更需要将它当作一种知识来进行系统研究和思考。

在全球经济一体化的逐步深入背景下,国际商务交流与合作日趋活跃。国际贸易和国际生产活动跨越国界,使国际商务谈判成为一种跨国界的沟通。文化等方面的差异难免给国际商务谈判造成摩擦和障碍。这种摩擦和障碍是多方面的。经济全球化越是深入发展,这种摩擦与障碍问题就越突出。消除这些摩擦和障碍,提高国际商务谈判的成功率显得越来越重要,甚至成了决定国际商务活动成功与否的关键因素。比如,随着越来越多的跨国企业、合资企业的建立,人力资源的来源日益呈现出国际化的趋势。来自不同国家、不同民族的员工具有不同的文化背景,他们的价值观、行为准则、思维方式、态度等具有相当大的差异。这种差异很可能引起行为上的冲突。企业的管理人员能否在国际商务谈判过程中有效解决文化冲突,减少文化差异造成的消极作用,对国际商务谈判团队的建设和企业国际竞争力的提高意义重大。

3. HD 公司国际商务谈判的具体业务背景

轴承是用于各类机电产品配套和维修的重要机械零件,其特点是,摩擦力小、升速迅速、机构紧凑,能够适应目前各种机械所要求的工作性能,使用寿命长以及维修保养简便,其机械性能、加工水平和质量对主机的使用性能有直接的影响,广泛应用于各行各业。

改革开放以来,中国的轴承工业进入了快速发展的时期,并且在制造规模和科技水平方面取得了瞩目的成就。2007 年 1—11 月,中国的轴承制造企业的累积工业总产值 77 627 946 000 元,较上年同期增长 29.35%;累计产品销售收入 73 824 360 000 元,较上年同期增长 27.07%;累计利润总额 4 238 615 000 元,较上年同期增长了 23.95%。2008 年 1—11 月,中国轴承制造企业实现累计工业总产值 98 300 239 000 元,较上年同期增长了 27.53%;累计产品销售收入 94 560 264 000 元,较上年同期增长了 27.22%;累计利润总额 5 773 170 000 元,较上年同期增长了 34.71%。虽然中国的轴承行业发展增长迅速,但是,与世界上的轴承工业强国相比,还存在着较大的差距,这种差距主要体现在高精度以及高技术含量产品的比例偏低，产品的稳定性较差、使用寿命较短。根据国际和国内轴承市场的形势，中国轴承行业虽然面临着新的挑战，同时也带来了新的机遇。按照“十一五”规划，中国将继续加大对基础设施建设的投入，钢铁、家电、汽车等轴承相关行业面临着发展的新机遇。同时，随着人民生活水平的提高，汽车行业的迅速发展也带动了汽车轴承业的发展。

国内外市场对轴承产品的需求日益旺盛，轴承行业发展的重要战略机遇期也应运而生。对于俄罗斯而言，轴承市场是一个充满活力的部门。随着汽车、铁路、航空及其他部门的发展，国外轴承制造商的商机也逐渐显现，因为目前俄罗斯的制造商无法满足国内的需求，虽然俄罗斯轴承工业底蕴悠长，但其品类、工艺和技术与国际先进水平尚有差距。纵观俄罗斯国民经济的特征，轴承行业大多应用在航空、铁路和汽车等重要的制造行业。由于航空、铁路和汽车等重要部门取得了用于工厂改造以及设备升级的大量投资，所以，对先进可靠的轴承需求也出现了不断增长的局面。目前，俄罗斯轴承行业的实体经济制造商有 20 多个。乌克兰和白俄罗斯在进口轴承市场中占据了相当大的比例。某些主要轴承制造联合企业以及产业联盟，也有大量的独联体成员。比如，BIRC 就包括了来自俄罗斯、乌克兰、白俄罗斯、乌兹别克斯坦和阿塞拜疆的一些企业。1991 年后的 10 年间，苏联解体使得轴承行业资金匮乏，造成俄罗斯的轴承制造工厂机器老化，产业结构升级迫在眉睫。俄罗斯的许多制造商都被迫使用过时的生产技术，质量和产量远远不能满足市场需求。

综合考虑国内和俄罗斯轴承市场的形势，HD 公司决定扩大本公司的轴承产品在俄罗斯市场上的销售份额，并积极参加国内和国际上的轴承展览会，广泛接触俄罗斯客户并与之进行国际商务谈判。其中，在上海举办的国际轴承展览会上，HD 公司与俄罗斯进口商 A 经过国际商务谈判后，成功建立了长期的业务合作关系。同时，在这次国际商务谈判过程中，HD 公司也总结和积累了国际商务谈判的经验，为增拓海外客商夯实了基础。

（二）HD 公司国际商务谈判的过程

1. HD 公司国际商务谈判的前期准备

对于国际贸易的商务谈判而言，参与国际贸易商务谈判的人员来自不同的遥远国度，很多的外国商人对中国的经济以及产品认识程度不足，他们更多地是通过一些在中国广州及上海举办的展览会上与中国的供应商面对面地接触和谈判。每天都有很多的外国商人来中国的领使馆了解中国展览会的信息。有鉴于此，HD 公司认为参加展览会是获取客户最有效的方式之一。同时，HD 公司也深深懂得，只有认真对待展会，掌握参展的技巧，潜在的客户才会不请自来，否则昂贵的参展费会打水漂。

各种展会可以说是类型很多，有综合性也有专业性的，HD 公司结合自身的实际选择合适的展览会。虽然一年两届的广交会是国内最大的国际展览会，但动辄十几万或几十万元的参展费用并不切合 HD 公司的实际情况。一些规模不大的展会难以吸引海外客商的光临，起到的效果甚微。HD 公司兼顾二者，选择参加专业性的展览会，参加展览会的客户相对比较集中和专业，费用也不是很高。

HD 公司参展的目的是将自己的产品展现在客户面前，吸引客户从而达成交易。在展位的选择方面，HD公司选择了拐角处的双开面的展位，比单开面的展位更能吸引观众，费用也不是很高，人流较大。同时，HD公司将自己的拳头产品摆在客户第一眼即能看到的位置，并贴出大幅强势宣传广告喷绘画，配上灯光效果，让客户从很远就能看到。

HD公司为国际商务谈判所做的准备工作收到了成效，在这次上海举办的国际轴承展览会上，HD公司展出的轴承产品受到了俄罗斯轴承进口商A的关注，俄罗斯进口商A认为，HD公司提供的轴承零件不仅可以替代其在俄罗斯本土供应商购买的轴承零部件，甚至从质量上要远远超越本土生产的轴承产品，HD公司提供的轴承零件质量以及公司的经营管理给进口商A留下了深刻的印象。双方介绍了公司的经营规模和产品信息后，HD公司邀请俄罗斯进口商A到公司就轴承的出口供货合同进行更加详细的国际商务谈判。

HD公司为此次国际商务谈判做了精心的准备，所谓精心的准备，在HD公司看来，主要是先要与俄罗斯进口商A建立友好关系，所以从第一天开始，即将时间用在了宴请和观光旅游上，包括参观上海和周边的旅游景点，以及品尝上海各大饭店的各种名菜。

到了第三天，俄罗斯进口商A忍不住了，提出尽快开始有关轴承供货的正式商务谈判。

2. HD公司国际商务谈判过程中双方谈判模式的选择

在国际商务谈判过程中，HD公司展示了本公司生产的各类轴承产品，其材料、外形尺寸、规格、热处理工艺等方面都可以满足俄罗斯进口商A的要求，但是，双方在国际商务谈判中，就价格问题陷入了僵持局面。HD公司坚持轴承零件的报价为5美元/件，但是，进口商A却坚持4.5美元/件，不肯做出让步。进口商A之所以坚持这个低报价，是因为HD公司是一个遥远国度的崭新的海外供应商，如果进口商A从HD公司进口，由于运输的路途非常遥远，这样会在很大程度上增加商业风险。而HD公司坚持自己报价的原因，也正是由于同样的理由，增加了国际商务的不确定性和风险。之后，HD公司和俄罗斯进口商A就价格问题开始了艰苦的国际商务谈判。俄罗斯进口商A在谈判中发现，HD公司不只是想把轴承零件卖给俄罗斯进口商A，而且还有意将其他不同种类的零部件向俄罗斯市场销售。这使俄罗斯进口商A准备考虑使用迂回的补偿方法，使双方在价格上能够达成一致。因此，俄罗斯进口商A建议，如果HD公司接受了俄罗斯进口商A的报价，则俄罗斯进口商A可以协助HD公司在自己准备参加的俄罗斯零部件国际展览会上展览HD公司生产的其他零部件而不收取任何的报酬，从而使HD公司生产的其他零部件能够有机会进入俄罗斯市场。基于此策略十分满足HD公司的需求，因此双方一拍即合。此次国际商务谈判运用的就是原则式的国际商务谈判模式，通过使用这种谈判模式，达到了良好的国际商务谈判效果。

于是，双方决定就具体的合同条款进行谈判，因为俄罗斯这个国家在清关方面一直比较复杂，所以，为了规避风险，HD公司提出交货条件为FOB上海，即，货物交到在上海的船上，并办理完清关手续，HD公司即完成了交货义务。但是，HD公司参加国际商务谈判的翻译人员将“清关”翻译为“打扫海关”，俄罗斯进口商A开始不解，经过一番解释后方才明白，接受了HD公司提出的交货条件。

3. HD公司国际商务谈判中遇到的僵持局面

在国际商务谈判中，双方就基本问题取得了一致，并且签订了供货合同。但是，合同即将履行时，人民币与美元的汇率开始出现了较大的波动。2003年，中国面临着巨大而难以抵御的要求人民币升值的国际压力，海外刮起了要求人民币升值的大风，美国财政部长斯诺也表示人民币应该升值。受美元贬值的影响，欧洲和亚洲部分国家恐惧中国出口产品的强大竞争力，因此也呼吁人民币升值。世界上形成了巨大的人民币升值的呼声。此局面引起了全球的广泛关注，对我国形成的压力是显而易见的。

在人民币升值的作用下，我国出口产品的美元价格将提升，我国的出口商品在价格竞争优势方面受到严重挑战，制约着我国出口商品相对比较优势的发挥，从而加大了我国出口商拓展海外市场的成本。在世界分工格局中显示，中国是以制造业为主的发展中国家，此类产业的贸易结构受汇率水平发生变动的影响十分明显。此外，生产要素分工显示，发达国家以资本优势来参与国际分工，中国的优势在劳动力成本方面。中国的优势行业是以劳动密集型产业为主的低档产品，附加值含量不高，假设人民币升值，外销企业的活劳动成本和生产成本将相应增加。假设海外市场有关产品的价格水平平稳，将导致出口利润减少，出口企业的利润将大幅降低。

另外，出口商受人民币升值的影响，将承受汇率方面的风险也是十分巨大的。动荡的世界金融局面，货币市场中所有主流货币的汇率跌宕起伏，使国际贸易的结算风险极大地增多。中国的金融体制和外贸机制有待完善，外汇市场尚不完备，开展国际商务活动时，中国进出口商防御汇率风险的抵抗力较低，防范汇率风险的意识亟待健全。出口商面临着人民币升值的严酷挑战，将造成出口企业较大的结算风险——经济风险、会计风险和交易风险。

人民币的升值带来的负面影响中，最主要最直接的影响就是会导致中国产品的出口价格升高，对HD公司而言，如果继续使用已经商定的价格履行合同，则会使出口的经营利润下降，甚至亏损，但是已经签订的合同又不能更改，所以，HD公司采取了拖延的态度。当俄罗斯进口商A提出要求HD公司提供银行要项用于付款时，HD公司迟迟没有答复。双方再度进入僵持的局面。

4. HD公司国际商务谈判中僵持局面的合理解决

在这种僵持局面下，HD公司的业务人员多方收集有关汇率对出口所产生影响的有关信息，并了解到，虽然人民币的升值会使出口商品的价格在短期内升高，但是，从长远来看，存在许多的因素可以在一定时期内降低人民币升值对出口商品价格产生的影响。控制成本的关键是采购价格的低廉。现今，竞争机制在中国深入社会的各个层面，竞争机制推动着出口商选购低价优质的出口产品，使企业减少出口产品的生产成本。因此，原料的采购工作受到中国出口商高度重视，相关产品的低价优质的采购原则是出口企业一贯坚持的原则，培育大量的为本企业提供原料的长期合作的工厂，这批资源类工厂可以为外贸企业提供质优价低的商品。同时，外贸企业还可以通过投资入股等多种方式将资本渗透于加工企业，以资本为纽带把外贸企业与加工企业之间的利益有机结合，通过利益关系来控制成本。

HD公司根据收集到的资料，并经过仔细地整理和分析，认为如果迟迟不履行合同，将这种僵持的局面持续下去，很可能会失去一个有可能会长期合作的客户，即使人民币的升值会带来价格上的暂时不利因素，但长期来看，这种不利影响会在市场上得以消化，从而使 HD 公司与俄罗斯进口商 A 之间的合作关系长久保持下去。所以，HD 公司决定，已经签订的合同及时履行，随即向俄罗斯进口商 A 通知了自己的银行要项，并在规定期限内收到货款，并发货。虽然这笔订单，HD 公司没有得到预期的利润，但是，僵持局面的打破，使双方的合作得以顺利进行，而且为 HD 公司与俄罗斯进口商 A 今后的合作打下了良好的基础。

第二节　并购谈判：吉利收购沃尔沃

吉利收购沃尔沃，福特亏了还是吉利赚了？谁是最后的赢家？

沃尔沃(Volvo)，瑞典著名豪华汽车品牌，于 1927 年在瑞典哥德堡创建。沃尔沃集团业务包括轿车业务和卡车、建筑设备等非轿车业务。1999 年，沃尔沃集团将旗下的沃尔沃轿车业务出售给美国福特汽车公司，福特以 60 亿美元价格买下沃尔沃轿车公司，沃尔沃商标今后由两家公司共同拥有。从 2007 年开始，沃尔沃开始有亏损迹象，2007 年第一季度亏损 1.51 亿美元。

2007 年 7 月，媒体报道福特决定卖掉沃尔沃，以准备筹集 80 亿美元左右的资金帮助陷入低谷的福特汽车实现复兴。并且传出对沃尔沃感兴趣的汽车厂商有雷诺、现代、宝马以及一家中国企业。究竟是什么吸引了那么多车企对沃尔沃产生兴趣呢？归根结底就是技术领先、形象豪华。对于沃尔沃而言，最大的优势就在于其技术方面的领先优势。在世人眼中，沃尔沃简直就是安全的代名词。这是令竞购者动心的最大卖点。

2008 年 6 月，上海汽车(上汽)与福特汽车商议购并沃尔沃轿车一事。同时，媒体报道，通过过去几年对产品线的重新调整，沃尔沃增长趋势尚佳，成为许多汽车公司的心仪目标。德国宝马、日本马自达等汽车公司也意图收购沃尔沃轿车。福特是为了在更好的时机得到更好的价钱，而在拖延出售时间。然而，又传沃尔沃将裁员 1 200 名工人。同时，福特中国副总裁许国祯表示，福特不会售出沃尔沃。

2008 年的金融危机让福特的亏损达到了 258 亿美元！福特重组进程必须加快。

2008 年 12 月 8 日，《每日经济新闻》记者从长安集团内部一知情人士处得知，“长安集团、福特、沃尔沃三方高层正在商谈长安集团收购沃尔沃的事宜”。随后，媒体报道福特在内的美国汽车三大巨头面临破产危机，福特正在为沃尔沃急寻买家。

2009 年 3 月 5 日，媒体报道奇瑞汽车参与竞购福特汽车旗下沃尔沃汽车的计划已经获得国家发改委批准，东风汽车参与竞购的计划也已经上报国家发改委。不过，东风汽车对此表示否认，奇瑞汽车未公开回应。有专家估算，收购沃尔沃至少要付出 68 亿美元。

之后，传出吉利汽车也在竞购沃尔沃。浙江吉利控股集团始建于 1986 年，1997 年进入汽车行业。2009 年时，吉利不过是一家历史刚 20 年，造车才 15 年，以生产低端汽车为主的企业，而沃尔沃却有着 80 年的历史，净资产超过 15 亿美元、品牌价值接近百亿美元，拥有高素质研发人才队伍，年生产能力接近 60 万辆。人们对此消息表示怀疑，吉利未回应。不过，2009年3月27日，吉利汽车成功收购了澳大利亚DSI自动变速器公司。

随后，有消息传出，吉利找来了罗斯柴尔德银行方面大中华区的负责人作为财务顾问，给福特公司报出了35亿美元的报价。到了2009年，李书福收到福特的通知，3月30号美国政府公布《汽车制造商未来发展计划》前，递交标书。这次吉利的报价更低，只有20亿！因为柴尔德罗斯银行调查出沃尔沃到2009年6月收入才30多亿美元，评估价不超过30亿美元！

2009年8月31日，瑞典媒体报道中国吉利汽车已经正式提交竞购福特旗下沃尔沃品牌的竞购书，这也是目前为止唯一的一家正式提出竞购的企业。福特声称，目前为止，收到的多份竞标中，只有吉利的竞标是"最实在的"，吉利成为沃尔沃首选买家。

据悉，福特出售沃尔沃的交易价格大约在25.275亿美元至31.594亿美元。福特汽车将在最晚下个月公布进入最后收购谈判竞购方的名单。福特已经制订出计划，欲在2009年年底前完成出售沃尔沃。

在2009年12月23日，中国汽车企业浙江吉利控股集团有限公司宣布，已与福特汽车公司就收购沃尔沃轿车公司的所有重要商业条款达成一致。

2010年3月28日，瑞典第二大城市哥德堡的沃尔沃公司总部，中国吉利汽车集团董事长李书福与美国福特汽车公司首席财务官莱维斯·布思正式签订吉利收购沃尔沃协议，以18亿美元获得福特旗下品牌沃尔沃轿车100%的股权及核心技术、商标等相关资产。

2010年8月2日，在英国伦敦，吉利完成对福特汽车公司沃尔沃业务单元的收购交割，标志着吉利公司已经成功完成这桩中国汽车企业收购外国企业汽车的最大收购案。

2015年，沃尔沃总共卖出了超过50万辆车，刷新了沃尔沃的历史纪录，而在中国售出81 588辆，更是让中国成了沃尔沃在海外的最大市场。2016年第一季度，沃尔沃汽车集团实现盈利31亿瑞典克朗(折合人民币约24.7亿元)，利润率达7.5%。吉利也在沃尔沃的技术和平台支持下，实现车型和技术突破，博瑞、博越等品牌实现市场突破，吉利也在2016年进入一个全新的发展阶段，全年销量实现76.6万辆，2017年更是冲刺100万辆目标。

第三节　谈判中的礼仪、文化、合同与法律

本章仅对商务谈判中的礼仪、文化和法律的重要性做出提示并简单介绍。更多内容，请阅读相关方面的专门书籍。

一、商务谈判中的礼仪

在商务谈判中最大的礼仪就是尊重与倾听。人员层次对等是一项重要的礼仪。

至于握手、穿着、落座、乘车等礼仪，请读者自行百度和阅读相关礼仪书籍。早到、不早退，为人热情、真诚、守信，懂得换位思考、将心比心，做事不卑不亢，不仅是礼仪，更是做人的基本素养和要求。

严格来讲，只要对方能够感受到你的尊重，就不必太在意和拘泥于礼仪细节。

二、商务谈判中的文化与跨国

在谈判中应当了解和尊重对方的文化。中国地大物博，南北文化有不同，东部、西部有差异，南方人细腻，北方人粗犷。在商务谈判中，大家要相互了解、理解、尊重，包容这些文化差异。

同样，全球来看有儒家（华人文化圈）、佛教、基督教、伊斯兰等文化和宗教。这些文化中的差异更大，既有很多宗教文化禁忌需要格外注意，还有很多同样表述相反含义的情况存在，也要更加注意。

在跨国谈判时，语言不同、货币不同、政治体制不同、地域文化不同，造就人们的谈判风格和处事方式不同，这都需要进行深入的了解，方能在谈判中得心应手、进退自如、达成目的。一般来讲，西方重法律、实质利益和实力，不喜欢存在模糊空间，不怕冲突。而中国人重关系、讲协商、讲和气生财，喜欢模糊空间，不喜欢讲得太清楚、太直白。

三、商务谈判中的合同与法律

前述销售中也涉及法律和合同等问题，但是，在商务谈判中涉及的法律和合同问题更为重要，所以，我们把法律和合同部分放在这里。事实上，当涉及大的交易金额的商务谈判时，要么谈判团队中一定有一个律师，要么一定会在后期交由公司法务部或顾问律师对合同进行详细的审核。

商务谈判中，在签订合同时，关键的条款有：

(1) 产品数量和质量描述，以及交付方式。

(2) 计价方式、价款总额和支付方式。

(3) 责任划分。

(4) 发生不可预知风险的处理。

(5) 纠纷处理：协商、仲裁、法院。

在交付产品和支付货款时，存在一个先款后货还是先货后款的问题，还可能涉及赊销带来的商业信用，支付方式也包括现金、银行汇款、承兑票据等方式。另外，还有运费谁来承担，交货地点在哪，这些都要在合同里一一说清楚。

另外一个问题就是常见的定金、订金、押金、保证金、违约金问题。

1. 定金

定金是个法律概念，是指双方当事人通过书面约定，由一方当事人向对方预先支付一定数额的金钱作为担保的方式。给付定金一方如果不履行债务，无权要求另一方返还定金；接受定金的一方如果不履行债务，需向另一方双倍返还债务。

2. 订金

订金在日常经济活动中被广泛采用。严格讲订金只是一个习惯用语，而非法律概念。一般情况下，交付的订金视为预付款，在交易成功时，订金充当货款；在交易失败时，订金应全额返还。收受订金的一方即使对方违约，仍应承担返还订金的义务。定金与订金的最大区别是前者不可退，后者可退。

3. 押金

押金是为了合同的履行，一方将一定数额的金钱或者等价物移交另一方占有，在一方不履行合同的时候，另一方可从押金中优先受偿。目前，我国现行法律对于押金尚无明确的法律规定，依据法律没有强制性规定即为合法的法律原则，应当允许当事人在经济活动中采取约定给付一定数额的押金这种担保方式。

4. 保证金

保证金，是指合同当事人一方或双方为保证合同的履行，而留存于对方或提存于第三人的金钱。保证金也具有类似定金一样的担保合同实现的作用，但其没有双倍返还的功能。而且当事人可以自行约定定金的作用功能（如合同订立的保证、合同生效的条件、合同成立的证明，或者合同解除的代价），而这些功能是保证金不具备的。保证金留存或提存的时间和数额是没有限制的，不像定金那样，其总额不得超过主合同总价款的20%。

押金和保证金的作用类似，保证金更为正式。

5. 违约金

违约金，是指由当事人通过协商预先确定的在违约发生后作出的独立于履行行为以外的给付，即违约方对另一方的赔偿金。

一般情形下，没有特别约定时，订金、押金或者保证金都不是定金，没有双罚性质。同时，定金和违约金不能同时并用。我国《合同法》第116条规定，“当事人既约定违约金，又约定定金的，一方违约时，对方可以选择适用违约金或者定金条款。”

定金、订金、押金、保证金、违约金无论是从内容上还是法律后果上都有明显不同，在签订合同时，当事者应对此有充分的理解，并根据自己的实际情况慎重行事。

第六章

推销与商务谈判的核心技巧

开篇两问：

1. 在推销与商务谈判中，是问重要，还是说重要？

2. 在推销与商务谈判中，性格很重要吗？需要团队配合吗？

推销与商务谈判的技巧可以划分为三个层次，分别是：

1. 心理建设技巧

是指在推销和谈判中如何保持良好的心理和情绪状态，这包括调整自己的心理和情绪，也包括调整对方的心理和情绪。

2. 人际关系建设技巧

是指如何在推销与谈判中建立和维持良好的人际关系，良好的人际关系是成功推销与谈判的润滑剂和催化剂。

3. 推销与谈判专业技巧

是指如何激发客户需求、呈现价值、处理分歧、促成合作的技巧。

本章以推销与谈判的专业技巧为主要内容。心理建设和人际关系建设技巧其实是所有工作的基本技巧，只不过与其他工作相比，在推销与谈判中，两者更为重要一些而已。掌握推销与谈判技巧的人，或从事这些工作的人，通常会给人留下很有魅力的感觉，这首要表现在他们具有个人魅力和良好人际关系上，这都得益于心理建设和人际关系建设。

第一节　建立强大的自我心理，管理好顾客情绪

优秀的推销人员或商务谈判人员都会给人留下这样的印象：自信、积极、乐观、开朗、热情、热心、无畏、沉稳、严谨，充满活力与能量，愈挫愈勇，总能在不利中寻找有利，在消极中看到积极，把消极转变为积极，把不利转变为有利。所有人都喜欢与充满自信与活力的人相处，包括顾客、谈判对手。

如何做到自信和充满活力呢？

第一，辩证看待一切，承认自己的不足，发现和培养自己的优点，接纳自己，喜爱自己，真正地欣赏自己，建立属于自己的构建未来更强大自己的理论和现实可能性，如找到和树立一个人物榜样。

第二，想象自己成功的一刻，感受那一刻的威风、欢愉和兴奋。

第三，真正从内心认可自己所从事的行业、公司、产品、任务和目标。

第四，正确认识成功路上的挫折和失败。失败都是成功的垫脚石，失败的是任务，而

不是你，每一次失败都只会让你更强大。

第五，用正面的语言激励自己，用正面的思维引导自己。

第六，成为所在领域的专家。成为所在领域的专家是自信的根本力量。

除了建立自己的自信，管理好自己的情绪外，销售人员或谈判人员还需要管理好顾客或谈判对手的情绪。对方处于坏情绪的时候，所有工作是无法开展的。因为，如果对方总是处于对抗或负面情绪时，只会把你的所说所做进行负面的解释。如何管理好顾客或谈判对方的情绪呢？主要方法有：

(1) 请对方喝一杯饮料。

(2) 坐下来谈。

(3) 问几个感同身受的问题，说几句感同身受的话。

(4) 换到更舒适的谈判地点。

(5) 换一个时间谈。

建立强大心理，管理顾客情绪的理论虽然不复杂，也不多，但是在推销与谈判中扮演的角色却极为重要。

第二节　与顾客建立良好关系，赢得好感

赢得顾客好感，建立良好人际关系的方式主要有9种，需要强调的是，在人际关系建设和维护中无小事。

1. 微笑

微笑的本意是正能量，人们都喜欢和充满正能量的人交朋友。正所谓，爱笑的人运气不会差。

2. 赞美

就是要真诚地赞美顾客的优点。好的赞美既要真诚，也要讲求艺术。当我们没有发现顾客的具体优点时，我们可以抽象地赞美。比如，您真有魅力，你真有气质，你人真好，你孩子真可爱等。当我们发现顾客有某一点给我们留下深刻的印象时，我们可以具体地去赞美，比如，你的这件衣服真好看，很适合你。你的皮肤真白，太让人羡慕了。有时借别人的话来赞美，效果更好，比如，王总，我刚拜访过的程总说，他一直很佩服你，说你有魄力，做事有前瞻性，今日一见，确实是受益匪浅。在赞美顾客的同时融入对自己的赞美，这是我们最提倡的。比如，王总，像你这样的大客户，公司非常重视，特意安排我来访问你；王总，你的生活真有品位，在红酒方面，我们可以多探讨探讨。

3. 倾听

就是鼓励顾客多讲多说，自己要少说多听。“会倾听”不等于“只听不说”。首先要通过适当的询问让顾客愿意诉说，比如，王总，你们的企业发展到今天这样的规模，让同行羡慕，市场占有率又高，请问你是如何做到的呢？其次，在倾听的过程中要有恰当的回应。比如，和顾客的目光交流，始终微笑，适时地点头回应，语言响应，做恰当的记录等。记得我刚进入一家公司做销售的时候，主管特别表示很器重我。后来，我发现这源于每天开早会或培训的时候，我都会坐在第一排认真地记录主管说的内容，这让主管感受到自己很重

要,很受人尊重。所以,善于倾听,对销售人员来讲是获得更多有关顾客资料的机会;对于顾客来讲是感受来自销售人员尊重的过程。

4. 尊重

就是在任何场合都照顾到顾客的尊严和面子。

5. 关心

就是真心地关心顾客点滴需求。有时适度指出别人的变化,就是一种关心,这表明你在我心目中很重要,我很在乎你的变化,反之则是,我不在乎你。比如,小刘,您胖了,应该减肥了,早上跑步是个不错的方式。

6. 真诚的本质

就是人前人后一致,没有虚伪客套。

7. 守信

此处的守信包括生活中的守信,答应送客户一本书,就一定要及时送过去。守信上无小事。我们说记住自己曾经说过什么,是销售人员和谈判人员最重要的一项品质。

8. 建立共同点

就是有意无意地在顾客和销售人员之间寻找和建立相似的特征。顾客越是发现销售人员和自己有更多的共同点,就会更加喜欢和接受这个销售员。如果你是山东人,喜欢足球,喜欢用口头语“刚赛了”(很有意思),在山东省实验中学读过书,喜欢红色,那么,当你听见一个人的情况也是这样的时候,是不是有特别的亲切感?并且这种亲切感随着相同点的增加而不断强烈呢?当销售人员和顾客有很多的共同点时,顾客和销售人员交谈,就犹如对着镜子和自己交谈一样,我把这种感觉称为“镜面效应”。顾客接受与自己诸多相似的销售人员,本质是喜欢自己、接受自己和肯定自己。顾客拒绝与自己有很多相似的销售人员,就犹如拒绝自己、否定自己。销售人员可以从很多方面来观察和发现自己和顾客的共同点。比如说:共同的服饰、相似的口音、一样的口头语、同样的肢体动作表情、一样的爱好、共同的朋友、相似的经历等,或大家喜欢同一支球队等。当我们客观上无法找到和顾客的共同点时,“模仿”是建立共同点的一个重要手段。“模仿”是销售人员刻意模仿顾客的某些特征,建立起与顾客的共同点,以给顾客找到“知己”的感觉。

案例:相见恨晚

我的一个合作伙伴姓李,酒量很大,在芬兰留过学,1975年生人。2007年,我们一起去洽谈一个项目。企业方总经理姓许,年轻有为,也在欧洲留过学,子承父业,回国后逐渐接替父亲传给的重任。随着洽谈的进行,发现许总竟然和我的合作伙伴在芬兰的同一个城市留学,且都是1975年生人。晚上吃饭,又发现二人酒量都很大,都喜欢喝高度白酒,拒绝啤酒和红酒,都喜欢用口头语“你有没有想过……”结果两人相见恨晚、相谈甚欢。最后,我们决定让这个合作伙伴担任项目总监和首席顾问,许总甚是高兴,后面大家合作也很愉快,沟通很畅通。后来,这位合作伙伴告诉我,他确实在芬兰留过学,也是1975年生人,也喜欢喝白酒,但是,口头语“你有没有想过……”却是刻意模仿许总的。在为企业服务的过程中,结识这样一位有魄力的许总作为朋友,他也感到由衷的高兴。

在案例中,合作伙伴为了和顾客建立良好的关系,既寻找了双方客观存在的共同点,又运用“模仿”建立了一个新的共同点,取得了不错的效果。

9．价值

这里的价值不仅包括能为顾客提供商业价值，还包括能提供生活上的价值。比如帮助对方解决孩子上学问题，老人就医问题等。

与建立强大心理，管理顾客情绪的理论一样，虽然建立良好人际关系的理论不复杂，也不多，但是在推销与谈判中扮演的角色却极为重要。

第三节　需求激发和价值观输出

一、识别具体问题和激发明确需求

案例：盲目销售 事倍功半

数码产品卖场里，一对夫妇想给孩子买一台笔记本电脑，来到一台笔记本电脑前，导购员过来与他们交谈。

导购员：是要买笔记本电脑吗？

顾客：是的。这台电脑有什么特点吗？

导购员：嗯，采用钢质外壳，坚固抗震。便携性也非常好，总重还不到5斤。

顾客：还有其他什么特点吗？

导购员：哦，整机预装了正版Windows 7操作系统，和其他常用软件，比如暴风影音、360杀毒等。

顾客：哦，挺好的，不过我想知道的是……

导购员：我知道您想说什么！价格不贵，才4 600元，你要现在真想买，还可以商量。

顾客：我是为孩子买的，他马上就要上初中了。

导购员：哦，原来是这样。现在买，还可送原装电脑包等。我可以给你开单了吗？

顾客：哦，我考虑考虑。我要考虑到孩子的需要。

导购员：那没问题。想起来了，现在购买还有一次现场抽奖活动，说不定能中奖。

顾客：哦，我们再转转看吧。

回答顾客“与我何干”的提问，关键是在知晓顾客需求的基础上，把产品能够带给顾客的利益和好处向顾客说清楚，这样才能打动顾客的心。只有很好地识别顾客的问题和需求，才能有针对性地介绍产品的好处，在产品的特性和顾客的需求之间建立明显、直接和重要的联系。如果我们不能识别问题和需求，我们只能把产品的优点或所有可能的好处说清楚，从而寄希望于顾客能够在自身需求和产品间建立有效的联系了。这样的话，销售人员就已经被动了。

案例：卖葡萄

这是一个流传很广的故事：曾有一位大妈提着篮子去果蔬市场买葡萄。第一个卖葡萄的商贩冲大妈喊：“葡萄又甜又大唉——”结果大妈没有买。根据菜市场规则，大妈在第一个商贩摊位前的时候，其他商贩是不允许向大妈叫卖的，但是，一旦大妈走过第一个商贩的摊位，第二个就可以叫卖了。第二个卖葡萄的商贩把前面的情景看在了眼里，总结了第一个商贩的教训，问大妈是要甜的还是酸的？大妈说要酸的，商贩说正好我这有酸的，个大。大妈买了1斤。大妈继续向前走，来到第三个摊位前。第三个卖葡萄的总结了前两个的经验和教训，于是告诉大妈，他的葡萄不仅酸，个大，而且现在还有优惠。大妈于是又买了1斤。第三个商贩进一步询问大妈，人家都喜欢吃甜的，你为什么喜欢酸的。大妈高兴地说，其实不是她要吃，是她的儿媳有喜了，喜欢吃酸的，是买给儿媳吃的。于是，第三个商贩先是恭喜，然后说他一个邻居整天吃猕猴桃等高档水果，生了一个聪明的胖小子，建议大妈也买一点。最终，大妈在第三个商贩这里又买了两斤猕猴桃，两斤上等苹果。

公司销售部门招聘了一批新的销售人员。在第一次新人培训课上，销售经理问：

"我们销售人员销售的是什么?"

"是公司产品，是培训课程。"

"错!"

"我们销售的从来就不是什么产品，是实现顾客梦想的方案！是解决顾客问题的手段！我们是帮助顾客实现梦想的贵人！我们帮助顾客，使他们认识到什么是他们更好的梦想，什么才是更好的选择。我们给客户带来的是改变，是更好的境地!"

案例：人不入保险与我何干

在第二次世界大战中，美国政府考虑到伤亡士兵的家属生活，专门为士兵推出了一项保险业务：每月支付约6美元就可享受高达1万美元的保额。如果士兵战死，这笔保额将被支付给其指定的受益人。中尉向士兵们详细介绍了这项业务，然而，士兵们无动于衷，毫不在乎这点保额。于是，一个中士进行了重新介绍："如果我们买了保险，阵亡了，国家要赔偿我们1万美元，而如果我们没有买保险，阵亡了，国家不需要支付这笔钱。站在政府节省支出的角度，请问大家，如果您是政府，您是先派没有买保险的士兵上前线呢?还是先派买保险的士兵上前线?"结果，士兵纷纷签字投保。

对于消费者来讲，他们从来不关心自己买的是什么，真正关心的是自己得到的是什么，自己的问题是否得到了解决，境地是否因此而变得更好。比如，顾客买汽车，真正关心的是是否因此生活变得更便利、尊贵；女人买化妆品，真正关心的是是否因此男人更喜欢她，女人更羡慕她；男孩子请女孩子喝咖啡，真正关心的是女孩是否因此感受到了他对她的爱意；顾客买洗发水，真正关心的是他的头发是否因此而变得健康、柔顺，让自己更自信。我们把隐藏在产品背后，顾客真正关心的东西称为产品的利益。

案例：书包与母爱

城市中心，夏日夜晚，华灯初上，夜市也开始忙碌起来，熙熙攘攘。到夜市摆摊、练摊的人特别多，有的是为了温饱，有的是为了赚点外快，还有的纯粹是当作一种体验，不在乎赔赚。

学市场营销专业的大学生小王是出来练摊的，把书包作为他的产品。看得出来，旁边卖麻辣烫的大姐不容易，也挺能挣钱。大姐也看出了小王的不易。于是，不忙的时候，大家就交谈几句。小王慢慢了解到，大姐有个儿子马上要上初中，看得出大姐很疼爱自己的儿子，也很骄傲。于是，小王向大姐说道："你儿子这么有出息，将来上完初中再上高中，再读名牌大学，大学毕业后一定能进大公司，赚大钱，那你就等着享清福吧。"大姐听了非常高兴。小王继续说道："要上初中了，应该有个新气象，换个新书包，要是你的儿子知道你是用卖麻辣烫的钱给他买的书包，他一定会体谅你的辛苦，懂得珍惜，学习也更加努力，将来也会好好孝敬你!”“好,小王,你给我挑一个,我一会儿给你钱!”

销售的唯一规则就是:只有当顾客相信他的梦想和需要能够得到满足时,他才会购买你产品。于是,成功的销售必须遵守三个原则:

第一,了解你、你所在的企业和你的产品能给大家带来哪些利益;

第二,判断顾客真正的、具体的、想要得到的利益是什么;

第三,向顾客证明你的产品将会满足他的需要,给他想要的利益,他的境地会因购买你的产品而变得更好。

因此,优秀的销售人员必备两张表:

(1) 顾客需求分析表——顾客需要什么,即顾客想要得到的利益;

(2) 产品满足分析表——产品和销售人员能满足什么,即产品和销售人员能提供哪些利益。

二、用SPIN激发需求

美国Huthwaite公司的销售咨询专家尼尔·雷克汗姆与其研究小组针对大额产品销售具有金额相对较大、顾客心理变化大、做决定周期比较长等特点,于1988年正式对外公布了SPIN销售技巧,SPIN是situation、problem、implications、ennd-payoff等4个英文单词首写字母的组合。S代表状况性询问,P代表问题性询问,I代表暗示性询问,N代表需求-效益性询问。SPIN的实质是:通过状况性询问来开启谈话并发现激发顾客需求和其他销售机会的切入点,通过问题性询问引导顾客由关注其满意因素转移到专注其不满意因素上来,转移到对现状的不足、不满、难点、障碍等问题上面来,通过暗示性询问使顾客意识到小问题不解决会有非常严重的后果和局面,通过需求 效益性询问使顾客意识到一类产品在帮助其解决问题中发挥的积极作用,继而形成对这种产品的现实需求。

客户的需求明确时,我们可以通过直接询问来了解客户需求。但是,当客户需求不明确,或者是某个产品确实对客户有好处而客户还没有意识到自己需要某个产品时,就需要对其引导,激发其需要。

SPIN是激发和明确顾客需求的一种有效工具。在不同类型的销售中都可使用,尤其是在大顾客、大单销售中的作用更为明显。

(一) 激发需要——由满意到不满意

需要就是现状偏离原先设定的理想状态(或期望目标、舒服的状态等)。当顾客没有需要,对现状满意,处于舒服的状态时,可以借由以下策略让顾客清醒地认识到自己的需要或激发新的需要。

1. 告诉顾客现状并不稳定

要珍惜现在的所有,一切并非天然应得,现状有偏离理想状态的可能和趋势,有恶化的可能,要采取预防行动;如果不采取新的行动,现在的一切在将来都会丧失。以此激发顾客的焦虑和恐惧,从而让客户清醒地认识到:为了保持现在这个令人满意的状态,我们有采取行动、维持现状的需要。这种方法的本质是激发顾客的保健意识、预防意识、危机意识。

2. 激发顾客对更高标准和要求的渴望

鼓励顾客提高标准，设立更高目标，更高期望，更高的理想状态。通过提高标准，现状将偏离新的理想状态，从而产生了新的需要。这种方法的本质是激发顾客对更美好、更高生活品质的向往。

3. 使现状变糟

使顾客的现状看起来更糟，击碎顾客自以为是、自我满足的假象，也将会激发顾客产生新的需要。

总结一下就是，如果现在处于顾客满足或者满意的状态，有三种情况的发生会使顾客不满意，从而产生需要。一是顾客的期望和标准更高了，而现状没有变化；二是顾客的期望和标准没有变，而现状变得糟糕了；三是现状有变得糟糕的趋势和倾向，不稳定。

举一个日常生活中最常见的例子：学生认为 60 分及格万岁，没有动力积极学习。根据上面的三点，我们可以从以下几个方面来寻找激励他学习的方式：

(1) 提高标准。让他意识到应该考 80 分，80 分才算及格。

(2) 提醒恶化的可能。如果不努力，恐怕下次 60 分也难保。

(3) 使现状更糟。增加试题难度，使学生现有的水平考不到 60 分。

在销售过程中，我们也会看到这样的应用。比如美容，对于一个女士来讲，如果她对自己的容貌不满意，当然，这里就有着明显的和现实的需求，这里不需要销售人员去激发需求，而是需要销售人员去发现、识别、明晰顾客的需求。如果她对自己的容貌满意，暂且抛开道德争论，美容顾问可以采取以下措施激发顾客的美容需求：

1. 提高标准

向顾客宣传这样的理念，其实每个人都可以像明星一样美，每个人都可以变得更美的。

2. 提醒恶化可能

向顾客提醒，岁月如刀，刀刀催人老，如果现在不及时美容，及时护理，等后果严重了，再采取行动就晚了。

3. 击碎自我满足的假象

通过专业的检测仪器，向顾客指出，姣好外表的下面其实隐藏着各种皮肤问题，从而击碎顾客自我满足的假象。

在优秀销售人员的眼里，人人、处处、事事、时时都是有需要的。对于肤色偏黑的女士来说，她需要美白护肤产品让自己的皮肤白起来；对于肤色白嫩的女士来说，她需要美白护肤产品让自己的皮肤持续美白下去，防止皮肤随着年龄的增长、岁月的流逝而变得暗黄起来。

> 人人、处处、事事、时时都是有需要的！如果一个人对你说他没有任何需要，那么你千万不要相信他！

（二）深入认识顾客需求

1. 需要、问题、欲望、需求

如前所述，需要是现状偏离目标或理想态的状态。如果这种偏离不够大，它就不是个问题,人们就不会采取行动。如果这种偏离足够大,大到人们无法忍受,必须采取行动,这时的需要我们称之为问题。比如,有点饿,你可以忍忍,并不急着找吃的。当感觉到很饿时,这时就是个问题,你要采取行动了,要么到冰箱里去找吃的,要么去定外卖,要么去外面饭店吃饭。

需要成了问题,开始采取行动时,指向的产品成为欲望。饿了,美国人产生了对汉堡的欲望,中国人产生了对肉夹馍的欲望。当这种欲望有现实的支付能力支撑时,欲望转变为需求。有支付能力的欲望就是需求,没有支付能力的需求就是欲望或潜在需求。

激发需求的过程,就是让顾客认识到现状偏离理想的过程,需要成为问题的过程,问题指向产品的过程,欲望变为需求的需求。所谓欲望变为需求,要么你要挣够所需要的钱,要么你要分配给它足够的预算。这涉及了顾客面对不同问题和欲望时的优先级安排问题。

2. 经典的需求理论

(1) 马斯洛(Maslow)的5层次需求理论

马斯洛的需求层次论是最为经典的需求理论。美国心理学家马斯洛认为,人的需求是这样一种情形,原有需求被满足后,新的需求必定会产生;低层次的需求被满足后,高层次的需求必定会出现,所谓“按下葫芦浮起瓢”。人的需求从低到高,一共分5个层次,这5个层次是:

① 生理需求。衣、食、住、行、性。

② 安全需求。人身的健康、安全,财产的安全,生活的安定和可预期,职业的保障等。

③ 社交和归属需求。人怕寂寞,希望与人交流、融入团队。

④ 受尊敬的需求。渴望受到群体中其他人的尊重和欢迎。

⑤ 自我实现需求。充分发挥个人才能,实现人生目标。

(2) 麦克莱兰的3种需要理论

由美国哈佛大学心理学家大卫·麦克莱兰(David McClelland)等人提出的3种需要理论认为,个体在工作情境中有3种主要的动机或需要,分别是:

① 成就需要(need for achievement):达到标准、追求卓越、争取成功的需要。

② 权力需要(need for power):影响或控制他人且不受他人控制的欲望。

③ 归属需要(need for affiliation):建立友好亲密的人际关系的愿望。

3. 7Q销售技巧对需求的分类

(1) 个人需求和群体需求(比如家庭和公司组织)

案例:从组织到个人

某超市对所采购产品的要求是:利润、销售额、人气,即要么利润空间大、周转快,能给超市带来更多利润;要么销售额大,可以提高市场份额,有力打击同业商家;要么可以提高超市人气,带动其他商品的销售。任何一种超市决定引进和采购的产品必须满足其中的一个以上要求,否则,是不能被引进的。然而,对于采购经理来讲,他最终关心的是:能否多拿一点薪水和奖金?能否得到领导的赏识?能否获得更高的发展空间?能否获得升职?不要被别人认为自己是个不负责的人,不要被领导认为自己是个不专业的人,不要被领导怀疑自己有灰色的收入。所以,当产品销售代表面对超市,直接面对采购经理时,在满足超市需求的同时，要用采购经理真正关心的东西来打动他。

7Q 销售技巧认为，所有群体需求都可以也必须转化为个人需求，所有群体需求只有转换为个人需求时才是最有力量的。比如当把企业对购买设备的需求转换为采购人员个人的升迁需求时，我们的产品才能打动“对方”。因为，一个人真正关心的是他自己，于是，客观地讲，当我们面对组织顾客时，首先要做的是要搞清楚每个具体参与者的员工盈利模式是怎样的。

什么是员工盈利模式呢？就是员工经济性报酬的来源及其构成。我们暂时搁置对各种员工盈利模式的道德评价，即我们不去讨论这种盈利模式是否符合公司的道德，是否符合国家的法律，只讨论它在企业中实际存在的形式，因为它们在实际中确确实实堂而皇之地存在着，甚至被默认。

员工盈利模式包含哪些经济要素呢？员工盈利模式中的经济要素包含收入和支出两项，员工盈利就是收入和支出的差值。员工支出要素有交通费用、时间耗费的机会成本、住宿费用、工作餐支出、工作服装支出、其他工作性支出（比如，因工作需要购买化妆品、美容、电脑、汽车等）。员工收入要素有基本工资、工龄工资、学历工资（技能工资）、岗位工资（职务工资）、计件工资、计时工资、提成与绩效工资、津贴、奖金、分红、期权、股票奖励、在职消费、往来礼品或礼金收受和招待、工作外收入等。工作外收入是指员工利用工作之便和工作之余而获得的收入和好处。以上经济要素的表现形式可以是货币，也可以是实物和服务等。因为员工盈利是收入和支出的差值，所以收入看上去很高的员工也未必就认同自身的盈利模式。比如某房地产企业员工收入很高，但工作压力大，工作地经常变化，多在项目所在地，各项支出和生活时间占用比较大，因此，他并不认为自己的盈利模式很好，所以经常产生跳槽的想法。

员工盈利的方式有两种，一种是企业内寻租，一种是企业内寻利。企业内寻利是指通过增加工作投入和业绩表现而获得收入。比如，销售人员不断拜访顾客，提高销售技巧而获得更高业绩，进而获得更高提成奖励。又比如，系统而有计划地见习、轮岗、晋升、培训、职业规划等。企业内寻租是指通过和上级搞好关系，诱使上级做出有利于自己的决策而获得更高收入。比如，销售经理感受到来自员工的竞争压力，为了保住职位，打压优秀员工等。又比如，销售人员诱使销售经理在本区域内投入更多促销资源而获得业绩增长，从而自己获得更多提成收入。还有一种情况是在绩效管理和考核不完善的公司，销售人员诱使经理做出高于实际表现的绩效评价而获得高收入，在这里绩效管理沦为公司政治的工具。员工在企业内寻租的动力是什么呢？这个和其上级手里掌握的资源有关。上级手里有哪些资源会让员工有动力去寻租呢？上级手里的权力、信息、资源等都会给员工带来额外的利益。比如，销售经理有分配员工工作区域的权力，为了获得一块成熟的市场，员工就会千方百计诱导销售经理；销售经理掌握一些重要的市场数据，往往谁先知道和获得这些信息谁就能获得先机；销售经理掌握一些促销资源，为了获得更多的来自公司的免费资源，员工也会寻租。当上级知道手里这些资源能够为自己获得额外收益时，往往也就有动力把它变成自身盈利模式的一部分。这些既是员工寻租的动力，也是上级自身寻租的动力。

根据员工盈利模式是否为上层或大家知道，可以把盈利模式分为显性盈利模式、隐性盈利模式。显性员工盈利模式是向大家公开、大家都知道的盈利模式,最典型的显性盈利模式是薪酬结构以及与之对应的绩效考核政策。不向大家公开,向大家隐藏的盈利模式是隐性盈利模式,比如,利用工作之便接受私活,从事不被公司允许的兼职工作,收受员工、供应商或顾客的好处等,这些都是隐性盈利模式。隐性盈利模式对公司健康运作会产生负面的影响,比如,大家都认为采购这个岗位具有隐性盈利模式,这种观念无疑会对公司的采购工作产生负面影响。又比如在房地产中介服务中,很多销售代表走私单,做私活等,这都对企业的正常运作产生恶劣的负面影响。

不同岗位有着不同的盈利模式,同样的岗位在不同的公司也有着不同的盈利模式。根据以上分析,我们可以把所有的盈利模式根据两个维度进行分类:组织赋予还是非组织赋予型、业绩还是非业绩(政治)型(见表6-1)。

表6-1 员工盈利模式常见类型表

	组织赋予	非组织赋予
业绩	组织赋予、业绩型	个人赋予、业绩型
非业绩	组织赋予、政治型	个人赋予、政治型

组织赋予型是指员工的这部分收入来自公司的正式支付,非组织赋予是指员工的这部分收入不仅来自公司的正式支付,还来自企业外部,比如来自下属的送礼、顾客的贿赂、供应商的好处、工作外的兼职、走私单、干私活等。业绩型是指收入来自工作表现,非业绩型(政治型)是指收入不仅来自工作表现,更来自领导的偏爱,重点是寻求内部特权的分配。

① 组织赋予、业绩型,是指企业中公开呈现的、与员工工作表现相一致的薪酬结构。最常见的员工盈利模式就是工资性收入,是通过做出业绩而获得的。比方说,销售人员根据销售额拿提成等。如果这种盈利模式是员工的最优选择,那么它就是企业的最佳选择。

② 组织赋予、非业绩型,是指员工不在前面出业绩,专在后面搞人际关系、搞政治、搞分配。这种员工的哲学是,一个人得到的多少,关键不是他的贡献有多大,而是由人际关系和领导的偏爱所决定的。这种员工不会把精力投入到如何提高工作效率中来,而是更多去搞好内部关系。比如,如何打压下属和同事,减轻优秀员工对自己职位的压力;如何得到领导等关键人的喜爱。更有甚者,利用权谋,抓住别人的弱点或小辫子来实现个人的目的。他的信念是不在乎蛋糕有多大,只在乎我能分到多少。如果一个企业的员工盈利模式是这样的,说明这个企业的文化和绩效管理出了问题。要么是企业文化鼓励了错误的行为和观念,要么是企业的奖惩机制做出了错误的榜样,给出了错误的信号。因此,当企业股东发现员工有这样的盈利模式时,就要思考企业的文化和绩效管理是不是出现了问题。

③ 非组织赋予、业绩型,是指个人以公司的名义和个人的名义接私活、走私单,但明里暗里还是提高了公司的业绩。比如,某奶粉品牌销售人员假借别人的名义自己暗地里做代理经销公司的奶粉。再比如装饰装修公司设计师接受品牌建材商提供的好处等。

④ 非组织赋予、非业绩型,是指公司人员内外勾结以公司的名义在外面接私活、走私单,并实质上损害了公司的业绩。比如,私下接收回扣、礼物等贿赂。同外界打交道的岗位会陷入这种员工盈利模式的猜忌中来,比如采购岗位、销售岗位、售后服务岗位。现在

在房地产中介中，买房者为了节省购房费用会暗示房产经纪人走私单，而房产经纪人为了获得比佣金更高的收入也主动向买房者暗示可以给他走私单。比如，某制氧机品牌在外办事处销售人员利用公司的办公地点和销售渠道另外销售自己私自代理的其他保健器械。如果一个企业的员工盈利模式是这样的，说明这个企业的业务流程和运作模式是有问题的，监督机制也没有健全起来。这也暗示企业没有把业务的核心要素控制在企业手里，这是企业要反省和深思的。

当然，对于一个企业员工来讲，其最明显的盈利模式就是企业对他所在岗位的绩效考核。所以，销售人员要先搞清楚员工岗位的绩效考核指标。但是，我们说，科学的薪酬构成和绩效考核下，绩效考核构成基本就是这个员工的盈利模式。然而，当企业本身的薪酬构成和绩效考核不科学时，一个员工的盈利模式就并非与他的绩效考核模式相同，而会变得更加复杂起来，销售人员要敏锐地注意到这种区别。

(2) 真实需求和虚假需求

有时候，顾客由于不善于语言表达或个人隐私而不能表达出自己的实际需要是什么，也有时候，顾客为了获得更好的交易条件而隐藏自己的真实需要。比如，很多女士在逛街时，出于购买策略的需要，经常向导购人员表现出对自己中意的服装无所谓，甚至是厌恶的表情。比如，一位顾客买小轿车时向销售代表声明要买最贵的，其实，他的真实意图可能是重视汽车的安全性能，因为他认为价格越高，汽车就越安全。

(3) 显性需求和隐性需求

显性需求是顾客用语言和行为清晰表达出来的，或顾客能将其要求和期望作出清楚的陈述。而隐性需求是顾客不能清楚地表达自己的需要，但通常是通过抱怨、不满、抗拒、牢骚、障碍、难点、目标、理想、愿景等形式表现出来。比如，我要买一辆汽车，这是显性需要；每天挤公交真累啊，再也不想这样下去了，这就是隐性需要。对隐形需求的反应能力是衡量一个销售人员专业素养的重要指标。

(4) 现实需求、潜在需求

现实需求，是指顾客当下就有的需求。潜在需求，是指顾客有欲望但目前无力支付的需求，通俗讲就是，顾客想买但目前无钱来买的对产品的需求。

(5) 迫切需求和非迫切需求

在顾客同时存在的众多需求中是有迫切程度的区别的，也就是轻重缓急不同。对于一个饥肠辘辘的人来说，吃饭是迫切的，看电影是不迫切的。对于一个正在备考英语考试的人来说，购买英语电子词典是迫切的，上一个英语辅导班是迫切的，换一个手机是不迫切的，报计算机辅导班是不迫切的。如果在产品和服务免费或较低的价格下，顾客表示需要或愿意购买，那么顾客就对产品和服务有实际的需要。此时，销售人员所要做的就是把这种实际的需要变成更为迫切的需要，并找出顾客认为超值或愿意接受的价格区间来。

(6) “得到型”需求和“失去型”需求

“得到型”需求的本质是进取和贪婪，我们都要得到更多更好的东西。“失去型”需求的本质是珍惜和恐惧，我们都害怕失去自己拥有的美好事物。人们对“失去型”需求的反应往往比“得到型”需求更强烈，换句话讲，面对“失去型”需求时，人们感到的迫切感更强，所以，面对顾客的时候，用“失去型”需求去激发顾客对产品的需求的效果要强于“得到型”

需求,因此,要优先用“失去型”需求去激发顾客需求,要善用“失去型”需求去配合“得到型”需求去激发顾客需求。

(7) 宽泛需求和具体需求

顾客的需求是一个从宽泛需求决策向具体需求决策的过程。比如顾客要从家每天来往工作地点,首先是在乘坐地铁、班车、自驾三个大需求选项间决策。在决定自驾后决定买车,买车时首先是在不同SUV和三厢轿车间决策。在决定购买SUV后,在若干品牌间决策,继而在同一品牌的不同车型间决策。

(8) 终极需求和路径需求

终极需求就是人类所共同渴望和最终需要的东西,路径需求就是为了实现终极需求而衍生出来的需求。终极需求和路径需求是目标和手段的关系,是总目标和分目标的关系。没有人能够拒绝人类的终极需求,所以,优秀的销售人员懂得如何用终极需求来吸引顾客并激发顾客的路径需求,直至对公司产品的渴望。一般公认的顾客不能拒绝的终极需求有:健康、平安、长生、快乐、尊重、被喜欢、被重视、公正、平等、自由、财富、成功、梦想、权利等。请看下面案例:

案例:用终极需求来吸引顾客——健康就是一切

冰箱:王女士,你关不关心家人的健康?关心啊。你有没有想到过冰箱对你家人的健康是十分重要的呢?哦,为什么这样说呢?

培训:王女士,你关不关心家人的健康?关心啊。你有没有想到过共同参加一场培训对你家人的健康是十分重要的呢?哦,为什么这样说呢?

电视:王女士,你关不关心家人的健康?关心啊。你有没有想到过选购一台好电视对你家人的健康是十分重要的呢?哦,为什么这样说呢?

保健品:王女士,你关不关心家人的健康?关心啊。你有没有想到过保健品对你家人健康的重要性呢?哦,为什么这样说呢?

旅游:王女士,你关不关心家人的健康?关心啊。你有没有想到过定期旅游对你家人的健康是十分重要的?哦,为什么这样说呢?

识别问题和激发需求这一阶段的任务就是透过虚假需求找到真实需求,把隐性需求变成显性需求,把非迫切需求变成迫切需求,把潜在需求变成现实需求,把组织需求变成个人需求,用终极需求来激发路径需求的过程。

为了加深你对需求的理解,你可以试着做两个练习:

(1) 顾客小王手里只有1 500元钱。他目前打算购买的物品和服务有手机、T恤、山水圣人游、演讲口才培训班,它们的价格依次是手机980元、T恤680元、山水圣人游580元、演讲口才培训班1 280元。显然,他手里的资金并不允许他购买所有物品和服务,他只能做出取舍。他目前比较倾向于购买手机和山水圣人游。如果你是演讲口才培训班的销售代表,你将如何说服小王改变他的需求顺序呢?

(2) 某公司计划采购一批笔记本电脑,由办公室王主任负责并牵头组织一个委员会办理此事。如果你是一家笔记本电脑销售商的销售代表,你将如何把这家公司的组织需求变成王主任的个人需求呢?使组织需求和个人需求最大化地统一起来呢?

（三）SPIN 销售工具

案例：马蹄掌的故事与 SPIN

一个铁匠向皇帝销售他的马蹄铁，他是这样说服皇帝的。如果马蹄铁不及时更换，或使用了质量不好的马蹄铁，骏马在奔跑中就会很容易疲劳。如果骏马疲劳了，就容易出现马失前蹄这样的事故，造成人员伤亡。如果大将军骑的骏马出现了这样的事故，整个军队就会失去指挥，从而打败仗。如果军队打了败仗，那么国家就会灭亡。要知道我们国家正要面临一场和敌国军队的战役。因此，马蹄铁不是小事情，和皇帝的荣辱密切相关。于是，皇帝下令立即检查和更换所有的马蹄铁。

马蹄铁的故事所揭示的"小问题带来大后果"的寓意，是对 SPIN 技术的一个形象说明。在依照 SPIN 程序展开对顾客询问性谈话时，顾客标准性的反应应该是：

S：在被问到状况性问题时，表情平静；

P：在被问到问题性询问时，表情开始凝重；

I：在被问到暗示性问题时，表现得坐立不安；

N：在被问到需求-效益性问题时，表情充满了希望。

1. 状况性询问

即有关顾客的现状和事实，如"王先生，你家有几口人？"或"刘总，咱公司今年的销售目标是多少啊？"或"李姐，你目前用的是哪个牌子的产品啊？"实际上，有关顾客的更多现状和事实，不应是被销售人员在现场问出来的，而是在与顾客见面之前，就应该被销售人员调查和知晓的。换句话说，提状况性问题是为了引出问题性询问，单纯地了解顾客现状的询问，能不问就不问；能在现场通过观察得到，就不通过询问获取；能提前从其他途径获取，就不从现场获取，因为，过多的现场对顾客现状的询问，会让顾客觉得你准备不足，你漫无目的，你不够专业，你不值得信任，进而顾客会变得烦躁，使双方前期建立起的良好关系瞬间化为乌有。

2. 问题性询问

即引导顾客发现对自身现状的不满、障碍、担心、顾虑等问题，而这些问题的解决正好与公司的产品和服务相匹配。如"王先生，你一家 5 口人现在住的房子拥挤吗？"或"刘总，为了实现公司今年的目标，我们有哪些有利因素呢？还有哪些不利因素呢？"或"李姐，你对目前使用的这个牌子满意吗？你觉得这个牌子哪些方面还需要改进呢？有没有遇到刺激皮肤的状况啊？"

3. 暗示性询问

即扩大顾客的问题，使顾客意识到这个问题不解决会有很严重的后果，把问题扩大化、严重化。如"王先生，你觉得这会不会对你孩子的成长产生一些影响呢？"或"刘总，人员流动的问题不解决，你觉得会对公司目标的实现产生哪些不良影响呢？"或"李姐，刺激皮肤可不是一件小事情，我的一位朋友就因此毁容了，你可要多注意啊。"

4. 需求-效益性询问

即让公司产品成为顾客解决问题的一个选项。比如"王先生，你觉得换一个大一点的房子，对解决这个问题有没有帮助？"或"刘总，很多企业都通过建立良好的培训体系来提升员工的满意度和忠诚度，你觉得这些企业的做法，在我们企业适用吗?”或“李姐，你在以后考虑化妆品的时候，是否要把对皮肤的刺激性作为一个重要的指标呢?”

5. 典型问句

(1) 状况性询问：您过去买的是哪个品牌的抽油烟机？圆太。问题性询问：您觉得圆太抽油烟机怎么样？你对圆太抽油烟机满意吗？你觉得圆太抽油烟机有哪些不方便或者使你不满意的？抽力比较小。暗示性询问：抽力小会对您造成哪些不便呢？油烟很呛，厨房容易脏，好麻烦。需求-效益性询问：要是有一台抽力强、易清洗的抽油烟机是不是很好？那就太妙了。这对您的生活会带来哪些改变呢？让我想想……

(2) 状况性询问：您今年的销售目标是多少？8 000万元。问题性询问：您觉得有哪些有利条件呢？产品质量好。有什么制约了目标实现吗？销售员的素质不高。暗示性询问：哦，销售员素质不高？这会产生什么样的后果吗？很多不应该流失的顾客都被这批新手给得罪了。需求-效益性询问：正天公司的王总也遇到过这个问题，他通过加强培训解决掉了这个问题，取得了不错的效果。您有没有想过通过培训来解决这个问题呢？

6. SPIN的反运用

在激发顾客需求的时候，我们是正向用SPIN；在介绍产品的时候，我们可以反向用SPIN，即介绍产品的一个特点，让顾客从关注对产品的不满转移到对产品满意的方面上来，说明这个特点给顾客的一个好处或利益，扩大和延伸这个产品的利益，让顾客进入拥有产品后的美好愿景中去。为了让读者更好地体验这一点，大家可以做这样一个练习：

王先生和刘小姐正在谈恋爱。你是刘小姐的好友。刘小姐的母亲不看好这段感情，请你帮忙说散他们。如果运用SPIN来说散他们，你将如何做？王先生很爱刘小姐，所以特意请你来说合他们。如果反向运用SPIN来说合他们，你又将如何做？

三、用黄金三问激发需求：目标、现状、路径

黄金三问就是一问顾客目标，二问顾客现状，三问顾客路径。

1. 一问目标及同类词

除了目标，其同类词有理想、标准、成功、舒服、期望、梦想等。对成功的定义是什么？对什么最满意、最自豪、感觉好？最想做的是什么？期望什么？理想是什么？满意什么？这就是在询问顾客的理想、期望、标准、目标。

2. 二问现状及同类词

除了现状，其同类词有现实、实际、压力、不满等。对不满意的定义是什么？哪些会让您难堪？不满意的是什么？压力是什么？现状是什么？这是在问顾客的现状，以及现状与理想的差距。

3. 三问路径及同类词

除了路径外，其同类词有解决方案、举措、措施、行动、对策、打算、障碍等。未来您想怎么做呢？将来是如何打算的？实现梦想的障碍在哪里？是什么？这是在询问顾客实现目标的路径，通过询问路径来发现销售机会。

举例：

一问目标：王总，企业今年的发展目标什么？

销量增长 50%，达到 1 500 万元。

二问现状：王总，实现今年的目标有哪些有利因素？哪些制约因素？哪些障碍？

销售人员的能力不够。

销售人员能力不够意味着什么？

顾客流失。

三问路径：王总，你打算如何解决这个问题呢？

我也不知道该怎么做。

王总，你觉得培训对你解决这个问题能有哪些帮助？

销售人员能力高了，实现今年目标的保障就多了。

四、价值观输出：需求排列和标准建立

当顾客面对多个选项时，顾客认可谁输出的价值观，谁就在推销和谈判中处于了有利地位。学会了价值观输出，你就有了在顾客面对多个问题时改变问题优先级的能力，在顾客面对不同品牌的产品时改变喜恶的能力。

案例：购买标准是价格第一还是品质第一

2003 年春，我和同事因为要为轻骑铃木摩托车浙江地区的经销商和区域经理们举办一场培训，来到了美丽的杭州萧山。培训结束之后，游玩杭州之际，打算带点特产给自己的导师周利国教授。于是，来到杭州商场购物，打算买点西湖龙井，同事看到标价后，说："商场的东西贵，我们还是到外面去买吧！"商场服务人员听到后，忙上前说："听你们是外地山东口音，山东人吧，是不是要买点龙井回去送人啊？""是的。""到杭州买龙井，可是有很多门道，从哪里买，如何挑选，可都要仔细。买到了假的，品质差的，回去送给人，可是要落埋怨的。""说说看。""出来买东西，首先要买得放心，茶叶正宗有保证。外边很多卖茶叶的，经常蒙外地人，我们这虽然价格稍高一点，但保真。其次，要会选。"接下来，服务人员把如何辨别茶叶的质量和好龙井的特点向我们介绍了一番。最后，我和同事每人都买了 2 盒龙井。回头想想，服务人员成功地把我们的购买标准由"价格重于品质"变为"品质重于价格"，这就是她打动我们的关键所在吧。

回答顾客"与我何干"这个问题的一个重要前提是：我们必须让顾客清晰、明确地说出来他想要的是什么，为什么，他判断产品好坏的标准是什么。于是，识别顾客问题和需求的核心是发现顾客需要什么，在意什么，即顾客需要什么产品，评价产品好坏的标准是什么。如果不能清楚地说出顾客的问题在哪里，想要购买什么和购买评价标准是什么，那么我们说顾客的需求是不清晰的，是不明确的。不清晰的需求，不明确的评价标准将为销售造成一道无法逾越的鸿沟，就如这样一种感觉：我们已经做出了射击的准备，却不知道靶子在哪里。下面顾客的一组语言是一个典型的需求由不明确到明确的过程：

（1）抱怨每天在上班的路上要耗费 3～4 个小时，上班不方便；

（2）意识到需要一辆车；

（3）需要一辆 10 万元以下的经济型车；

（4）需要一辆车，这辆车要符合以下标准：3 万～5 万元之间，油耗在百公里 5 升以下，内饰不必很讲究，售后服务完善及时。

当顾客购买评价标准模糊而不明确时，我们可以通过适时巧妙地问"为什么"，来帮助自己和顾客发现、明确隐藏在其所欲购买产品背后的真正的需求点和关心点。比如：

(1) 你买相机时看重什么？夜间拍摄功能和像素大小。为什么你看重这两点呢？

(2) 这款相机的机身是钛合金的，不易磨损。哦，那挺好的。那你为什么觉得这点挺好呢？

(3) 先生，是要买照相机吗？是的。为什么要买照相机呢？或你是在什么情况下使用相机呢？

(4) 先生，是要买照相机吗？是的。打算买什么样的相机？机身不易磨损的。为什么呢？

我们不仅要明确顾客的需求，清晰顾客的购买评价标准，更要引导顾客建立起有利于我们的购买评价标准。请看下面案例：

案例：电脑采购的标准重建

某县教育局计划为管辖内的学校集中采购一批电脑。大约有六家电脑销售企业参与竞争，都想获得这个大订单。起初，教育局制定的采购标准是性能、稳定性、售后服务、价格，各标准的重要性依次减弱。但是，每家电脑企业推荐的电脑在性能、稳定性、售后服务、价格上都差不多的，相互之间没有明显的差别。打价格战，六败俱伤；打性能战，都不可能稳操胜券。到底如何才能胜出呢？KD企业的销售经理经过深入调查发现，广大教师欢迎教育局采购电脑，但都有两个普遍的担心：一是，对电脑操作不熟练，基本故障不能解决，担心电脑出故障后，不能得到及时维修，电脑成摆设；二是，对常用的办公软件操作不熟练，担心如此下去，电脑退化成游戏机和新闻报纸的替代品。于是，KD销售经理就此向教育局负责采购的领导做了专门汇报。教育局经过重新商议后，把电脑采购标准调整为师资培训、稳定性、性能、售后服务、价格等，增加了师资培训标准，并且把它放在了最重要的位置，同时，其他几个标准的权重也做了调整。由于KD公司已经提前做了充分的准备，自然顺利得到了这一订单。

五、击败竞争对手，也从购买标准和价值观输出开始

山东东阿阿胶股份有限公司出品东阿阿胶，前身为山东东阿阿胶厂，现位于聊城东阿县，1952年建厂。福胶集团出品福牌阿胶，前身为山东平阴阿胶厂，始建于1950年，该厂位于济南平阴东阿镇。2010年6月6日，央视《每周质量报告》节目曝光不法阿胶制造企业制造劣质假阿胶的事件，一时间消费者开始拒绝吃阿胶。"假阿胶事件"在经历了一周余时间后，6月17日下午，东阿阿胶召开新闻发布会，正式向社会澄清，被央视曝光的造假阿胶生产企业与东阿阿胶无关。问题阿胶产品的曝光，对东阿阿胶的销售不仅没有负面影响，反而促使销量增加。东阿阿胶进一步阐释了涨价原因，驴皮资源的紧缺，使得东阿阿胶为保证正宗品质而被迫涨价，为挽救国药瑰宝而被迫涨价，并且指出售价过低的阿胶产品都是假阿胶，原料以次充好，质量不能保证，正品的阿胶仅驴皮原料成本，每公斤就要90元。以此为背景，东阿阿胶逐渐引导顾客建立并强化"买阿胶要选大品牌""买阿胶要到大药店""价格低不是好阿胶"的消费认知。结果，以东阿、福牌为主的知名阿胶的品牌形象和销量反而获得提升，小品牌阿胶逐渐被顾客拒绝在选择范围之内。

击败竞争对手，赢得顾客的最有效手段，就是教育和引导顾客建立正确的价值观和购买评价标准，用价值观和标准直接把对手驱除出顾客的产品和品牌选择范围。企业可以通过专题广告、公关事件等系统教育顾客，建立正确的产品购买标准。比如西门子冰箱通过在网上发帖等手段积极引导顾客建立正确的选购冰箱的标准。

西门子家电创建于 1847 年。1994 年，西门子家电正式进入中国。

2009 年 7 月 31 日，拥有近 80 年制冷保鲜经验的西门子家电，在京郊一处新鲜果园中举行了一场别开生面的新品发布会——西门子真空零度保鲜冰箱正式在全国上市。此次上市的西门子真空零度保鲜冰箱，创新运用了真空技术原理，将真空零度保鲜室内的空气抽出，同时把温度保持在零度，能有效抑制食物中有氧细菌的繁殖，从而更好地保持食物的营养与色泽，创造出更长久的保鲜效果。实验表明，同样经过 14 天的储存，从西门子真空零度保鲜室取出的三文鱼中的菌落总数是从西门子普通零度冰箱取出的三文鱼中菌落总数的三分之一；是从对照普通冰箱取出的三文鱼中菌落总数的一百四十分之一。

自 2009 年开始，为了配合西门子零度保鲜冰箱的上市推广，网上出现了教育消费者正确选购冰箱的帖子，以此来帮助消费者建立正确的评价标准。比如：

(1) 零度不保鲜，调查显示冰箱保鲜营养很重要；

(2) 西门子冰箱专家：消费者挑选冰箱的 4 大“误以为”；

(3) 5 分钟变专家，十一冰箱选购百科全书；

(4) 冰箱门事件西门子致歉，冰箱买什么品牌怎么选有讲究等。

通过广泛的引导和传播，顾客逐渐建立起了这样的选购标准：保鲜最重要，节能次之，功能不必多，性能要稳定，价格要合理。而这是最有利于西门子冰箱的标准，消费者一旦认同这样的标准，西门子就已经成功了。

第四节　标准化产品陈述

在引起顾客注意并赢得洽谈机会后，我们需要及时地把产品和服务介绍给顾客。我们必须在最短的时间里用最短的语言把产品的特性和优势说清楚，给顾客留下深刻的印象，激发顾客继续深入了解的兴趣。

一、FAB

案例：钢琴、木材、女儿

在钢琴最初发明和上市的时候，钢琴制造商宣传钢琴是用最好的木材制作的。结果，无人问津。后来，钢琴制造商改变了宣传策略，改为宣传：“将您的女儿训练成贵妇吧！”结果，钢琴遭到抢购。为什么呢？因为顾客很少关心“这是什么”，真正关心的是“与我何干”。当销售人员把对钢琴介绍的重点由特性转移到利益和好处上来之后，钢琴就不愁销路了。

这个案例很好地体现了 FAB 的原理。FAB 是 feature、advantage、benefit 三个英文单词的首写字母，指的是销售人员在介绍产品时要遵循特性、优势、利益这样一个顺序原则，并且利益比优势重要，优势比特性重要。与其说特性不如说优势，与其说优势不如说利益。特性不能带来特性，优势可以带来优势，利益可以带来利益。

1. 特性F

特性是指有关产品和服务的客观事实，它不会因评判者的改变而变化。比如，这个手机的外壳是由合金材料制成的。

2. 优势A

优势来源于比较，要么与过去比，要么与竞争产品比。潜台词和标志性词语是"与……相比……"其结论会因比较物的不同而不同。比如，与其他材质的手机相比，这款手机更耐磨、抗摔。

3. 利益B

利益是指产品给顾客带来的好处。饱含两个层次：一是产品如何满足一般顾客的一般需求，即所带来的通用的普遍利益；二是产品如何满足具体某个顾客的特殊需求，即所带来的特殊的个性化的利益。潜台词和标志性词语是"你如果拥有了……，你就会……"特殊利益会因顾客的不同和顾客需求的不同而产生变化和差异。普遍利益和特殊利益的一个微小差别在于前者是给"人们"带来的好处，后者是给"你"带来的好处。比如，这样的一个床垫设计会让"人们"容易入睡，这是普遍利益。而这样的一个床垫设计会让"你"容易入睡，做个好梦，第二天精神百倍开始新的一天，这是特殊利益。所有利益的描述最终要反映到顾客的视觉、听觉、触感、嗅觉、味觉等感官感受和心理感受上来，并且要产生震撼性效果。

> 在训练初期即思维和行为习惯养成时期，要求大家要加上FAB的标志性词语，比如"与……相比，……""如果……，你就会……"等。这有利于大家在初期养成一个良好的思维和行为习惯。

将特性F转换成特殊利益B，其具体步骤如下：

(1) 识别顾客的需求；

(2) 介绍产品的特性；

(3) 介绍产品的优点；

(4) 介绍产品的特殊利益，并说明产品是如何满足顾客需求的。

举例如下：

1. 洗发水

(1) 需求：顾客的头皮屑特别多，在开会或用餐时常常无意间搔抓，而致使头皮屑坠落四处，造成尴尬的场面。

(2) 特性：洗发水含有维生素原B5。

(3) 优点：(与其他洗发水比起来)，去屑能力更强，且效果持久。

(4) 利益：头皮屑是困扰很多人的问题，但目前没有任何药物能持续有效清除或减少头皮屑。如果您拥有了这种洗发水，不但能清除污垢、滋润头发，还能将头皮屑彻底洗净。那么，您在任何场合中都不会再为头皮屑问题而烦恼了，当然会充满自信、顺风顺水、更受欢迎！

2. 汽车

(1) 需求：顾客经常开车到各地洽谈业务，有时需要在车上过夜或做较长时间的休息。

(2) 特性：车子的座椅能180度平放。

(3) 优点：(与其他座椅比起来)，能躺下休息。

(4) 利益：您看，这个座椅能180度平放。如果您拥有了这辆汽车，那么，当您长途驾驶感到疲惫，想要休息片刻时，您就能很舒适地躺下做充分的休息，让您迅速解除疲劳，精神百倍。

下面，我们来看一个FAB的具体应用案例。

案例：有的放矢，事半功倍

先回想一下本章最初部分的一个小案例"盲目销售、事倍功半"。

数码产品卖场里，一对夫妇想给孩子买一台笔记本电脑，来到一台笔记本电脑前，导购员过来与他们交谈。

导购员：是要买笔记本电脑吗？

夫妇：是的。这台电脑有什么特点吗？(心里想，我们对电脑也不熟悉，先随便问问看。)

导购员：嗯，您很有眼光，这款电脑很有特点，可也不一定适合您。您对电脑有什么要求吗？

夫妇：是这样的，我的孩子要上初中了，是作为礼物买给他的。一方面希望能促进他学习，一方面不希望他浏览不良网页和沉溺于游戏。

导购员：我明白了。那我向您推荐这款笔记本电脑。钢琴烤漆，有漫画图案，色彩鲜艳，与其他型号和品牌的电脑相比，更符合孩子的心理需求，很多孩子看见这款电脑后，都爱不释手，纷纷叫着父母来买。如果你买回去，你儿子一定会喜欢的不得了，觉得你和其他父母不一样，你懂他、爱他。除此之外，我们这款电脑预装了绿色管理软件，能更好地屏蔽掉不良网站，使你的孩子免受不良信息的侵蚀。还有更重要的是，我给你推荐的这款电脑有软件安装管理功能，换句话说，这个电脑上装什么软件和游戏，都是你说了算，益智怡情的游戏可以多安装些，不好的游戏没有得到你的允许，谁也装不上。因此，可以有效避免你孩子沉溺于游戏。这两天报纸上还有这样的报道，因为沉溺游戏，孩子离家出走，真是让人担心。同时，这款电脑的性能能满足学习工作要求。如果你把这款电脑搬回家，真是孩子高兴，你们也放了心。售价不到4 000元，只有3 800元，很划算，那我给你开票了？

夫妇：好的，我们也没有时间再逛。就它了！

你能找出这个案例里哪些是特性，哪些是优势，哪些是利益吗？请把表示优势和利益的标志性词语画出来。

虽然在多数情况下，在介绍产品时要遵循FAB的顺序原则，但有时也有特殊情况。

对于专家型顾客可以只讲或是多讲特性，但对于普通顾客则不可以。因为专家型顾客对产品的特性、优势、利益都比较熟悉，自己可以建立起产品和需求的有效链接，而普通顾客由于缺乏产品知识往往不能在自身需求和产品特性间建立起有效链接。

对于大众熟知的产品可以不讲特性，比如日用品等。因为大家普遍具备产品基本知识，这时可以不讲、少讲特性，多讲、重点讲优势和利益。比如，如果你认为大家对服装布料的知识都很丰富的话，就可以不讲特性。但对于小孩来说，最好还是说一点特性好，因为他们对布料的认知比成人差。

在同时面对大量顾客的时候，有时只能讲特性，但对顾客来说只是隔靴搔痒，不能痛击顾客的需求点，只能期望顾客自己主动地各取所需。有时，在新产品上市的初期，我们也只讲特性，借以激发顾客发现产品的更多优点和利益，而直接说利益的话，可能就约束了大家的思维和创造性的应用。电视广告由于通常是面对千万电视顾客，所以通常只能说特性。选择说利益的时候，一必然会“对号入座”地缩小了顾客的范围，但往往能直击顾客的兴趣点。对于销售，由于往往面对的是单一顾客，说利益的重要性就更显而易见了。如果在面对大量顾客的时候一定要讲利益，那么，就一定要通过列举的方式把所有的利益点都说到。

如果只讲特性和优点，就是期望顾客自己来完成利益和产品的链接。但是，在这种情况下，往往是销售员会显得很盲目，顾客也很茫然。

虽然，FAB的顺序比较常见，但是，有时BAF的顺序效果更为出众。BAF，即先讲利益，首先用利益点吸引顾客，然后再讲优势和特性，用优势和特性向顾客证明产品确实可以提供他所关心的利益，满足其需求。我们把上一个案例中导购员的最后一段介绍按照BAF的顺序也介绍一遍，大家体会一下这种区别。

案例：BAF的顺序介绍

……

导购员：

我明白了。那我向您推荐这款笔记本电脑，它最适合你，为什么这样讲呢？

首先，你买回去，你儿子一定会喜欢得不得了，觉得你和其他父母不一样，你们懂他。因为与其他型号和品牌的电脑相比，这款电脑更符合孩子的心理需求，很多孩子看见这款电脑后，都爱不释手，纷纷叫着父母来买。这是因为它是钢琴烤漆，有漫画图案，色彩鲜艳。

其次，这款电脑可以使你的孩子免受不良信息的侵蚀，因为我们为这款电脑预装了绿色管理软件，与其他品牌和型号的电脑相比，能更好地屏蔽掉不良网站。

最后，还有更重要的是，它可以有效地避免孩子沉溺于游戏，如果孩子沉溺于游戏，可就麻烦了。这两天报纸上还有这样的报道，因为沉溺游戏，孩子离家出走，真是让人担心。为什么可以避免孩子沉溺于游戏呢？因为我给你推荐的这款电脑有软件安装管理功能，换句话说，这个电脑上装什么软件和游戏，都是你说了算，益智怡情的游戏可以多安装些，不好的游戏没有得到你的允许，谁也装不上。

同时，这款电脑的性能能满足学习工作要求。如果你把这款电脑搬回家，真是孩子高兴，你们也放了心。

售价不到4 000元，只有3 800元，很划算，那我给你开票了？

二、FABEV

FABEV是指在FAB之后加了EV两个环节。

E是evidence,指证明,即为什么我要相信你,如何降低我的购买风险,请拿出证据来,给出举措来。

V是value,是指价值感,具体指报价,指报价的流程和技巧要能给客户更高的价值感。只有遵循先FABE和V的流程,才能给予客户最大的价值感。

三、QFABEVQ与PSABEVQ

QFABEVQ是FABEV的进一步扩展,是指在正式有关产品的陈述时,前面要先问一个问题,后面也要以问一个问题结束。Q是questions,是问问题的意思。比如,在介绍去屑洗发水前,先问大家有没有遇到过头皮屑的烦恼;在介绍完去屑洗发水后问大家觉得怎么样,获得反馈,为成交做准备。

PSABEVQ是QFABEVQ更一般化的说法。P是problems,Q是questions。P是问客户感同身受的问题,工作或生活中遇到的问题或痛点场景。Q是问指向成交的问题,比如这个产品是不是很好,你是刷卡还是付现金等。S是solutions,是解决问题的方案,是比features更准确和更一般的表述。

四、立体化陈述

在进行产品陈述时,最常用的是语言,但有时仅用语言是不可以的,需要进行多方式的立体化的陈述。这包括语言、图片、实物、实验、书面文件等。

(一)语言介绍

1. 讲故事

从小我们就喜欢听故事,童年就是在听故事中长大的。现在,顾客和我们一样,仍然喜欢听故事。通过故事,销售人员可以把想要向顾客传达的信息变得饶有趣味,使顾客在快乐和好奇中接受信息,对产品产生浓厚兴趣。当一个销售人员能让产品在顾客心目中留下一个深刻、清晰的印象时,他就建立了真正的优势,他就成功了一半。某处温泉富硒,能够治疗很多疾病。外地人纷纷慕名而来,半信半疑询问当地接待人员是否真有其事。当地接待人员介绍说,曾有一老者坐轮椅来泡温泉,泡了一个月后,这个人骑着自行车就跑路了,还有半个月的账没结呢,我们这里的小伙子骑摩托车追都追不上!

案例:阿胶糕的美丽故事

我们在培训一家阿胶糕企业时,要求所有销售人员务必掌握以下关于阿胶糕的故事。用美丽的阿胶糕的故事来开启和深入与顾客的谈话。

药圣李时珍在《本草纲目》中说道:“阿胶本经上品,弘景曰:‘出东阿,故名阿胶’。”阿胶和美有不解之缘。历史上中国四大美女之一杨贵妃及其姐妹就与阿胶有着分不开的传说。古代形容美人最典雅的词汇是“玉指若葱,肤若凝脂”,而历史上最“肤若凝脂”的人就是杨贵妃。白居易《长恨歌》中写道:“春寒赐浴华清池,温泉水滑洗凝脂。”此言一出,后世不由分说就认为那“凝脂”是华清池温泉水洗所致。但是,事实果真如此吗?肖行澡在《全唐诗・宫词补遗》中指出:“铅华洗尽依丰盈,雨落荷叶珠难停。暗服阿胶不肯道,却说生来为君容。”圣人说,饮食和男女,是人之为人的最大欲望。杨贵妃如此妩媚,也就不难理解唐明皇为何从此不早朝了。杨贵妃的姐姐虢国夫人也是大美人，诗人杜甫作诗《虢国夫人》曰：虢国夫人承主恩，平明骑马入宫门；却嫌脂粉污颜色，淡扫蛾眉朝至尊（一说此诗非杜甫所作，是张佑所作，出自《集灵台二首·其二》）。明代的朱克生却指出：杨贵妃的姐姐虢国夫人一天三盏地吃阿胶也是为了取悦唐明皇。于是说道：虢国夫人蛾眉长，酥胸如兔裹衣裳；东莱阿胶日三盏，蓄足冶媚误君王（《秋舫日记·莞尔唐史》）。后来，由于阿胶服用不便，被改良成了阿胶糕。阿胶糕是根据江南一带的消费习惯和元曲四大家白朴的元曲设计的方便型阿胶食品。元曲说"阿胶一碗，芝麻一盏，白米红馅蜜饯，粉腮似羞，杏花春雨带笑看，润了青春，保了天年，有了本钱"。这一曲牌名叫《秋夜梧桐雨之锦上花》（见毛晋《六十种曲·卷六》白朴《秋夜梧桐雨》第三折之《锦上花》），在元朝就已经广为流传。

优秀的销售人员要善于总结故事，善于讲故事。那么从哪里去寻找和提炼故事呢？其实，我们可以从以下方面去寻找故事的线索：老板创业经历，优秀员工事迹，企业发展历程，产品研发过程，行业发展历史，每一次销售经历，每一个顾客的购买过程和评价，和竞争对手的竞争形势等。一个好故事可以让一个冰冷的产品变得生动和有温度。当你销售的产品不是有形物品而是无形服务时，故事的魅力就更大了，它会让看不见的服务变得触手可及，具体而生动形象。

2. 案例

案例：顾客一句话胜过千言万语

我们的顾客经理去参加一个企业论坛，期间和旁边的一个企业的老总叶总聊了起来。当这位老总知道我们是一家策划机构后，很感兴趣。但一直以来对策划的效果持怀疑态度。我们客户经理把我们过去服务过的两家企业老总的电话告诉了他，请他向这两家企业了解情况。后来，我们的一家客户打来电话，说一位姓叶的企业老总给他打过电话，了解策划的效果。这时我们感觉到，这位叶总真的是想做策划，也是一位特别严谨的人。最后，叶总果然请了我们为他的企业做策划，但这并不是源于我们能说会道，而是源于那家企业客户的一句话证明。

事实胜于雄辩，在事实面前，千言万语都会变得苍白无力。

有一次，拿破仑对他的秘书说："你跟着我，作为秘书，可以流芳百世。"秘书不以为然，笑着说："将军，您能告诉我，亚历山大的秘书叫什么名字吗？"拿破仑无言以对。

优秀的销售人员会把每一位服务过的顾客的姓名记录下来，让每一位服务过的顾客都成为他的证人，让每一位顾客都有一个美丽的故事。

（二）图片讲解

中国有句俗话：耳听为虚、眼见为实。因此，如果要说服顾客购买，单凭一张嘴是不够的，而且效果也未必大，如果您能够善用图片、光盘等视觉化工具，效果便会显著地增加。"百闻不如一见"也是这个道理。销售高手总是让顾客自己发觉产品的好处，而不是告诉顾客产品的好处。同时，顾客也害怕被销售人员牵着鼻子走。文字、图片、光盘、视频等，给了顾客自己去了解产品的机会。同时，图片等本身就能比较好地吸引顾客的注意力和兴趣，所以，图片胜过语言。

（三）产品展示与实验

案例：展示，让产品自己来说话

茅台酒是世界三大名酒之一，是我国大曲酱香型酒的鼻祖，是中国酒产业的骄傲。据史载，早在公元前135年，古属地茅台镇就酿出了使汉武帝"甘美之"的枸酱酒，盛名于世。而让全世界都为之倾倒，则是茅台酒在巴拿马万国博览会上的"一摔成名"。1915年，茅台酒参加美国旧金山巴拿马万国博览会。当时，茅台酒装在一种深褐色的陶罐中，不仅包装本身就较为简陋土气，而且又是陈列在农业馆，杂列在棉、麻、大豆、食油等产品中，一点儿也不起眼。茅台酒没有名气，包装也不显眼。最后一天，仍无人问津。因茅台酒有在南洋劝业会获奖的历史，很受中国代表团推重。怕这样有竞争力的展品被埋没在农业馆，于是有代表提出将茅台酒移入食品加工馆陈列，以方便突出其位置。搬动时，一位代表不慎失手，一瓶茅台酒从展架上掉下来摔碎了。陶罐一破，茅台酒酒香四溢。那些国际品酒专家寻香而来，品尝之后，纷纷叫好，茅台酒一举成名。中国参展代表掷茅台酒酒瓶震了国威，茅台酒一举夺得金奖，从此跻身世界三大名酒行列，成为中华民族工商业率先走向世界的杰出代表。

茅台酒一摔成名被每个茅台人所熟知。同样，在杉杉服装员工里，也流传着这样一个故事。衫衫服装最初进军上海市场，要进百货商场，因为名气小，商场不欢迎。公司就在商场门口摆了一台洗衣机，将衫衫衬衣放进去洗。洗了拿出来，再放进去……演示了三天，衬衣拿出来，居然没走型。商场工作人员彻底被其产品的高质量所征服，最终同意设立专柜。

当你用语言和图片等无法打动顾客时，要让你的产品自己来说话，产品本身可能是最好的说服手段。展示是指把产品实物带到顾客面前，通过对实物的观看、试用、操作、触摸、试验等，让顾客充分地感受到产品的优势以及能给顾客带来的利益。

> 好的产品会说话！让你的产品自己来说话！

您可以尝试下列几种方式，进行有效的展示活动：

（1）让顾客亲身体验和参与，用眼睛去看，用手和皮肤去触摸，用鼻子闻、用耳朵听、用舌头品尝。

（2）当场使用和试用。

（3）现场实验。

（4）现场展示，比如汽车展示、服装表演。

（5）参观工厂厂房、企业大楼、原料基地、制造加工过程等。

下面，我们再来看一个案例，销售人员通过出色的现场实验并鼓励顾客参与实验，从而让产品性能给顾客留下了深刻的印象，并征服了顾客。

案例：眼见为实，亲自验证

某单位新建办公楼，需要一批电工开关。很多电工企业的销售人员闻风而动，蜂拥而至。如何才能胜出呢？有的销售经理打价格战，有的销售人员突出自己产品的使用寿命，有的突出自己产品的外观设计,他们也都说到和强调了产品的安全性。这家单位负责此事的决策人也特别强调了产品的安全性。但是,没有一家企业的产品在安全性方面给他留下深刻的印象,都是拍着胸脯承诺而已。这时,A 电工企业的经理拿着开关样品跑到决策领导的办公室,当场请领导用打火机来烧这些开关。结果,打火机都烫手了,而开关竟然没被引燃,这种"不怕打火机的开关"深深震撼了这位领导,决定把这个开关订单交给这位销售经理。其实,并非只有这家电工企业的开关产品具有较强的阻燃性,只不过是它的销售经理通过实验更好地把这一特性传达给顾客而已。

(四) 撰写建议书

当我们无法短时间把产品和服务说清楚的时候,或顾客不允许给我们更多的时间当面介绍产品的时候,顾客不能短时间理解我们的产品的时候,我们需要准备一份文字性的建议书。

一份好的建议书,在内容上应该遵循 FABEV 的程序(即特点、优点、利益、证明、价值);在实质上,要回答顾客关心的 7 个问题即 7Q;在沟通上,要保证关键人士看到建议书。一般形式上,建议书需要由 10 个部分构成,它们是:

(1) 封面和标题;

(2) 问候语;

(3) 目录;

(4) 目的和目标;

(5) 现状和问题;

(6) 原因和改善对策;

(7) 采取对策前后比较;

(8) 采取行动的成本和效益分析;

(9) 结论和行动号召;

(10) 佐证材料和相关附件等。

当然,在建议书的实际写作中,不要拘泥于格式形式,只要遵循以上原则,把事情说清楚就好。下面是一个简化的培训建议书案例,供参考。

案例:ZT 集团新进销售人员培训建议书

一、前言

本着坦诚交流、互惠互利、长期共赢的原则,在前期同 ZT 集团刘经理沟通的基础上,特制定本建议书。在此,感谢刘经理前期的支持,建议书不明之处或有待协商之处,请及时联络沟通。

二、新进销售人员的现状和问题

ZT 集团新进 30 名销售人员,其来源为 LC 地区各高校 2011 届毕业生。企业和他们当前面临的最大问题是:

1. 没有做好从学生到职业人转变的准备;

2. 担心不能快速融入团队,同时,缺乏胜任岗位工作的相关知识和技能培训;

3. 从以往来看,新进销售人员的流动率很大,尤其是应届大学生;

4. ……

三、对策

对新进销售人员进行全封闭式入职培训。具体建议是：

1. 培训时间：7天，具体时间另行商定。

2. 培训地点：NS山庄

3. 师资力量：略

4. 培训课程：(1)团队训练；(2)专业知识；(3)执行力训练。

四、收益

1. 使新进销售人员养成责任意识、团队意识、感恩意识、忠诚意识、服从和执行意识等职业素养，形成良好的团队气氛；

2. 掌握从事销售工作所需的营销等专业知识，实现从学生到职业人的转变，与后续企业内部车辆专业知识培训相衔接，能胜任岗位要求；

3. 有效减少新进销售人员入职后的离职率，降低人力成本；

4. ……

五、为什么选择我们

（一）便宜

与社会商业化培训机构动辄每人5 000元，少则800元的培训费用相比，我们本着为企业省钱的原则，收取最低费用，实实在在为企业省钱。

（二）专业

10年积淀，我们洞悉行业内幕和趋势，在山东省无出其右。

（三）全力以赴

中国重汽、山东润华、山东交运、泰安交运、烟台交运等纷纷把企业培训交给我们，从不考虑其他培训机构。因为，我们立足于和企业的长期合作、全面合作、深入合作、真诚付出，全力以赴！

六、投资

8万元，合380元/人·天。

七、联系人及电话

略。

（五）在产品展示和说明中的注意事项

1. 强调顾客参与

只有顾客参与进来，顾客的感受和体会才会更深刻。千言万语比不上顾客亲身体验。所以，卖衣服不要怕顾客试穿；卖化妆品不要怕顾客试用。

2. 多种形式反复强调、强化重要的FAB点（特性、优势、利益）

比如就衣服的材料是棉质的这一点，我们可以通过不同的形式来反复表现和强调，这样可以确保顾客对我们产品的重要卖点印象深刻。我们这件衬衫是全棉的，你可以摸摸看，是不是特别柔软？你再穿上试试。再和这件比较一下，棉的就是舒服。

3. 使用积极的词汇而非消极的词汇

比如在介绍价格时，不要说贵，要说物有所值；不要说不值钱，说物美价廉、经济实惠。比如，不要说对不起，现在没货，10 天后才能到货；而要说只要 10 天，属于你的货就到了；不要说失败的概率是 20%，而要说成功的概率是 80%；不要说没有，而要说请稍等。

4. 使用顾客听得懂的语言，而非专业术语

销售人员在介绍产品时，一个常犯的错误就是使用行业内的术语，而忘记了顾客可能听不懂，尽管这些术语对于销售人员自己就像大白话一样。比如，我服务过一家公司，是做软装的。业务人员在向顾客交流的时候，满口都是软装术语，尽管自己眉飞色舞，但顾客却不知其所以然。于是，我们建议他们在和顾客沟通的时候，先使用家居饰品、"轻装修重装饰"等更通俗易懂的说辞。

5. 让顾客融入使用产品后的美好画面中去

使用形象化的生动词汇，向顾客描绘使用产品后的美好愿景，让顾客为之激动。比如，当你把这台打印机搬回家，放在电脑桌上的时候，属于你的全自动打印室有出现了。

五、销售准备

（一）了解产品的定位和卖点

定位和卖点是一个概念的两种说法，在营销上多讲定位，在销售上多讲卖点或买点。

所谓定位，就是你想让消费者认为你的产品是什么，消费者实际认为你的产品是什么。比如在济南家电市场上，国美的定位是低价，三联的定位是优质服务。

所谓卖点或买点，其实就是(我们试图说服)顾客购买产品和服务的理由，最好的卖点是最能打动顾客的购买和消费理由。以房地产销售为例，它的卖点可以是户型、交通、价格，也可以是周围配套、建筑理念，甚至居住邻居等。同一个产品面对不同的顾客，可以有不同的卖点。比如，销售人员可以用有小学配套这个卖点吸引张女士来购买房子，也可以用交通方便这个卖点吸引刘小姐购买同样的房子。销售人员有必要把产品所有可能的卖点都列举出来。

销售人员要了解和理解产品的定位和卖点，可以从询问新老顾客以下 3 个问题开始：

(1) 把产品的定位和卖点告诉新顾客，询问新顾客是否会因为这样的产品定位和卖点而产生购买的意愿，以及这种意愿的强烈程度。

(2) 把产品的定位和卖点告诉老顾客，询问老顾客当初是否是因为这样的产品定位和卖点而产生购买的意愿，以及这种意愿的强烈程度。

(3) 询问老顾客当初选择公司产品的真正原因是什么，老顾客对产品的评价是什么。

（二）熟悉自己的产品

一位阿胶糕销售人员，与潜在的经销商谈得很投缘，经销商也表达了代理销售公司产品的意愿。但是，当代理商问到销售人员，阿胶糕都是由哪些原料加工而成的时候，竟然支支吾吾，说不上来。于是，经销商认为该销售人员不专业，继而放弃了与他的合作。后

来，公司派了一位对产品知识很专业、对销售政策很熟悉的销售人员过去才挽回了这次合作。

因此，销售人员务必掌握产品知识，做到：了解产品性能的程度使内行人感到惊讶；了解产品用途的程度使顾客感到惊喜。产品知识的学习和掌握是销售人员上岗培训的重要内容。没有掌握产品知识的销售人员是不能上岗的。

案例：对汽车销售顾问的要求

顾问式汽车销售一般要求销售顾问必须拥有驾照，会开车，同时要求汽车销售顾问必须熟悉汽车的结构原理、主要性能指标、维修保养等知识，还要了解各种汽车的型号、用途、特点和价格，以及保险、购置税费、购车贷款和担保等一系列政策规定，还要熟悉汽车销售工作中的每个环节及细节，如进货、验收、运输、存车、定价、签订合同、开票出库、交车、验车、挂牌等手续。因为，只有这样才能当好顾客的"顾问"，回答顾客提出的各种问题。

总结一下，销售人员应掌握的产品知识包括：(1)原材料和生产工艺；(2)产品的技术指标；(3)与竞争产品相比的优劣势；(4)价格和付款方式；(5)产品的使用场合、使用方法、用途、维修保养、安全问题、其他注意事项等；(6)售后服务；(7)交货方式和交货期限等。所以，新员工入职的第一步就是全面熟悉产品。我们曾经服务过一家涂料企业，建议所有销售人员先要从车间做起，然后再到顾客现场实际操作两个星期，最后才是销售技巧的培训。这样做的目的就是让销售人员能够对其所销售的产品有个彻底的了解，成为产品的专家。其实，只要公司对自己的产品有信心，我建议公司规定所有销售人员都使用自己公司的产品，销售涂料的员工在装修房子时只能使用自己销售的涂料，销售蛋白粉的员工必须天天购买和食用自己销售的蛋白粉，这既能增加员工对自己产品的了解，也能增强员工对产品的信任。

（三）信赖自己的产品

案例：妈妈级销售冠军

王丽有了身孕后，就辞掉了原来的工作，安心在家。孩子出生后，一家人都很开心。但是，孩子经常便秘，大便干硬，让王丽很是担心和烦恼。后来，经朋友推荐和上网了解，就尝试给孩子吃H品牌奶粉，结果，小孩的大便逐渐通畅，身体越来越好，抵抗力也比过去明显增强了。孩子1岁后，王丽打算重新找份工作，碰巧H品牌奶粉正在招聘销售代表。王丽就前去应聘并被录用。被录用源于自己的经历，王丽对H品牌奶粉特别信赖，言语之间透着自信。而与王丽相比，那些未婚的小姑娘们显然在介绍产品的时候底气不足。结果，王丽很快就成了公司的销售冠军。

销售人员必须百分之百地相信自己的产品，相信自己的产品一定能给顾客带来帮助。如果你自己都不愿意买、不敢买、不相信自己的产品，那又怎能说服别人呢？要发自内心地相信自己销售的产品是好产品，顾客不购买就是顾客的一种损失。记住这样一句话：世界上从来没有、未来也不会有完美的产品，只有能帮到顾客的产品；能帮到顾客的产品就是好产品。微软的 Windows 操作系统尽管一直备受一些用户和专家的挑剔和指责，但它实实在在帮到了广大用户，成为全球占有率最大的操作系统。

> 世界上从来没有、未来也不会有完美的产品，只有能帮到顾客的产品；能帮到顾客的产品就是好产品。

第五节　面对提问、异议和拒绝

一、提问、异议和拒绝

提问和异议不是一回事，尽管有时异议通过客户的提问表现出来，但是提问有时仅是客户想要全面了解一些信息而已。比如，这台车的价格是多少？这是客户在要了解一些信息。你们的产品质量不好吧？这就是异议，它是客户对我们和产品的陈述做出的负面判断、不利的评价或不一致的判断。比如，同样的产品，你们的价格贵啊。因此，异议既可以通过提问的方式，也可以通过直接表述的方式来表达。

拒绝是客户的异议不能得到我们有效处理的结果。当客户提出的异议或隐藏的异议不能在我们这里得到满意的答复时，客户就会拒绝选择和购买我们的产品。

提问、异议和拒绝可以发生在推销和谈判的任何一个阶段。从接触客户开始，到成交之前的任何一刻，都可能发生来自客户的提问、异议和拒绝。在我们介绍完产品之后的阶段，客户的提问、异议和拒绝表现得更为集中和突出。当然，在谈判中，提问、异议和拒绝是双向的；而在推销中，更多强调的是来自客户的提问、异议和拒绝。

面对客户的提问、异议和拒绝时，首先需要解决的一个问题：客户的提问、异议是好事吗？应该以什么样的心态去看待和面对拒绝呢？

来自客户和谈判对方的提问和异议都是好事情。无论是提问还是异议，都呈现了两个信号：首先，客户在认真对待这个事情；其次，客户所关心和在乎的，他通过自己的提问和异议清楚无误地告诉了你，你无须再去费时费力地琢磨客户关心、在乎什么了。所以，我们应该热烈地拥抱和欢迎客户的提问和异议，关键是我们准备好回答客户的提问和异议了吗？其实，客户或谈判对方不提问、不说话、不表态才是最可怕的，也是最让人忐忑的。

拒绝不是好事，关键是我们如何认知、解释拒绝，之后又该如何做。记住，客户拒绝的是产品而不是你，客户拒绝的是这一次购买或合作，而不是永远拒绝购买和合作。拒绝发生后，我们应该坦然面对，调整心态，生意不成朋友在，成不了生意伙伴，但也可以成为朋友，说不定以后还有机会。

面对提问，我们只要据实回答就好。如果客户的提问指向了产品的劣势和不足，我们就要把它当成异议来处理。

根据异议的来源可以分成来自顾客方的异议和来自销售方的异议。来自顾客方的异议，比如顾客确实没有能力购买，也确实不需要，于是他只好找各种理由来让你知难而退。这种来自顾客的异议，只能靠找准顾客，找到合乎合格顾客标准的顾客来解决。来自销售方的异议，是由销售方造成的异议，又可进一步划分为三类：针对公司或品牌的异议，针对销售人员的异议，针对产品的异议。比如，你们公司没有社会责任感，你们公司我没有听说过，不值得信任，这些就是针对公司或品牌的异议。你这个人我不喜欢，就是针对销售人员的异议。你的产品质量不好，就是针对产品的异议。公司或品牌层面的异议，需要公司层面来解决。销售人员层面的异议，需要销售人员自身来解决。下面介绍的处理异议的原则和技巧，主要是针对产品本身异议而言的。

二、四大典型抗拒和异议

与顾客购买决策行为相对应，在销售中，顾客存在着 4 大抗拒和异议，这是需要销售人员去面对和解决的。这 4 大抗拒和异议是：

1. 需求抗拒。比如，我不需要。

2. 权力抗拒。比如，我说了不算。

3. 财务抗拒。比如，我没有钱，太贵了。

4. 时间抗拒。比如，我现在不需要。我要考虑考虑。我没时间。我还有重要事情要处理。

能否有效地化解这 4 大抗拒反映了一个销售人员 7Q 销售素养的高低。

1. 需求抗拒

顾客提出不需要所销售的商品。具体语言表现是："我不需要""我们已经有了""我们库存还很多""这个东西有什么用？""我小舅子是做这个的""我已经有满意的合作伙伴了""我们已经有中意的产品了"等。

销售人员要正确区分顾客现实需要和潜在需要。现实需要是顾客已经认识到并表现出来的对产品的需要；潜在需要是顾客还没有表现出来的需要。

我们在向顾客销售产品时，听到最多的一句话就是"我不需要你的产品"。销售工作一个重要的任务，就是唤起顾客的潜在需要，然后再去满足顾客的需求。如果顾客对产品确实没有实际需求和潜在的需求，也没有必要强力销售，应该是转而去寻找更多合格的新客户。

下面，我们看一下，当销售人员面对顾客需求异议而顾客确实有潜在的需求时，有哪些处理这种异议的方法可以借鉴。

如果顾客说："我没兴趣。"

那么销售人员可以这样说："你这样说，我完全可以理解。对一个陌生的产品，在不了解其用途的情况下，任何人都不会产生兴趣，我也一样。不过，了解过我们产品的顾客都说这个产品确实对像你这种情况的顾客有很大帮助。王总，我想让你了解后再做决定，绝不勉强。你看我是星期一还是星期二过去找你呢？"

如果顾客说："我不需要！"

那么销售人员可以说："我非常理解，先生，要你对不知道有什么好处的东西感兴趣实在是强人所难。正因为如此，我才想当面向你进行介绍和说明我们产品的好处。你看我是星期一还是星期二过来看你呢？"

如果顾客说："说来说去，还不是销售产品？！"

那么销售人员可以这样说："我当然很想把好产品销售给你，不过只有你觉得你真的需要它，真的觉得它好的时候，我才会卖给你。我相信，这样好的产品一定能给你带来切实的好处。”

其实,在多数情况下,顾客的需求异议只是出自本能的自我保护和警戒,担心你会强行向他销售而产生的。因此,让顾客更多地了解你谈话的目的,让顾客把握整个拜访和谈话的进程,可以有效地降低顾客的警戒心里,敞开心扉与你沟通,从而大大减少被顾客拒绝的情形。比如:

“张先生,请给我3分钟时间,让我把这个产品的好处介绍给你。我不会把你不需要的东西卖给你的,3分钟后,买不买,由你决定!如果你觉得产品不适和你,我立即离开,不会停留半步。”

2. 权力抗拒

顾客表示,自己无权作出决定,销售人员找错人了。具体语言表现是:“订货的事我无权决定”“我做不了主”“这需要向领导汇报”。

顾客会在两种情况下提出权利异议。这两种情况是:

(1) 顾客的陈述是事实,他确实没有购买决策权;

(2) 推脱或借口。

第一种情况下,说明销售人员对顾客的资格审查出了差错,应及时纠正,要么寻找隐藏在顾客背后真正的决策人,要么重新选择和接近正确的销售对象。对于第二种情况,要根据具体情况,灵活化解。在处理这些情况时,有以下方式可以借鉴:

如果顾客说:“我要先向领导汇报!”

那么销售人员可以这样说:“好,我理解。可不可以找个领导一起来谈?这样既可以让领导知道你是个有责任心的人,也可以让领导更好地了解我们的产品。”

如果顾客说:“要做决定的话,我得先跟合伙人谈谈!”

那么销售人员可以这样说:“我完全理解。先生,我们什么时候可以跟你的合伙人一起谈?”

3. 财务抗拒

财务异议,也称为支付能力异议,即顾客自认为无钱购买,也分为真实和虚假两种情况。

真实情况下,销售人员可能要暂时停止销售;虚假情况下,说明顾客对产品价值没有正确的认识,或已经决定购买其他品牌的产品,销售人员要使用产品说明和展示等方法,让顾客进一步了解产品的价值,可以这样做:

如果顾客说:“抱歉,我没有钱!”

那么销售人员可以这样说:“您的坦诚让我感到同您做朋友真是荣幸。事实上,我的工作是让您花最少的钱买到最好的产品。陈先生,您一定想知道我是怎么做到的。下星期一,我是上午10:00还是11:00去拜访您呢?”

4. 时间抗拒

时机异议的具体语言表现是:“没有时间”“太忙了”“以后再说”“我再考虑考虑”“你等我电话吧”等。在处理这些情况时,有以下方式可以借鉴:

如果顾客说:“我没时间!”

那么销售人员可以说:“我理解。我也老是时间不够用。不过只要3分钟,你就会知道，这个事情对你是多么的重要。”

如果顾客说：“太忙了！”

那么销售人员可以这样说：“刘先生，我知道您很忙！就因为这样我才先与您约定时间。您知道的，大家都很忙。不过，我只同您谈 15 分钟！下星期二，下午 2:30 还是 4:30 好呢？”

如果顾客说：“我要先好好想想，考虑考虑。”

那么销售人员就可以这样说：“张先生，您能告诉我您到底还在顾虑什么吗？”

如果顾客说：“我再考虑考虑，下星期给你电话！”

那么销售人员可以这样说：“好的，刘先生，你看这样会不会更简单些？我是星期三下午给你打电话，还是星期四上午给你打电话比较好？”

所有抗拒的根源要么源于客户没有看到价值和重要性，要么客户不是“合格”的客户。

小王很喜欢小丽，可是小丽喜欢小刘。周末，小丽在家无所事事。这时候，小王给小丽打电话，“小丽，我有两张电影票。晚上一起去看电影啊。”小丽说：“我很忙，没有时间。”百无聊赖之际，小丽于是晚上约好友小芳一起去逛街。过了一会儿，小刘也打来电话：“小丽，我有两张电影票。晚上有空吗？一起去看电影啊。”小丽毫不犹豫地说：“有空，有空，我们不见不散啊。”然后，给小芳打电话取消了逛街计划。由上可见，顾客拒绝你，是因为你在他心里不重要，你说的事情对他来说不重要。所以，所有化解抗拒的手段都可归结为塑造自己对顾客的价值（即重要性），塑造见面对顾客的价值，塑造事件对顾客的价值。而我们之所以不能针对顾客塑造价值，是因为我们对顾客的了解太少。因此，对顾客的调查和情报搜集是销售的一项重要任务。

如果客户确实是“不合格”客户，那我们只有更换客户，寻找到“合格”的客户才可以处理掉抗拒。

三、面对异议的总体思想认识

1. 提高每一个销售环节的质量

前期销售环节的质量越高，顾客的异议就越少。

如果前期的销售工作质量不高，就会为后面的销售造成各种潜在障碍，产生各种异议，即异议多产生于前期销售工作的缺陷。因此处理异议的关键是提高前期销售工作的质量。比如，在没有清晰把握顾客需求的情况，贸然进行产品说明，必然会出现产品说明不能直达顾客内心的状况，顾客会产生这样那样的异议，尤其是会感觉到“我不需要”。

2. 深入了解和掌握公司、产品、同行和顾客的信息

正确处理顾客异议的前提是对自己的公司、产品、竞争对手和顾客等有深刻的了解。

当顾客对销售人员提出“他朋友在北京购买的同样一款手机比你在济南卖得便宜”这样的异议时，我们发现新销售人员往往缺少办法、无所适从；而老销售人员就能自然快速做出反应。这是因为老销售人员清楚地知道，价格有批发价、零售价、促销价的区别，渠道有正规卖场、批发市场、小门店的区别，产品有行货和水货、假冒伪劣的区别，服务有有三包和无三包的区别。显然，后者对公司、产品、竞争对手和顾客有深入的了解。

3. 面对异议要有良好的心态

嫌货才是买货人。销售始于拒绝。异议有助于你得到更多的信息，更全面和深入地了解顾客。处理异议是销售人员价值的体现。被拒绝一次，就离成功近了一步。

4. 坚持拜访

数据表明：(1)平均拜访5次才能做成1次交易；(2)80%的交易是在第2次至第11次间完成的；(3)95%的人拜访1次顾客后，就再也没有过拜访。跟踪和与顾客保持联系可以使你时刻处于顾客的选项之内。拜访的时候要注意：(1)每次拜访都要有目标；(2)为每次拜访设计好理由和借口；(3)设计好合适的时间间隔；(4)每次拜访谈话开始时要承上启下，即简要回顾上次拜访的情景，说明此次拜访的目的。(5)一定要相信这次拜访能成功。(6)一定要相信这次拜访不是生意的结束，而是生意的开始和继续。(7)目的是销售，但形式上绝不是问顾客"你什么时候买"，更重要的是要抱着解决顾客问题的心态去拜访。

5. 掌握一些常用的处理异议的技巧

6. 乐于做候补

我们并不能解决掉所有的异议，有时礼貌地离开，甘于作替补和第二选项也是明智的选择。当顾客需要我们或不再满意已有伙伴时，我们机会就来了。

在以上处理异议的策略中，我们会发现只有一项是关于处理异议的技巧的。这其实是在说明，处理顾客异议的关键根本不在于掌握了多少异议处理的技巧，而在于：是否把前期的销售工作做好了，是否真的做到了对行业、企业、产品、对手和顾客的全面了解，是否有了良好的心态。

> 处理顾客异议的关键根本不在于掌握了多少异议处理的技巧！

四、处理顾客怀疑和异议的一般原则

1. 提前做好准备

"不打无准备之仗"，提前预测好可能遇到的所有异议并准备好答案。心中有数、胸有成竹，自然在顾客面前就能自信从容、沉着应对。各种可能遇到的异议可以由销售员自己提出，而应答对策最好由销售团队集体拟定为好，这也顺应了销售团队建立学习型组织的潮流，所谓大家帮助大家，大家里面有专家。销售人员把每天遇到的情况和预测到的顾客的可能反应写下来，然后按照重要性和出现的频率进行分类排列，大家讨论并最终形成最佳的应对语言，写入销售培训手册。最后通过各种演练，每个销售人员要做到运用自如、脱口而出的程度。

2. 选择好时机

销售人员在面对顾客的异议时，有四种选择：

一是，在顾客未明确提出异议前，我们就把顾客的异议处理掉。比如，价格异议是一个普遍的异议，所以，销售人员干脆就说，很多顾客一开始觉得我们的产品有些贵，但经过深入了解和比较之后，发现我们的产品真是物超所值。

二是，等待顾客提出明确的异议后，再处理。

三是，当顾客提出异议后，延后一段时间再处理或请他人来帮你解答。这种情况最可能是销售人员不能很好地回答顾客异议时，而采取的缓兵之计。

四是，不回答。对于无关紧要的异议，销售人员可采取以下措施一带而过：充耳不闻，按自己的思路继续；答非所问，转移话题等。

3. 先认同、再澄清

与顾客争辩是销售中的一大忌讳，往往是赢了顾客、输了生意。因此要避免争辩，在不争辩中解决掉顾客的异议。

销售人员要尊重顾客和顾客的意见。比如，你说得有道理，但你有没有注意到我们的质量非常高呢？即使对于无法回避的争议性问题也要做到先认同，再澄清。但认同要讲究一定的策略：

(1) 认同顾客产生这样的想法是可以理解的，也可适时赞美，而并不一定认同顾客说的是事实；

(2) 可以认同过去，而不是认同现在；

(3) 认同其他公司、产品或销售人员可能会犯这样的错，而不是认同自己、自己的公司、自己的产品有这样的错。

> 是认同顾客，不是向顾客认错！

4. 先澄清、再应对

案例：喝汤

一位先生进一星级大酒店就餐，要了一碗鲜汤。鲜汤上来后，这位先生对服务员说："这汤怎么喝呢？"服务员一听，想必顾客一定发现这汤做得不够精致，我们是星级酒店，一定要满足顾客的高要求。于是，面堆笑容，二话没说，送回厨房，对厨师说："顾客说，这汤没法喝！"重新做一碗。新汤上来后，顾客又向服务员说："这汤怎么喝啊？"服务员一想，这位敢情不是来喝汤的，是来挑毛病，找碴儿的。于是，找来经理。经理走上前，问道："先生，这汤有问题吗？"顾客说道："汤没问题，只是没有小勺，你让我怎么喝这汤？！"

对于这件尴尬事情的发生，究其原因，我们当然可以责怪是顾客没有说清楚。但是，在和顾客交往的时候，我们只能是期望于首先改变我们，让我们自己先做对。那我们问清楚了吗？这个小故事恰恰深刻说明了，作为销售人员，理解并澄清顾客异议的真正含义是多么的重要。例如顾客说"太贵了"，你觉得你听懂了吗？你应该想到以下可能性，并进一步澄清：

(1) 顾客指的是产品价格，还是包括安装费的价格？

(2) 顾客指的是我们给他的供货价，还是我们规定的终端零售价格？

(3) 顾客是支付不起，还是我们的产品价格确实高于竞争对手？

(4) 顾客是否误解了报价？

(5) 顾客是真的认为价格高了，还是没有把产品的真正价值和给他带来的好处搞清楚？

(6) 这是顾客认可了产品，但要争取更优惠交易条件的谈判策略吗？

(7) 顾客是否只是想以此来掩饰他们不愿意说明的原因？比如他们没有决定权，他们只是想询价，当前并不是真的想买等。

(8) ……

顾客说“我当前还不打算买”，那你应该想到以下可能性，并进一步澄清：

(1) 他们现在没有现金？

(2) 他们没有决定权？

(3) 怀疑我们的产品不能满足他们的需求？抑或是其他可能。

大家可以试着做个练习。如果顾客说“你的产品质量不好”，你觉得顾客表达的异议足够清晰吗？为什么？这又可能代表着什么呢？大家可以想一想。

案例：产品质量不好与忙乱的销售员

顾客：“这台电脑的质量不好。”心里想，这台电脑总的说还可以，要是能送个电脑包就好了。

销售人员：“这台电脑是我们新到的货，最新的酷睿双核 CPU，独立超大显卡，预装了正版系统，就是内存只有 1G，重量也大了点，你是不是因此而觉得质量不好？”

顾客：“什么?！内存只有 1G!”心想，刚才真还没有注意到这一点，尽管我还不知道内存 1G 是否够用，但是，他既然这样讲，肯定是不够用的。

销售人员：“不过你是可以自己去升级的。”

顾客：“算了吧，我再看看！”心想：自己去升级，还不如直接买个内存大的呢，再到其他家看看，再比较比较，一定要搞清楚内存大小到底对我有什么影响。

销售人员：“啊?!”心想：这么好的产品都不买，真是难以理解。

这个例子告诉我们，销售人员若是不能澄清顾客的异议，盲目应对，只会无的放矢、忙上加乱。为了澄清顾客的异议和不信任，我们需要鼓励顾客提供更多的信息。这方面，大家可以借鉴以下技巧：

(1) 直接回应。你的价格高了。价格高了？是的，我刚才看到海信的才卖 800 元。

(2) 进一步询问。你的产品质量不好。李经理，你能说得更具体些吗？你的速度比海信的慢。又比如，我真的认为，你的公司不能提供这么好的产品。很感谢你这么坦诚地提出你的看法。李经理，你能进一步说明你的意思吗？

(3) 用封闭式问题澄清异议和异议的原因。你的价格高了。高了？是的，比海信的高 100 元。那么你关心的是什么因素使我们的价格高了，是吗？是的。(不是的，我的意思是……/那么，您指的是什么？)

五、怀疑的证明和异议的处理技巧

(一) 证明

案例：证明的力量

顾客：

我为什么相信这是一款不错的产品？

销售人员：

第一，在央视每周质量报告栏目公布的数据中，我们产品质量的检测结果都是合格的，你要知道，记者暗访中，约 90%的同类产品都存在着质量问题，被检测为不合格。

第二，我们的竞争对手都在模仿我们的产品，把这款产品视为他们学习和超越的对象。

第三，我们公司成立于 1992 年，至今已近 20 年。经过 20 年的市场历练，我们的研发、生产、质控等环节都已经非常成熟，并处于国际先进水平。20 年的发展，主要得益于老客户的信赖和支持，像重汽、联想等都是我们的老客户。

第四，之所以公司安排我来拜访你，向你推荐这款产品，是因为我专业、诚信。我在这行已经干了 6 年了，被挖 3 次，混到现在，混得还不错，是因为我讲诚信，不夸大产品，信守诺言。听王总说，你们相识。你可以给他打电话问问我的为人。我决不会为了一点提成把一款不好的产品介绍给我的客户，砸我自己的牌子。

在多数情况下，我们是通过直接证明的方式来消除顾客的怀疑和异议。证明是处理顾客怀疑的最核心、最有力的手段，这包括：

(1) 个人品质。顾客通过信任你，而直接信任你的产品和公司。

(2) 公司声誉和实力。顾客因为信赖公司而信赖产品。比如顾客对海飞丝洗发水的效果表示怀疑，当你告诉他这是宝洁公司出品的，他的疑虑就消失了。

(3) 产品证明。比如荣誉证书、检测报告、现场试验、实验等。顾客对钢化玻璃能够承受的重量存在怀疑时，你就请顾客直接站到玻璃上去，或者让顾客用小铁锤敲击玻璃面，这都会消除顾客疑虑，同时会使顾客对产品的品质有更深刻的印象。

从提供证明的来源看，一种是企业自身提供的证明，一种是来自企业和顾客之外的第三方提供的证明，这包括：

(1) 老顾客的证明和赞誉等。

(2) 权威机构的证明等。

(3) 竞争对手的证明等。

(4) 合作伙伴的证明等。

(二) 处理顾客异议的技巧

在我将要推荐的处理顾客怀疑和异议的 6 个技巧中，忽视处理法和直接处理法是处理的策略选择，优势补偿劣势法和缺点就是优点法是处理的内容选择，询问法和是的法是处理异议的语言表达方式选择。

1. 忽视处理

当销售人员拜访经销商时，老板一见到您就抱怨说："这次产品的广告为什么不找成龙拍，而找李连杰？我们这的人更喜欢成龙。若是找成龙的话，我保证早就向您进货了。"

当顾客提出的异议对销售进程不会造成实际障碍时，可以使用忽视处理的方式：

(1) 微笑点头，表示"同意"或"听到"。

(2) "您真幽默"！

(3) "嗯！真是高见！"

(4)“我一定把你的建议反映给我的领导。”

2. 直接处理

如果某个异议得不到良好的处理,会对整个销售进程产生不利影响的时候,我们必须直接面对和处理这个异议。

3. 优势补偿劣势

当我们的产品在某个方面确实存在劣势和不足时,我们要让顾客转移到对我们优势的关注上来。

顾客:“这个皮靴的设计、颜色都非常棒,令人耳目一新,可惜不是真皮的。”

销售人员:“您真是好眼力,这款鞋用的是PU,所以才这样物美价廉。若选用真牛皮,价格恐怕要高出1倍。”

顾客:“这款汽车的油耗太高了!”

销售人员:“王先生,你有没有注意到这款车的空间很大很舒适呢?你说过你希望一家人周末能一起出去自驾车旅游,宽敞的空间,不拥挤,才会让你的旅行轻松惬意,难道这不是你应该真正关心的吗?你愿意为了节省一点点油而放弃这么宽敞舒适的空间而换成一辆拥挤的所谓省油的小车吗?”

优势补偿劣势法的关键是,你的优势必须是客户更为关心和在意的,而劣势是客户不是很在意和关心的。

4. 缺点就是优点

告诉顾客,他拒绝的理由正是他应该购买的理由。

顾客:你的果汁里怎么有沉淀?

销售人员:这可不是一般的沉淀,这可是真正的果肉,是我们产品的特色,喝前一定要摇一摇哦。

顾客:你们花了那么多的钱投在央视广告上,为什么不把钱省下来,降低给我们的供货价呢?这样产品才有价格竞争力。

销售人员:“注重投广告是我们公司的一大优势啊。有广告,才有知名度和美誉度。顾客主动来买,多卖几件产品,才是硬道理。你说呢?”

5. “询问”语言表达式

很多时候,我们可以用询问的方式,使顾客重新思考自己异议的合理性以及相关得失,直接化解掉异议。

顾客:“你们的价格太贵了,我希望你把价格再降十个百分点!”

销售人员:“一分钱一分货,难道您希望我们的品质也打折吗?”

销售人员:“一分钱一分货,为什么你非要坚持降十个百分点呢?”

6. “是的”语言表达式

“是的”是表示认同、尊重和赞美,而不是贬低、否定和嘲笑,是处理顾客异议时“先认同、再澄清,先澄清、再处理”策略的具体应用。因此,可以使用表达类似意义的词句来代替“是的”。同时,我们要注意,我们只能认同顾客产生某种怀疑是可以理解的,而不是产品本身具有缺陷;认同过去有错误,但不能认同现在和将来有错误;认同少数其他人有错误,但不能认同自己和公司同人有错误。“是的”语言表达式的标准语句格式是“是的……如果”“是的……同时”。大家可以感受一下以下两组对话的微妙差异：

顾客：您的产品太贵了。销售人员：不贵不贵，我们产品真的不贵。

顾客：您的产品太贵了。销售人员：是的，可能是有点贵。同时，你有没有发现，与我们给你带来的好处和利益相比，真是便宜和超值。

顾客：这辆汽车的油耗，百公里才 6 升，骗人的吧。销售人员：你少见多怪，这是真的。

顾客：这辆汽车的油耗，百公里才 6 升，骗人的吧。销售人员：是的，很多顾客刚听到这个好消息的时候，反应和你一样。如果你看过中央二台的汽车节油性能大赛，你就不会怀疑了。在那个比赛上，我们获得了节油大赛第一，实际油耗就只有 6 升。

第六节　促成交易的层次与技巧

一、顾客承诺的层级

促成交易的过程是不断推动顾客承诺层级升级的过程。顾客在是否决定购买的问题上有 5 个承诺层级，以承诺的兑现程度为序，依次为：

1. 心里想买

比如频繁点头，面露惊喜，认真阅读产品资料，都是心里想买的表现。

2. 嘴上说买

比如顾客嘴上不断地赞美销售人员和产品，口头答应购买，这是嘴上说买的表现。事实证明，很多口头承诺购买的顾客最后没有购买。

3. 书面承诺

签订书面合同就是书面承诺。即使顾客签订了合同，也会有不执行合同的情况出现。

4. 交纳订金、定金

顾客交付了定金也不能确保顾客一定会来提货，履行完整个交易过程。

5. 全额付款

从心里想买到全额付款是“生米煮成熟饭”的过程，从全额付款到心里想买是“煮熟的鸭子也会飞”的过程。

所谓促成交易或合作，就是不断把顾客承诺层次从低层级推向高层级的过程，从心里想买推到全额付款的过程。

二、促成的原则和时机

1. 要经常性地采取促成行动

经常性准则要求销售员要选准时机果断进行促成，并且要经常做。需要注意的是，每次促成的形式和语言要有一定变化，否则会让顾客感到压迫而反感。

以顾客购买一件衬衣为例。当导购发现顾客表现出满意的表情后要进行第一次促成：“刘先生，我给你包起来吧。”顾客表示要考虑一下。随后导购要择机进行第二次促成：“刘先生，你打算买一件还是买两件？”在顾客表示仍要考虑之后，导购员又择机进行了第三次促成："刘先生，收银台在那边。要不我领你过去？"

2. 在顾客最放松、最高兴、最信任、最有价值感的时候，采取促成行动

有两个时机显然是符合这个准则的，一个是在介绍完产品能给顾客带来的好处和利益之后，一个是在顾客异议被消除掉之后。

3. 立即促成的原则

顾客只要表示了要购买成交，就不要喋喋不休、画蛇添足，立即履行交易手续就可以了。记住病从口入、祸从口出、言多必失。

三、识别可以实施促成的线索

案例：手机与名片

2008年，三星手机推出了一款具有名片照相和自动识别功能的手机"三星i858"。当时，我在广告公司的一个同事正好手机坏了，打算换一部手机。午休的时候，一个人来销售这款手机。要是平时，同事就直接把销售人员轰出去了。所谓来得早不如来得巧，同事反而热情地接待了他。当销售人员说到这款三星手机具有名片自动识别功能的时候，他眼前一亮。随后，销售人员做了示范，果然好用。这时我的同事说："我这有5盒名片呢，我要扫描到什么时候啊？"销售人员马上说："李经理，我现在就给你扫描，一会儿就会好的。"一个小时后，名片全部扫描完，李经理也痛快地掏钱买了这部价格不菲的三星手机。

我们要时时观察、仔细留意顾客流露出来的愿意购买的线索和信号，这些线索通常是顾客的语言、动作、表情等。

1. 语言线索

"这个产品真不错！我妻子一定喜欢！"

"你们送货上门吗？"

在上面案例中，请读者思考一下，哪句话是语言线索呢？

2. 动作线索

顾客频频点头、端详样品、要求操作一下产品、细看说明书等。

3. 表情线索

双眉分开、态度友好、自然微笑、眼神诚恳认真等。

四、购买时机异议和对策

（一）购买时机异议的原因

顾客购买时机的异议经常表现为"我要考虑一下""等等再说""我需要进一步了解"。其背后的动机和原因有：

（1）顾客当前的需求不强烈，急于解决问题的动力不足。

（2）顾客觉得以后会获得更好的价格或者是交易条件，而现在并不是最佳时机。

（3）顾客对产品认识不够，还需要进一步了解。

（4）顾客根本不想购买产品，提出时间异议仅是委婉拒绝的借口。

（二）需求不迫切的对策

1. SPIN 激发

利用 SPIN 工具激发顾客需求，放大顾客问题，让顾客意识到问题的严重性，即暗示顾客如果现在不采取措施，将会面临严重的后果，必须立即行动，采取措施。

2. 竞争压力/攀比压力

指出顾客的竞争对手已经购买了这种新产品，如果顾客不购买，将会在竞争中处于劣势地位。

3. 顾客压力

指出顾客的顾客已经要求顾客做出改变，否则就会转到竞争对手那里去购买。企业如果不能适应顾客和消费者的要求做出相应的改变，就要面临被顾客和消费者抛弃的危险。

（三）交易时机不佳的对策

1. 最佳时机激励

向顾客说明当下是最佳的购买时机。比如：

“促销活动期间，价格优惠 20%；活动结束，恢复原价。”

“现在公司搞活动，买一赠一，买双开门冰箱，送微波炉一个，机会难得！从来没见过公司搞这么大的促销活动！”

“现在原材料和人工费用都在上涨，公司一直在酝酿涨价。您要是现在不抓住机会，再过一段时间，可能就不是这个价格了。”

2. 最后机会激励/产品限量激励

最后机会激励，即销售人员向顾客暗示这是购买产品的最后机会，产品限量或数量有限，过了这村儿没这店儿。比如：

“这个款式的衣服，我们一共就有 2 件。昨天，已经卖出去了一件，如果您再犹豫的话，就可能被别人买去了。即使你再想买，也买不到了。”

“这种规格的地板的库存已经不多了，请您抓紧时间。”

“今天是展会的最后一天。展会结束后，您只能以正常价格购买这种商品了。”

（四）处理拖延的对策

拖延，就是顾客当下不能立即决定是否购买，需要进一步权衡，比如，顾客说：我还要想一想，再考虑考虑；留下你的名片，我回去后打给你。遇到这种情况，我们推荐以下策略：

（1）逼迫或要求对方说明拖延的具体原因。比如，王先生，你到底还要考虑什么呢？

（2）说明拖延可能给顾客造成的潜在损失和当下决定带来的收益。比如，王先生，时间就是金钱，拖延时间，就是浪费金钱，你早一天购买，就早一天收益。又比如，美国国务卿鲍威尔说过，与不做决定或做错误的决定相比，拖延给美国带来的损失更大。让我们来看看立即做决定能给你带来什么改变，不做决定对你会有哪些潜在影响，好吗？

（五）预防来自第三方的干扰

企业管理咨询公司的顾客代表正在和一家菌类食品火锅店洽谈合作的事宜，顾客对咨询公司的服务模式和团队很是认可。正要签约之际，顾客的朋友来访，说他认识另一家企业管理咨询公司，咨询费用比较低，效果也不错，愿意向他推荐认识一下。结果，顾客就表示要再考虑考虑。

在上面这个案例中，顾客的朋友的突然到访对销售人员的销售过程就是一种来自第三方的干扰，这种干扰会使整个销售进程偏离销售人员所要把控的方向，因此，要极力避免这种情况的出现。为此，我们建议：

（1）只和决策人或决策团队见面洽谈，拒绝无关人员加入这个场合。

（2）预先安排一个安静、相对独立的场所。

（3）当现场出现可能干扰的第三者时，采取适当行动，要么要第三者离开；要么分出一个人员专门应对第三者，屏蔽掉他对顾客的影响；要么和顾客换到一个相对安静、独立的新场所。

五、为什么不采取促成动作

有部影视剧叫《第一百零一次求婚》，听其名，就知道男主角在追求心上人道路上的艰辛和百折不挠。当一个你喜爱的女人对你说“不”的时候你该怎么办？是放弃还是坚持？真心付出和喜爱对方的人一定会选择坚持。如果100次求婚不成，也许101次就OK了。否则心上人嫁人了，新郎不是你，后悔也莫及。同样，我们在销售工作当中，会有很多次失败。但你一定要有耐心，要相信所有的失败都是为你以后的成功做准备的。

（一）过于乐观自信，贻误时机

案例：趁热打铁，还是坐失良机

小王和小刘分别是两个不同的企业管理软件厂商的销售代表。同时到某高校销售其高校版学生实训模拟软件。学校方由张老师牵头，组织这两个销售代表做了软件展示，每人20分钟。小王首先介绍产品，结果，被张老师评价为“还说得过去”。随后，小刘介绍了自己产品的优劣势，可以看得出，张老师和其他老师对产品非常满意，也问了很多问题，小刘也回答得很圆满。小刘感觉胜券在握，最后说：“张老师、各位专家，这样好不好，你们先考虑考虑，一周后，我们两家再来拜访你们，看看你们的决定。”张老师点头答应。说完，小刘叫着小王一起离开了，他不想给小王留下单独和张老师再次沟通的机会。一周之后，他给张老师打电话的时候，发现张老师因公出差已到外地5天，此事已全权交由赵老师负责，而和赵老师联系得知，校方觉得另一家的软件物美价廉，符合教学要求，已经签约。小刘方知大意失荆州，后悔莫及。

足球讲究临门一脚，篮球讲究投篮命中率，销售活动的最终目的就是和顾客达成交易。前面工作做得再好，最后不能达成交易，等于白做。

（二）销售人员不采取促成行动的原因

主要有3个原因：

(1) 害怕拒绝，觉得没面子，伤自尊；

(2) 一厢情愿地等待顾客先开口，认为顾客需要自然就会购买，没有必要要求顾客购买；

(3) 遭到第一次的拒绝后，以后就放弃了继续促成的努力，把顾客的一次拒绝视为整个销售的失败。事实上，顾客接受销售人员和产品也是一个逐渐深入的过程，由不了解到了解，由不接受到接受的过程，销售人员每达成一次交易，一般都要受到顾客的多次拒绝。销售人员要学会接受拒绝，才能最终与顾客达成交易。

> 优秀的销售人员从来都把促成顾客购买视为真正能够帮到顾客的机会，是让顾客买到他最需要的产品的机会。销售是一座桥梁，是一项有爱心的工作，是需要有爱心的人才能做好的工作！

因此，我们要求销售人员在销售过程中要做到：(1)主动；(2)自信；(3)坚持。

六、促成技巧推荐

促成的技巧很多，本文主要介绍以下6种：直接要求法、二择一法、利益汇总法、利弊对比法、前提条件法和以退为进法。需要提示大家的是，很多促成的技巧是和产品陈述、异议处理等环节和技巧密切相关，紧密相连的，尤其是后四种方法：利益汇总法、利弊对比法、前提条件法、以退为进法。

（一）直接要求法

案例：女友的要求

我的一个男学生毕业后从事销售工作，销售一种用于工程计算的软件。他给我说了刚开始工作时的一件事情。经过一段时间的接触后，他已经和济宁一家建筑公司的项目经理建立了良好的关系，于是，打算当天下午专门再去次济宁，看看能不能把这单定下来。但是，让他犹豫的是，他不知道应该如何向顾客提这件事，担心一旦顾客拒绝，可能会很尴尬。这时，他的女友打来电话，说："明天，我要去看电影，回来的时候，记得买两张电影票！"还没等他说"我这忙得要命，哪有时间管你这事"，电话就已经挂断了。对！他猛然意识到：我是可以直接向顾客要求的，就像女友要求我一样！到了济宁，向项目经理开门见山说明来意，直接签约，成功了！

看着学生说得兴奋之余，我心里不禁感慨道：看来什么事情只有自己总结的才是真理啊，他可能忘记了我当初给他讲过一个类似的故事！

当顾客流露出对产品认可的时候，销售人员可以直接建议、要求顾客购买产品和服务。比如：

"王女士，这双鞋挺适合你的。现在我给您开票啦。"这就是陈述句式的直接要求。切忌在直接要求时生硬呆板地要求顾客“买”，而是要注意灵活运用暗示性语言，如“我给你包起来”“请到那边付款”“请在这里签上你的名字”等。

“王女士，我现在可以给你开票了吗？”这是问句形式的直接要求。

陈述式适用于针对优柔寡断的顾客，问句式适用于针对比较强势的顾客。

> 没有要求就没有成交，顾客是被直接要求出来的！

（二）二择一法

二择一法是最为常用和最为有效的成交技巧。所谓二择一法，也可以叫作假设成交法，即假设和暗示顾客已经购买的前提下，抛出两个问题让顾客选择，只是让顾客在其他方面做进一步的决策。例如：

（1）假设顾客已经决定购买某件衣服。先生，你是刷卡还是付现金呢？顾客无论选择刷卡还是付现金，都表示他已经认同了“他要买”这个前提。

（2）假设顾客已经决定要购买某辆车。先生，你是打算今天就提车呢，还是明天来提车？

（3）假设顾客已经决定购买某啤酒。先生，你是买一箱呢，还是两箱呢？

二择一法虽然是最为常用和有效的方法，但用好却不易，需要活学活用。能否用好二择一法，关键是要根据场合灵活运用不同形式的二择一。比如，餐饮店老板要求服务员以不同的二择一方式销售酒水：

（1）老板，是喝啤酒还是白酒？

（2）老板，是喝崂山啤酒还是青岛啤酒？

（3）老板，是来一箱啤酒还是两箱啤酒？

（4）老板，是现在来一箱啤酒还是稍后给你拿过来？

（5）老板，是喝扎啤还是瓶啤？

在这些询问中，无论你选择哪一个，都会面临一个共同的结果：你要喝酒！

（三）利益汇总法

销售人员把先前向顾客介绍的各项产品利益最后做一总结，以强化顾客对产品利益的感受，同时要求顾客购买。请看下面案例：

案例：打印、复印、传真一体机的销售

销售人员：“刘总，我们再一起来看一下这台一体机的特点。打印功能能满足你日常的打印要求，并且清晰、迅速；复印和文字自动识别功能能及时把你需要的材料转化为Word文档，省去你打字输入的时间，大大提高你的工作效率；扫描功能可以让你把你喜欢的广告图片扫描下来，进入你的图片收藏夹，进入你的素材库；电话和传真功能更让你省了单独购买一部传真机的钱。刘总，这么好的产品，您是自己提回去，还是让我们给你送回去？”

（四）利弊对比法

案例：你会因为一个缺点而拒绝一个优秀的男人吗？

刚度完蜜月，女儿就跑回家向父亲抱怨："没想到他有这么多臭毛病，我要离婚！"老父亲拿出一张白纸递给女儿，让女儿在白纸上写下丈夫的缺点，有一个缺点就在白纸上写一个黑点。女儿写了好多缺点，最后，实在是写不下去了。父亲接过白纸，对女儿说道："你看，还有那么多空白的地方，你会因为这几个缺点，而拒绝这个优秀的男人吗？当初，你喜欢他，爱他，嫁给他，不就是因为这一大片优点吗？"喜欢上一个人，一定是喜欢上了这个人的优点；能否相守到老，就看你能否包容他的缺点了！

利弊对比法的具体做法是：拿出一张白纸，在白纸上写下一个大大的"十"字，在"十"字的左边把产品的优点一一列举出来，在"十"字的右边再把产品的缺点一一列举出来，最后一条一条对比着讲给顾客听（见表6-2）。请看下面案例。

表6-2　利弊对比法（T字法）

优点	缺点
①……	①……
②……	②……
③……	
④……	
⑤……	
⑥……	

案例：汽车的优缺点

王先生，经过试驾和我刚才的介绍，相信你对这款车已经有了全面的了解。现在，我们一起梳理一下这款车的相关特点。王先生，请坐。（拿出一张白纸，画上大大的"十"字）金无足赤、人无完人，一款好车也是这样的。这款车的缺点有：(1)油耗高；(2)不能提现车，需要等待20天（边说边写）。同时，我们也感受到了它出众的优点：(1)启动、提速快；(2)内部空间宽敞；(3)4安全气囊，主动避险系统；(4)5年10万公里省心、放心的售后服务保证；(5)适应各种野外路况（边说边写）。王先生，这么好的车，在这里签个字，它就是您的了！您是付现金还是刷卡？

（五）前提条件法

当顾客提出某个条件和要求时，以此为契机要求顾客做出购买承诺。比如：

顾客：你们能送货到门吗？

销售人员：如果我们提供送货到门，您今天会购买吗？

（六）以退为进法

案例：退一步，柳暗花明

销售人员：张经理，看来我们的财务软件基本没戏了。俗话说得好，买卖不成仁义在。做销售，能认识你这样的人，也不枉来此一回。明天，我就坐火车回公司总部了。张经理,你也一直帮我,很感谢。张经理,我走之前,能不能告诉我,到底哪里出了问题?也让我死个明白。

顾客:其实,是这样的,我们有些财务人员过去在大学里学的就是A公司的财务软件,他们比较容易上手而已。

事后,销售人员利用最后的时机,重新做了一份建议书,里面包含了一项免费对财务人员在海南岛进行封闭式培训的内容。

在销售处境十分不利的情况时,销售人员可以以退为进来获得转机。

(1)态度诚恳,承认销售可能要失败,既然生意没有做成,愿意做朋友;

(2)感谢顾客过去对你的支持,为了以后自己能做得更好,请求顾客坦诚相告,自己销售时有哪些错误,为什么会失败,同行为什么会成功,强在哪里;

(3)发现顾客不购买的真正原因后,择机进行二次销售。

七、促成失败时的行动

1. 胜败乃兵家常事

记住:你不是个失败者。是我这次失败了,而不是我是个失败者。消费者拒绝的不是你这个人,而只是对产品有异议。

"买卖不成仁义在"。记住:成交不是销售人员的唯一职责,也不是拜访顾客的唯一目的。销售人员的职责包括:

(1)劝说消费者购买产品;

(2)收回货款;

(3)宣传公司、个人和产品,树立良好形象;

(4)市场调研;

(5)建立和维护顾客关系和市场;

(6)寻找新顾客,开拓市场;

(7)提高消费者的福利。

如果在一次销售中,实现了宣传企业和产品、树立了个人良好形象以及市场调研的目的,这也是不小的成功。

> 销售人员的第一职责就是要把产品销售出去;消费者应当提高自己的消费者意识和购买技巧来避免购买自己不需要和价值不大的物品。

2. 与顾客保持良好关系,做一个优秀的"替补"

销售如同足球、篮球比赛,场上的每一个主力,都是从打替补开始的。因此,在以后的日子里也要与顾客保持诚恳和友善的朋友关系。

第七节 问——敢问会问就等于会推销和会谈判

问,贯穿推销与谈判的所有重要环节,比如要求见面、了解需求、处理异议、促成交易等环节,敢问、会问就等于会推销和会谈判。前面,在不同的部分已经穿插介绍过问,比如用 SPIN 和黄金三问激发顾客需求，用自问、设问和反问处理异议，用二择一法促成交易等。在本节对“问”的作用和技巧做一个集中说明。

问，一个是“敢问”，一个是“会问”。“敢问”对应的准则是，对于你要问的问题，回不回答是顾客的权利，而问不问是你的职责所在。下面，我们重点说“会问”的问题。

问的作用很多，主要有 8 个：

(1) 通过问获得所需信息。

(2) 通过问激发客户需求。

(3) 通过问来处理异议。

(4) 通过问获得承诺。

(5) 通过问澄清重要事项。

(6) 通过问进一步确认和强化顾客认知。

(7) 通过问控制谈话进程和方向，掌握主动权。

(8) 通过问试探顾客虚实和认真程度。

要实现和达到以上问的作用，我们必须对问的类型有个全面的了解：

1. 事实询问和价值询问

事实询问是询问客观事实的问题，比如，你工厂有多少人？价值询问是询问好坏等主观判断的问题，比如，你认为什么样的产品是好产品？

2. 开放式提问和封闭式提问

开放式问题是没有限定答案的问题，比如，你认为未来行业发展的趋势是什么？封闭式问题是有限定答案的问题，比如，你喜欢这个产品吗？答案只能说限定的喜欢、不喜欢、说不清楚。一个问题既可以用封闭式问题来提问，也可以用开放式问题来提问。开放式问题的好处是可以获得更多的信息。封闭式问题的好处是便于顾客回答，有利于澄清双方的误解，确认共识，同时能够把握谈话的进程，不足是可能错过或遗漏信息。在把握谈话方向方面，使用“你有没有想过(注意到)……”封闭式询问句式可以有效地把谈话转移或限定到双方共同关心的话题上来。另外，使用“您的这个谈话让我想起了另外一个重要的事情”句式同样可以实现转移到您关心的话题上来的目的。

> 封闭式提问可以有效把控谈话的进程和方向！

二择一法是封闭式提问的一个典型应用，在销售中非常常用。它的通常表达形式有：

(1) 王总，你看我是周一上午还是下午去拜访您啊？

(2) 这位先生，您是要 2 瓶还是 3 瓶啤酒啊？

(3) 刘老师，我是 9 点还是 10 点把产品给你送过去呢？

二择一法是获取顾客承诺的有效问话方式，在销售的每一个环节都可以运用。比如，在初次约见顾客的时候：刘总，我们周一还是周二见面啊？在要求获得产品展示机会的时候：刘总，我们明天是在我们公司向您做产品展示呢，还是在您公司会议室呢？在促成交易的时候：刘总，您希望是这周还是下周开始这套软件系统的安装呢？因此，在任何我们期望获得承诺的场合，都可以尝试运用二择一法。

3. 敏感性询问

当直接询问顾客问题，而顾客会感觉比较敏感而不愿回答时，可以通过征求他对别人的看法而映射他本人的想法。比如，有的人不愿回答这样的问题：你愿意花多少钱购买这辆车？此时，你可以这样问："您认为别人愿意花多少钱购买这辆？"又比如，"许多人认为客厅的大小对于一个家庭并不重要，你也这么想吗？""您的顾客说您们公司非常守旧。您对此有何感想？"

4. 假设性询问

假设性询问是通过类似这样的句式来询问顾客："如果……，（你）会怎样……？""仅仅假设一下……？"它可以实现两个用途：一是通过假设性询问，探知顾客想要什么；二是通过假设性询问，可以把顾客带进美好的愿景里去，感受产品的利益和好处。因为是假设，顾客的压力小，会在比较轻松的氛围里表达自己真实的想法。比如：

(1)"如果您现在有100万，您最想做的是什么？""如果让您来设计一辆家用轿车，您会如何设计它？"

(2)"如果是您的同事来购买的话，您觉得他会购买什么价位的车？"

(3)"如果要做一些改变，您会做哪些改变？"

(4)"如果有一部智能手机，您会用它来做什么？""如果您现在就拥有了这辆宝马，你会开心吗？"

总之，因为一切是假设，顾客可以在无压力、较为轻松的心情下回答问题。

5. "肯定式"询问

这是顾客必须回答或倾向于回答"是"的询问。什么样的问题会让对方倾向于回答是呢？

(1) 客观事实。比如，今天天很好，是吗？

(2) 迎合对方的想法，即说对方认可的事情和观点。比如，刘德华是个很好的歌手，是吗？

(3) 利用自尊和虚荣心让对方回答是。比如，你肯定是个乐于助人的热心人吧？

(4) 利用自我辩护和守诺意识让对方回答是。比如顾客对你说他喜欢听销售冠军的讲座，于是问顾客如果有一个销售冠军的讲座，你一定会来听，是吗？

(5) 激发和引导、顺应对方需求来使对方回答是。比如，天很热，询问渴了吧？询问年轻小姑娘，想找个白马王子吧？

(6) 问题的表述要简单，便于对方快速思考和给出简单的答案。

很多情况下，我们设计肯定式询问的目的是最终转移到第四种肯定式询问上来。顾客不断地回答"是"还有利于在顾客和销售人员间建立一种良好的信任和互动关系。请看下面案例：

案例：21世纪最重要的是人才

邓总，21世纪最重要的资源不是资金，是人才，你认同吗？

嗯，是这样的。

我在和其他企业老总交流的时候，他们都反映了一个问题，就是人才不好找，更糟糕的是，招到了留不住。邓总，你有没有遇到过这种情况？

我们这也有这种情况,确实很让我头疼。

其实,我和很多企业跳槽的员工交流过,他们跳槽的一个重要原因是,企业对他们只使用,不培养,让他们感觉不到自己的成长。邓总,您听到过类似的议论吗?

听到过。

为了解决这个问题,很多企业建立和完善了员工培训体系,经常邀请知名讲师到公司内部培训员工,取得了不错的效果。邓总,你觉得这样做有效果吗?

会有效果的。

邓总,如果你要邀请讲师到公司内部进行培训,你最看重什么呢?

培训质量!大家听后有收获。

那么,你觉得什么样的才是有质量的?

讲师要有3年以上的实际工作经验,授课次数已经有10次以上,有一定的理论基础,能够根据我们提出的实际问题有针对性地讲授。我希望员工不仅能听懂,更要能在现场掌握一些技能。

那么,邓总,如果有一位培训师符合你所说的这些要求,你会不会考虑邀请他到企业来做培训呢?

会的。

好的。邓总,现在,我郑重像你推荐一位这样的培训师和他的课程……

……

6. 反问

反问用以加强语气,引发顾客深思,激发顾客情感,加深顾客印象,增强陈述时的气势和说服力。

7. 设问和自问自答

设问多用于预先预料到客户异议,自己先于提出并回答的场景。同时,为了强调某部分内容,也会故意先提出问题,明知故问、自问自答。正确地运用设问,能引人注意,启发思考;有助于层次分明,结构紧凑;可以更好地呈现产品特点和价值。运用设问首先要抓住顾客关心的问题。

8. 错问和明知故问

错问是指自己问的问题明明没有价值或是错的。其作用是调节氛围或试探顾客认真程度等。比如,顾客之前说过喜欢白色的车,现在故意问顾客是不是喜欢红色的车,来判断顾客的认真程度。

第八节　价格谈判

关于价格谈判,谈判双方首先要理解或做到以下3点:

(1) 明确价格谈判的底线和目标,尤其是接受的底线是什么。

(2) 价格必须放在总体价值和总成本中去考量。即顾客关心的不是价格,而是总成本和总价值,如果无法在价格上达成一致,可以在总成本和总价值中寻找达成一致的可能。

顾客关心价格的背后，其实是关心值不值的问题。要回答值不值的问题，首先，要深刻体会“顾客是否购买的依据”是价值，而不是价格；其次，是要把产品的利益都说出来，用生动的方式让顾客感受到这些利益；最后，可以通过缩小价格感知，扩大价值感知的方式，来减低价格敏感性和关注度。

(3) 谈判双方能够坐下来谈并最终能达成一致的基础是，买方愿意接受的最高价格(或愿意付出的最高总成本)高于卖方愿意接受的最低价格(或愿意接受的最低总好处)，即买方底线高于卖方底线。所谓价格谈判，就是由买方底线和卖方底线之间的差值所决定的价值如何在两者之间分配的问题。是买方获得的分配多，还是卖方获得的分配多，这最终由双方的实力对比和谈判技巧所决定。

一、顾客购买的依据是价值而非价格

面对再好的产品，顾客也会问一句，值得吗？回答这个问题，就是要告诉消费者，与他的投入相比，产品所带来的好处和利益超出他的期望。实际上，顾客在决定是否购买某件商品时，其依据不是价格，是产品总费用，是价值。

(一) 顾客让渡价值

顾客让渡价值是菲利普·科特勒在《市场营销》一书中提出来的，他认为，“顾客让渡价值”是指顾客总价值(total customer value)与顾客总成本(total customer cost)之间的差额。通俗地讲，把顾客感到麻烦的事情揽过来做，把方便留给顾客，你就离成功不远了。

顾客总价值是指顾客购买某一产品与服务所期望获得的一组利益，它包括产品价值、服务价值、人员价值和形象价值等。以化妆品销售为例，化妆品美白润肤是产品价值；提供四季化妆和皮肤美容保养知识是服务价值；和美女销售人员聊天会感觉很愉快是人员价值，美女销售人员知道我儿子要参加高考提供报考指导也是人员价值；化妆品品牌名气大，公司经常资助失学儿童并建设希望小学，顾客觉得有面子，这是形象价值。

顾客总成本是指顾客为购买某一产品所耗费的时间、精神、体力以及所支付的货币资金等，因此，顾客总成本包括货币成本、时间成本、精神成本和体力成本等。货币成本包括产品价格以及差旅支出、信息搜集等交易费用。交易金额越大，对顾客越重要，时间成本和精神成本就越大。购买一瓶水几乎没有时间、精力、体力支出，但是买房、装修却要很大的时间、精力、体力支出。

产品让渡价值揭示，顾客是否决定购买某件商品，其依据不是价格的高低，其实是顾客让渡价值的高低，即价值的高低。由于顾客在购买产品时，总希望把有关成本包括货币、时间、精神和体力等降到最低限度，而同时又希望从中获得更多的实际利益，以使自己的需要得到最大限度的满足。因此，顾客在选购产品时，往往从价值与成本两个方面进行比较分析，从中选择出价值最高、成本最低，即“顾客让渡价值”最大的产品作为优先选购的对象。企业为在竞争中战胜对手，吸引更多的潜在顾客，就必须向顾客提供比竞争对手具有更多“顾客让渡价值”的产品，这样，才能使自己的产品为消费者所注意，进而购买本企业的产品。为此，企业可从两个方面改进自己的工作：一是通过改进产品、服务、人员与形象，提高产品的总价值；二是通过降低生产与销售成本，减少顾客购买产品的时间、精神与体力的耗费，从而降低货币与非货币成本。

性价比尽管有时可以代替产品让渡价值，但是更多的时候是不能替代的。当产品性能是产品总价值的主要内容时，产品性能可以作为产品总价值的替代。当价格是顾客总成本的主要内容时，价格可以替代产品总成本。此时，顾客购买的依据就是性价比，但是在更多情况下性价比是不准确的，唯一准确的评价依据是顾客让渡价值。

（二）产品总费用

购买价格其实是产品的购置费用，有的产品在后续使用过程中还会有使用费用的发生，比如冰箱需要用电，汽车需要耗油，工艺设备需要人员操作。因此，在购买这些产品时，聪明的顾客计算和依据的是产品总费用，而不是价格。产品总费用包括产品购置成本（购买价格）和产品使用费用。A 冰箱售价是 1 800 元，每天耗电 1 度，B 冰箱售价是 1 998 元，每天耗电 0.4 度，你会购买哪一个？A 工艺设备售价是 18 000 元，需要 3 个工人配合操作，B 工艺设备售价是 19 800 元，需要 2 个工人配合操作，你会采购哪一个？

记住顾客在购买时不仅仅看价格，更要看产品总费用。

（三）同样的产品有不同的价值

同样的产品可以有不同的价值，即使是同样的产品在面对同样的顾客时，也可以有不同的价值，这取决于你卖产品的哪一个利益点，解决顾客的哪一个问题。一杯咖啡，可以标价 5 元，也可以标价 98 元，168 元，680 元。忽略咖啡间的细微差别，一杯咖啡的价格为什么相差这么大呢？这是因为它解决的顾客问题不同，给顾客带来的利益点不同所致。5 元的咖啡解决的是顾客口渴和提神的问题，98 元的咖啡为顾客提供的是一个和朋友聊天谈事的空间，168 元表达的是你对客人的尊重和重视以及你的生活品位，而 680 元表达的是你对爱人的深情。可见，同样的产品在不同的顾客问题解决方案里，其价值的差异可以有天壤之别。优秀的销售人员一定明了这种差异，适时地把产品融入顾客价值最大的解决方案中去。

二、寻找价值最大化的时机

案例：价值的变化和增值

2010 年 11 月 5 日，星期五，我的移动手机上收到《齐鲁晚报》手机报晚报信息，里面记载了这样一个小故事：美国南北战争时期，军方买了一批卡宾枪，却发现这批枪是军火库报废的。于是这批枪被军需官以每支 3.5 美金卖给技师，技师将枪支改装后再卖给中介，中介再卖回军方，价格涨到 22 美金。军方发现此事，认为涉嫌欺诈和不当交易，遂展开调查，起诉相关人员。但法院最终判决是：对价值认识的不同正是自由贸易存在之基础，政府应当遵守合同，付款给这伙发国难财的家伙。

这个案例告诉我们，同样的产品在不同的时刻不同的人手里有不同的价值认知。一个事物的价值和它所面对的人群、所处的时机、所在的位置是分不开的。你，可能在这个人面前一文不值，但是，在另一个人眼里就是无价之宝；一杯水，在人刚喝过可乐后一文不值，而在荒漠中对于饥渴的人就是无价之宝；一个老鼠，在神社里就被人供奉，而在街上就被人人喊打。所以，我们要挖掘自己和产品的价值，让自己和产品的价值最大化，而当对的产品在对的人、对的时机、对的地点出现时，其价值是最大的。对的人、对的时机、对的地点就是指顾客需求最迫切的时候。通常，我们认为产品雪中送炭的价值远比锦上添花的价值高。

案例：从曲别针到别墅

在美国，有一个叫麦克唐纳的青年，用一个特大的红色曲别针先后换来钢笔、啤酒桶、雪地汽车、外出旅游音乐合同等，最后经过一番周折，终于换回一套别墅。麦克唐纳的交换故事开始于2005年7月。麦克唐纳有一枚特大号的红色曲别针，是一件难得的艺术品。为了通过这枚曲别针交换更大更好的东西，他在当地的物品交换网站Craigslist.org上贴出了广告。7月14日，温哥华的两位妇女给他电话，说她们愿意以一支鱼形笔换这个曲别针。而当他更新了网页后不到10分钟，西雅图的安妮女士就在网上联络他，用一个画着笑脸的陶瓷门把换了他的鱼形笔。7月25日，正准备从麻省搬家的肖恩·斯帕克斯表示，自己愿以一个野营炉换门把手。他一共有两个野营炉，不想都带走；而他的咖啡机又恰恰需要一个新把手。9月24日，加州的大卫军士长发现自己需要这个炉子，拿一个旧的1 000瓦的发电机和麦克唐纳交换。11月16日，纽约皇后区的一个年轻小伙子用一个啤酒广告霓虹灯、一个啤酒桶和满桶啤酒的"派对方便三件套"换了他的旧发电机。12月1日，麦克唐纳的"派对方便三件套"被加拿大蒙特利尔的一名电台主持人看中，想用一辆1991年的雪地车交换。很快，一家雪地车杂志用前往加拿大亚克村庄的免费行程交换那辆雪地车；而麦克唐纳又将这个机会转让给了一个公司经理，换取了一辆1995年生产的泰龙敞篷车。接着，麦克唐纳转手把汽车给了一位音乐家，得到了一份在其工作室录制唱片的合同。麦克唐纳把这个机会给了凤凰城一名落魄的歌手，歌手感激涕零之余用他的一套双层公寓的免费使用权交换了这次录制唱片的合同。请读者想一想，从销售角度看，为什么从曲别针换别墅能够实现？

在现实中，之所以曲别针经由多次交换可以换得别墅，也是基于曲别针、别墅、其他交换物在不同的时刻、不同的人手里有不同的价值认知这一现实。

三、把产品利益和价值生动地表现出来，并让顾客感受到

案例：产品的所有价值，我们都说了吗？

销售员：这是一款手表。请问您觉得值多少钱？

顾客：50元。

销售员：这款手表是钨钢表壳、30米防水，您觉得值多少钱？

顾客：500元。

销售员：这款手表是瑞士原装进口，您觉得值多少钱？

顾客：5 000元。

销售员：这款手表是由章子怡、詹姆斯·邦德等10多位名明星共同代言的。您觉得值多少钱？

顾客：5 万吧。

销售员：这款手表全球限量发行，共 100 部，据说美国总统已经定了两部。您觉得值多少钱？

顾客：让我好好想想！

在和众多企业顾客交流的过程中，我发现，他们和我有一个共识：最受顾客欢迎的产品往往不是业内公认的最好的产品，而是最善于把自己的优点和价值展现出来的产品。所以，一个销售人员要想让顾客觉得产品超值，首先要善于利用产品说明和展示等手段，毫不吝啬地把产品的所有价值和优点最大化地传达给顾客。所以，销售中，王婆卖瓜，不仅要自卖自夸，更要大夸特夸！

四、提高价值感的报价

案例：XLJ 的报价

XLJ 医疗器械有限公司是做温热型家用理疗床的，以免费体验为其主要销售手段，销售目标是老年人群。当老年人体验前、体验初期询问产品报价时，服务人员都会委婉拒绝把价格告诉老年顾客，只是善意地询问老年顾客的身体状况，哪里不舒服，使用一段时间后，有什么改变没有，提醒老年顾客要坚持来体验和使用，让老人家不要关心价格，好好使用和体验就是了，反正是免费的。只有当老年顾客通过做体验发现自己的身体确实因此而改善的时候，服务人员才会把顾客关心的价格告诉老年顾客，并提醒老年顾客，为了获得更好的改善效果，是否考虑把理疗床搬回家去。理疗床的价格约在 1 万左右，过早告诉顾客，会把顾客吓走；而顾客真正受益，感受到产品实实在在带来的效果后，反而觉得一点都不贵了。

报价的策略直接决定了顾客的价值感受，因此要仔细研究，谨慎报价。

1. 坚持让顾客了解产品价值后再报价格的原则。

顾客为什么急于知道价格，让销售人员先报价呢？可能有以下方面的原因：

(1) 只是打探消息，用于比价。比如竞争对手打探消息，顾客打探消息用于比价和压价。

(2) 有预算限制，资金紧张。所以先要知道价格，看看自己的预算是否够用。

(3) 谈判技巧。因为这个价格将是以后双方讨价还价的起点和参照。

不管是哪种原因，销售人员在顾客没有认可产品的价值前报价，都会严重降低顾客以后对产品的价值感。价格报高了，要么把顾客吓跑，要么顾客觉得不值；价格报低了，顾客往往觉得你的产品肯定不怎么样。尤其是在无形的服务报价时，比如培训课程报价，更是如此。此时，我们应当引导顾客先关注产品的价值，并承诺会给顾客一个满意的价格。比如，询问顾客，价格是你关注的最重要因素吗？如果产品不适合你，再低廉也没有用，一分钱也是浪费，先生，你说对吗？因此应当坚持先建立顾客对产品的价值感后再报价。记住，急于报价或者迫于顾客的追问而过早地报价都会降低顾客对你的产品的价值感。

2. 如果顾客坚持要销售人员先报价，怎么办？

(1) 给价格设置前提，比如数量、交货日期、地点、服务要求、付款方式、运输要求等。

你什么时候提货？你要多少？你要包装吗？需要上门安装和培训指导吗？不同品质的产品(包括品质、材料、服务内容等)和不同的定购数量都影响了价格的确定。不同的交易条件当然有不同的价格，关键还是让顾客转移到对自身需求和产品价值上来。

(2) 报价格系列。比如，我们高中低档都有，你想要哪个价位的？我们服装从1 000元到10 000元的都有，你要看哪个价位的？又比如，我们的课程哪个价位的都有，关键是我们要根据顾客的需求来推荐课程，这样才能让顾客获得效果，钱也花得值，李部长，先填一份培训需求调查表，好吗？

(3) 当市场上的产品透明度比较高，标准化程度也比较高，同时你的价格有优势时，可以先报价。否则，只有您的产品被顾客认同之后才可以报价。

(4) 反问顾客。当顾客询问价格时，反问顾客能够接受什么价格，希望是一个什么样的价格。

在很多情况下，对于顾客提出的问题，销售人员最好的应对策略可能是反问。通过反问，销售人员可以进一步、更为准确地探测顾客的需求和想法。如果销售人员的反问得到顾客积极的回答，就表明顾客有着极高的购买兴趣。下面是顾客和销售人员的一问一答：

① 价格是多少？你要买多少？

② 你提供哪些交易条件？你想要哪种交易条件？

③ 什么时候能交货？你想要什么时候交货？

④ 我要订购多少才能获得优惠呢？你到底能买多少？

⑤ 你们有8、12、6及54英寸的管子吗？你们常用这些型号的管子吗？

3. 先报低价还是先报高价？

先报高价的策略被称为西欧式报价，即先提出有较大余地的价格，然后给优惠打折，经由讨价还价直到最后成交的报价方式。价格由高到低，符合顾客的砍价心理，最后成交时，顾客会有一种胜利的感觉，往往会比较高兴。但是，报高价的时候，要把握好度，过高的报价会把顾客吓走，从而丧失与顾客进一步接触的机会。于是，为了更好地吸引顾客，尤其是把竞争对手的顾客吸引过来，我们也可以考虑采用前期报低价的方式。

先报低价的策略被称为日本式报价，即向顾客报一个低于竞争对手和低于顾客预期的价格，以求首先引起顾客的兴趣和关注。实际上，这个极低的价格所对应的产品和服务往往不能很好地满足顾客的需求，于是，我们要引导顾客升级产品和服务。先报低价的好处明显，会在竞争中首先吸引到顾客注意，但是，过低的价格会引起顾客对产品和服务品质的怀疑，从而在事实上会导致一部分高端顾客的流失。同时，谈判的过程，价格表现是由低到高，这与顾客对价格的实际期望相反，因此，即使最后成交，顾客往往也不会很高兴。

五、由价格、价值到需求异议

案例：太贵了！

顾客：这个冰箱太贵了！

销售人员：为什么呢？

顾客：2 800元？不值这么多钱！

销售人员：那你有没有注意到，我们这个产品是可以实现零度保鲜的，保鲜期可以长达7天。

顾客：这点是不错。

销售人员：世界杯足球赛就要到了，是明天吧。要是喝着这个冰箱里冰镇出来的啤酒看足球，那才是真过瘾。

顾客：哦，世界杯明天就要开幕了吗？来，开票，收银台在哪了？

商品的价格是顾客最关心的问题，也最为敏感，因为价格关系到顾客的切实利益。所以，顾客永远不会对价格感到满意。"太贵了"，这是顾客挂在嘴边的话。顾客抱怨价格高的动机，很多时候是出于心理满足的需要。顾客购买商品，都爱砍价，不还价心里不舒服；即使你事先声明"一口价"，他也会向你提出降价要求，否则他就会觉得不舒服。

值不值的问题是价值异议，直接表现就是价格异议，一个重要的方面是前期激发顾客需求不足。反过来，处理价格异议的最有效手段，就是把价格问题转换为价值问题，把价值问题转化为需求激发问题。即：

价格异议→价值异议→需求异议→需求强度不够→激发需求

换句话说，顾客对价格强烈不满，是因为我们没有把产品的价值给顾客说清楚；而顾客对产品带来的价值无动于衷，是因为顾客的需求不强烈，不是处于"一定要"的状态，而是处于"想要"或"可要可不要"的无所谓状态。所以，要有效地处理和避免价格异议，关键还是把前期的需求激发、产品价值展示等销售工作做踏实、做到位。而不是一味展现和卖弄议价的本领。

六、处理价格的异议

（一）处理价格异议的策略

处理价格异议的基本策略是：先谈价值，后谈价格；多谈价值，少谈价格。

在产品介绍之前，销售人员不要把产品的具体价格告诉给顾客。

在销售活动的早期阶段，销售人员不要主动提及价格，也不要急于回答顾客提出的价格问题，更不要单纯地与顾客讨论价格问题。

顾客讨价还价的原因是多方面的：

(1) 习惯性的讨价还价，随口一说，顾客并不在意销售人员是否真的会给予价格优惠；

(2) 价格真的偏高，超过了顾客的预期，或比竞争对手的价格高；

(3) 顾客对产品不了解，没有认识到产品的真正价值，没有认识到与竞争对手产品相比我们产品的优势所在；

(4) 顾客进行比价，在争取最低的价格或最有利的交易条件；

(5) 顾客以讨价还价为乐趣，享受讨价还价的过程，特别是真的取得价格优惠时，顾客会有一种成就感和被尊重、被重视的感受。因此，"让价和给优惠"也要讲艺术：一次让到位，不如三次让到位；资源一点一点给，胜过一次给足。因为，一次让到位，一次给足，顾客只有一次成就感和被尊重的感觉，而让三次，多次给，顾客会有多次的成就感和被重视的感觉。同时，一次给的过多，让的过大，会大大提高顾客对价格优惠的预期，使价格谈判后续难以进行。更严重的是，在价格上一次让的太多，会让顾客对产品的品质产生不必要的怀疑。

顾客购买商品的动机在于商品所能带来的利益，并将这种利益与付出的价钱进行对比。"划算不划算"就是价格和价值的比较。因此，价格是一个相对的概念。我们要多强调产品的价值，制造价格便宜的感觉。顾客都不喜欢便宜货，但都喜欢占便宜。

（二）处理价格异议的技巧

1. 分解价格

把价格分解到每日、每平方米、每次等基本单位，并与使用寿命、使用面积相联系等。这样会让顾客觉得很便宜。比如，你购买这瓶维生素的话，每天只花5毛钱，就可以拥有一个健康的身体，一个让大家羡慕、让事业长青的好身段。

2. 讨论最初的购置价格和最终的总使用费用

案例：对汽车的选择

王先生打算购买一辆家用轿车，经过参加车展和走访众多品牌4S店后，决定在A品牌和B品牌间做出最终选择。A品牌汽车售价为12万元，油耗为8升/百公里；B品牌汽车售价为9.8万元，油耗为10升/百公里。两个品牌在其他方面的表现相当。那么，王先生应该做出什么样的选择呢？

A品牌销售人员的建议是：目前，油价大约是8元/升，未来还有上涨的趋势，专家预测，未来很快就会涨到10元/升以上。一年用车3万公里，一年就省下油费支出约5 000元，约4年省出购置差价。一辆车按使用10年计算，十年省出50 000元。省出的钱够去欧洲度2次假的了。

B品牌销售人员的建议是：家用轿车一般一年的使用里程也就在1万～1.5万公里，其实一年在油耗上的支出也不多。真的省钱是在购置价格上，2.2万元！你要开多少年车才能省出来啊？眼下的省钱才是真实惠，真的省钱。

当我们的价格有优势时，向顾客说明，较低的购置价格减少了顾客当前的财务压力。当产品总费用具有优势时，向顾客说明以总费用来做决策是最聪明的。

只要是产品使用过程中会产生使用费用的产品，都可以使用这样的技巧。除了汽车之外，还有冰箱（耗电）、洗衣机（耗水）、机器设备（耗能、人工）、空调（耗电）……

3. 强调竞争对手产品没有的特殊利益

是的，先生。有许多人也说过我们这辆车的价格有点高，同时，他们也认为真的是一分价钱一分货，刘先生你有没有注意到，它的五星安全性能才是你最关心的吗？

4. 放大利益和顾客价值

比如，购买我们这台节能冰箱，两年就能省出一台冰箱，4年就能省出你们去新马泰旅游的费用。

比如，先生，我们的产品你可以好好考虑一下。听说，你孩子英语听力挺让你操心的，如果你放心的话，我可以帮他辅导一下，提升一下英语听力。想当初，在大学期间，我还得过听力比赛一等奖呢。

5. 低价恐吓法,强调使用低价产品的巨大风险

是的,先生,到茶叶批发市场是可以买到便宜的茶叶。但是,这可需要好眼力哦。我的一个朋友花了钱,买到了伪劣假冒茶叶,送给领导,结果很尴尬。

又比如,买手机都想买个物美价廉的。但是,价格和性能比起来,还是性能重要啊。前天,我看报纸,一个人图便宜买了部手机,结果电池爆炸了,真是太可怕了。

七、劝说顾客购买其他价位产品

(一) 推荐顾客购买低价格产品

当顾客认为价格较高或不能负担一个高价格的产品时,销售人员可以通过推荐更低价格的产品来达成交易。恰当地劝说顾客购买低价产品时需要注意以下3点:

(1) 不要贬低低价产品,仅是强调两种产品各自的特点和优点即可;

(2) 不在高价和低价产品之间进行直接的对比;

(3) 让顾客感受到尊重,购买低价产品是一项正确的决定,与一个人的收入水平和社会地位没有任何关系,所谓只买对的,不选贵的。比如下面的例子:

销售人员:先生,这部手机能够储存1 000个电话,还具有蓝牙功能,只要1 600元,很适合你。

顾客:恐怕我现在承受不了这么高的价格。

销售人员:哦,那这部漂亮的A200手机是专门为你定制的啦,才要1 200元,能够储存500个电话,已经绰绰有余,还赠送耳机。

(二) 劝说顾客购买高价格、高价值产品

案例:培训课程

培训专员(顾客):这个价值3万元的内训课程,只有1天时间,我担心效果能不能保证。

学习顾问(销售人员):你的担心是有道理的。我们可以通过突出重点,对学员提出的问题针对性地讲解,后期安排学员作业的形式来提高、巩固学习效果。其实,我们可以有另一种选择,就是安排一个2天的课程,这样课程内容更丰富,也能充分展开,第二天的时候,会安排一些有针对性的训练活动,强化学员对课程内容的吸收和掌握,而2天的课程只需要5万元。

培训专员:就是不知道我们的预算允不允许,这个需要向我的领导汇报。

当顾客对产品的品质等方面提出质疑和不满时,我们可以适时向他推荐购买高价格、高品质的产品。但是,销售人员在介绍高价格、高价值产品时一定不要贬低低价产品,即不能放弃任何一种产品成交的可能,因为,当顾客经过与高价值产品权衡比较后很可能会转而决定购买低价位产品。而你对低价产品的贬低,会让顾客放弃对任何一种产品的购买。

第九节 “7句话术保成交”与销售型演讲

“7句话术保成交”是7Q理论和PSABEVQ标准化陈述的典型应用和极致应用，也是各种异议处理技巧、促成交易技巧以及其他技巧的综合应用，指的是在理想状态下可以用一句话解决一个7Q问题，实现7句话术解决7Q所有问题，以快速达成交易的话术体系。

所谓销售型演讲，指的是以销售为目的的公开演讲，通过一段连续的演讲达成销售目的。成功销售型演讲的基础就是基于立体陈述的“7句话术保成交”。互联网时代，众多品牌和企业家都通过销售型演讲实现了产品的畅销，实现了一次演讲百万销量的盛况，典型的代表是乔布斯与苹果手机，雷军与小米手机等。

一、“7句话术保成交”原理和示例

销售话术是指销售人员在进行销售工作时的用语，特指经过精心设计的专业的销售用语范本。话术在销售人员的销售工作中的重要性毋庸置疑，好的销售话术既可以大幅度提高成交率，同时，标注化的销售话术在培养新入职销售员、让新入职销售员快速成长等方面也发挥着不可磨灭的作用。优秀的销售话术既是对以往各种销售用语的提炼和升华，也是经验和教训的总结，更是基于专业的销售理念和系统的专业的设计。销售人员对销售话术的设计要求一般有两个：

（1）有效，即话术可以说服顾客购买，同时，也可以有效提升成交率；

（2）精简，即希望用尽量少的话术来说服顾客购买，提升成交率，因为话术越少，就意味着越容易被记忆和运用。基于7Q营销思想设计的销售话术就是十分有效、精简的话术，它可以有效帮助销售人员用7句话有效地成交每一个客户。

那么，应该如何设计7句保成交的话术呢？让我们再次回到7Q：

1. 我为什么要听你讲？要见你？（在营销层面，这个问题的表达式是，我为什么要注意到你？）

2. 这是什么？

3. 与我何干？

4. 我为什么要相信你？

5. 值得吗？

6. 我为什么要从你这里买？

7. 我为什么现在就要买？

当企业在做销售的时候（无论是面对面的，还是通过电话、QQ、微信、邮件等），我们是在特定的时间里面对一个个具体的客户，这个时候，我们的销售话术必须具有很强的条理性才能更好地被顾客理解，并打动顾客，而最好的条理性的呈现莫过于每一个7Q问题分别用一句话来对应和解答了。

那么，如何针对7Q进行有效的销售话术设计呢？就是要根据客户的具体境况各用一句话回答顾客的每一个7Q问题，从而条理清晰、层次鲜明、步步推进地引导顾客获得

他心中这 7 个问题的答案，直到最后成交，这就叫“7 句话术保成交”。当然，话术必须是基于销售工具和技巧来设计和使用的(见表 6-3)。

表 6-3　销售工具与 7Q 对应简表

<table>
<tr><th>序号</th><th>7Q</th><th colspan="2">销售活动和工具</th></tr>
<tr><td>1</td><td>我为什么要听你讲？要见你？</td><td>销售动作的价值塑造。</td><td rowspan="7">顾客特征分析、顾客需求分析、竞争分析、二择一法、问话技巧、差异塑造</td></tr>
<tr><td>2</td><td>这是什么？</td><td>产品刻画和创意、契合顾客需求的产品特点介绍。</td></tr>
<tr><td>3</td><td>与我何干？</td><td>顾客需求和利益点分析与引导、FAB、购买标准建立。</td></tr>
<tr><td>4</td><td>我为什么要相信你？</td><td>品牌策略、证明、背书、顾客关系管理和售后服务、销售人员个人价值塑造。</td></tr>
<tr><td>5</td><td>值得吗？</td><td>价值塑造、价格表达、降价及价格变动与表达、价格比较、投入产出分析。</td></tr>
<tr><td>6</td><td>我为什么要从你这里买？</td><td>竞争者分析、渠道建设和中间商自我价值塑造、产品增值服务计划、销售人员个人价值塑造。</td></tr>
<tr><td>7</td><td>我为什么现在就要买？</td><td>SPIN、境况性购买、节日消费、应季(反季)、冲动性购买、限时、限量、限款、终端促销活动。</td></tr>
</table>

注：在销售层次上解答 7Q，和营销层次上解答 7Q 是有不同的。

凯迪拉克是知名豪华车品牌，我们先来看一下一家凯迪拉克 4S 店是如何设计“7 句话术保成交”的销售话术的——7 句话，每一句话对应并解决一个 7Q 问题。

1. 我为什么要听你讲？

先生，路上辛苦了，先坐下喝杯饮料吧。请问购车您比较关注车的哪些方面呢？

说明：此处重点是引导顾客耐心地配合你接下来的工作，即顾客的需求调研。

2. 这是什么？

先生，凯迪拉克是全世界最安全的车。

说明：顾客关注什么，我的车就是什么。

3. 与我何干？

先生，如果您选择了凯迪拉克，您的生意伙伴肯定认为您很有实力和品位，助您事业更上一层楼。

说明：与顾客的需求对接。

4. 我为什么相信你？

先生，凯迪拉克是美国总统的座驾，美国总统都信赖的车，还有什么值得您怀疑和顾虑的吗？

说明：销售是信心的传递，情绪的转移。此时，说话的信心和情绪很重要！

5. 值得吗？

先生，同样配置的车，我们比同品牌要优惠 3 万多元，省下的钱可以全家海外游了！

说明：在此处，与竞品进行比较，与收益进行比较，是关键！

6. 我为什么要从你这里买？

先生，买车不仅要看价格，更要看售后服务，我们是凯迪拉克的标杆店，核心技师都是金牌技师，让您的爱车售后无忧！有些新成立的店，价格或许会便宜几百块，但是，售后服务却没有保障!

说明:要突出自己的优势,直击对手的弱点!

7. **我为什么现在就要买?**

先生,福人有福气,您来的真是太巧了,我们最近刚好有个团购活动,如果您今天参加这个团购活动,可以送您免费保养3次,这可为您省下不少钱呢!先生,为了保留这个团购名额,您是要用现金交定金呢?还是刷卡交定金呢?

说明:差异就是价值,价值源于差异,同时,二择一法此时可以用!

二、"7句话术保成交"话术设计注意事项

设计基于7Q的7句保成交的销售话术时,一定要注意以下事项:

(1)"7句话术保成交"的前提仍然是基于对客户个性特征和个性需求的了解和分析,就是说,我们需要针对不同的顾客和顾客的不同需要分别进行有针对性的"7句话术保成交"的话术设计。比如,继续接凯迪拉克案例,针对企业家客户,要有针对企业家的3/7Q的设计;针对白领,要有针对白领的3/7Q的设计;针对安全的需求,要有针对安全的相应的2/7Q的设计;针对低用车成本或舒适奢华的需求,也要有相对应的2/7Q的设计。

(2)广义的、系统的话术设计不仅包括销售用语,还包括对各种销售物料的开发和利用。比如,把喜爱凯迪拉克座驾的明星照片放在4S店的展厅里,并引导顾客关注这组照片,这是针对4/7Q的一个有效应对。

(3)要把"7句话术保成交"话术设计和销售流程设计结合起来。

三、运用"7句话术保成交"话术时应当遵循的策略

"7句话术保成交"的本质是条理清晰、层次分明、步步推进、扬长避短地回答顾客最关心的7Q问题,在具体运用"7句话术保成交"的销售话术时应当遵循以下的策略:

(1)一定要向客户完整讲述"7句话术保成交"的话术。

(2)对于客户提出的任何一个疑问,首先要把它进行7Q问题归类,看看这是针对哪个7Q的问题。比如,接凯迪拉克的例子,顾客问"这个品牌车的市场占有率高吗?在本地销得多吗?"这些问题可以归于4/7Q,即顾客对品牌的信任度还有疑虑,他或许认为市场占有率高的品牌才是更值得信赖的品牌。这个问题对于奥迪来说不是问题,但对于凯迪拉克来说就是个问题,需要销售人员进行有效的应对。

(3)针对客户的任何一个疑问,一定要自信、耐心地重复"7句话术保成交"中相对应的话术。即顾客关心的不是自己的问题是否被正面答复了,而是这个问题背后隐藏的那个7Q问题是否被正面答复了。比如,继续接凯迪拉克的例子,销售顾问询问"先生,您问这个问题是不是对产品的品质还有点不放心啊?"确定后,可以重复对应的4/7Q话术来解决这个问题,即"先生,凯迪拉克是美国总统的座驾,美国总统都信赖的车,还有什么值得您怀疑和顾虑的吗?"

四、7Q销售型演讲稿

(1)各位企业家老板,有没有注意和发现这样一个现象,就是对于销售团队来讲,销

售团队的激励很重要，晨会、跳舞很重要，聚餐、旅游团建很重要，读羊皮卷很重要，证书荣誉很重要。但是，很多企业里销售团队很努力，像被打了鸡血一样，每天像狼一样嗷嗷叫，但是业绩就是不理想。还有就是，很多公司也重视销售培训，做了很多的销售培训，却没有带来我们期望的变化。最终销售团队士气低落，招聘的多，离职的更多，销售队伍高度不稳定，公司设定的目标难以达成，从上到下逐渐失去信心，不禁仰天长啸、低头自问：我们到底做错了什么？问题出在哪里呢？路在何方？如何解决呢？

(2) 如果你正在经历上面的困惑，那么你就要认真听接下来的 10 分钟演讲分享，因为它会给你想要的答案。对于第一个问题，虽然团队有激情，但却缺乏销售技巧，因而导致这样的问题。公司重视激励培训、打鸡血培训，但却缺乏技巧培训。有些公司意识到了这个问题，但是在对团队进行销售技巧培训时，却是请了错误的大师把错误的销售技巧教给了大家，自然也不会产生什么好的效果。那我们应该怎么办呢？引入 7Q 营销理论培训可以很好地解决这些问题，给公司和团队带来意想不到的收获和效果。

7Q 营销理论是聚焦于回答顾客最关心的 7 个问题，比竞争对手更有效地推动顾客购买进程，赢得顾客青睐的营销理论。顾客最关心的 7 个问题，简称为 7Q，这 7 个问题是：我为什么听你讲？这是什么产品？与我何干？我为什么要相信你？值得吗？我为什么从你这里买？我为什么现在就要买。7Q 营销理论引导企业把有限资源聚焦于 7Q，以取得最大竞争优势，赢得顾客青睐，帮助企业建立具有超强业绩能力的全覆盖的 7Q 营销系统。

与其他营销理论相比，7Q 营销理论简单直接上手快，在内外环境约束和资源约束下对企业业绩的挖潜能力最强，能够让企业把有限资源聚焦于最具生产力的环节，快速让企业到达自己的最佳业绩状态。

(3) 如果你的高管团队和销售团队都掌握了 7Q 营销理论，公司的业绩一定会大幅增长，甚至倍增，同时，队伍也会更加稳定和自信，企业的发展会进入正轨，进入发展的快车道，甚至实现弯道超越。

(4) 在过去和现在，越来越多的企业在引入和践行 7Q 营销理论，从中受益，实现了自己想要的业绩增长结果和销售团队的素养提升。越来越多的企业家和专家加入到给 7Q 做见证的队伍中来。

山东 LR 药业有限公司，于 2010—2011 年通过引入 7Q 营销理论，阿胶糕单品由 1 000 万元年销售额增长到 2 000 万元，营销团队战斗力得到极大提升。山东 RHTX 汽车销售服务有限公司，于 2012—2013 年引入 7Q 营销理论，营业收入由 7.5 亿元增长到 9 亿元，成交率提升 20%。山东 FRD 生物有限公司，于 2014—2015 年通过引入 7Q 营销理论，YL 品牌由 4 000 万元年销售额增加到 6 000 万元年销售额，品牌团队素质得到极大提升。《销售与市场》杂志社社长李颖生先生评价道：7Q 营销思想和系统把营销理论和实践推进到了一个新的境界。碧桂园营销学院前院长朱晓波先生说：在信息泛滥的互联网时代，《发现 7Q 品牌营销系统》不是心灵鸡汤，而是切实帮助企业做品牌、出业绩的工具书，一定要深入学习和应用。长虹商学院执行院长李吉兴先生说：7Q 品牌营销系统为企业做品牌提供了新的视角。既为企业打造品牌提供了高屋建瓴的顶层设计，也为企业提供了地面的“7 句话术保成交”销售系统设计，值得加大在企业的推广。我们相信如果企业可以认真地学，认真地用 7Q 营销理论，一定可以取得更好的业绩表现，一定有自己对7Q营销理论的体悟和感激感谢。

(5)市面上有各种各样的营销培训,既有传播错误营销理论的虚假的销售培训,也有挂着7Q营销理论之名传播陈旧理论的伪劣培训。同时,感恩的是,也有一批全身心认同7Q营销理论,认真传播7Q营销理论的机构和讲师,在此对他们表示感谢。如果选择好好学习营销理论,就要选择正宗的营销理论。如果选择好好学习7Q营销理论,就要选择正规的培训机构和讲师。作为7Q营销理论的创建人,建议大家可以从以下渠道学习7Q营销理论:一是买一本7Q营销理论的书籍,二是参加7Q营销理论培训班,引入7Q营销理论实践辅导。追求更好的效果的话,一定要参加7Q营销理论培训班,引入7Q营销理论实践辅导。因为,我们发现,人们在接触和学习7Q营销理论的过程,会遇到以下典型情况。初听7Q营销理论,人们通常会很受震动,觉得好牛!之后又觉得,容易学,学到了,其实对7Q营销理论产生了很大的误解,结果用的时候,却又不知所措,总是做错事情,抓不到要领,产生不了自己想要的结果。其实,7Q营销理论的应用包括三个层次:一个是销售层次的7句话术保成交,一个是营销层次的7Q畅销系统,一个是创始人层次的品牌顶层设计和资本运作。我们通常先从销售层次去应用7Q营销理论,当销售层次解决不了问题时,会上升到更高层次去分析和解决问题。我们希望更多的人不仅在最低的层次上去掌握和运用7Q营销理论,而且可以在更高的级别上去运用7Q营销理论,取得更可喜的成果。跟着7Q营销理论的创始人学习,一定会学到正宗的,得到你想要的东西。

(6)学习正宗的7Q营销理论课程和得到现场辅导需要多少钱呢?只需要3万元/天的投资,就可以让我们的高管团队和销售人员学到正宗的7Q营销理论。3万块钱就是5个人的月工资,如果他们在用错误的方法做业务,不能产生很好的效果,那么公司就是在每月浪费掉3万元的工资支出。迟学一个月,销售团队的工资支出就相当于浪费掉一个月。如果团队学到7Q营销理论的精髓,一个月创造的收益,就远远超过3万元,并让团队更自信,企业进入发展快车道。为了让更多的企业从7Q营销理论中确实收益,我们可以承诺先培训后付款,不满意不付款。

(7)由于很多企业都想尽快进行7Q营销理论的学习培训和现场指导,而同时7Q营销理论的培训辅导档期比较紧张,因此,如果不能提前预订档期,做出合理安排,你就是再有钱也请不到。为了让急需做出改变的企业更早地从7Q营销理论中受益,节省培训投资,和更好地安排7Q培训档期,今天给出特别的优惠,3万元一天的培训投资,今天现场刷卡只要2万元一天。同时赠送一项权利,如果你未来7天觉得不需要,可以无理由把钱退还给你。

7Q营销理论让你看到你公司的未来,它是企业走向成功的最短路径。

心动不如行动,成功永远属于行动者。

……

第十节　推销与谈判技巧扩展

一、性格与推销、谈判

性格是一个人对他人和外在世界的稳定的态度、价值体系和稳定的行为反应。性格一经形成便比较稳定，但是并非一成不变，而是可塑性的、可变的。

性格的分类和划分方式有多种。就推销和谈判而言，需要了解和掌握以下几种及相应对策。

1. 性格两分

性格可以两分为：主动型性格、被动型性格，或外向型性格、内向型性格。主动型性格喜欢先自己看、自己了解，然后再寻求销售人员的帮助。被动型性格比较喜欢销售人员主动一些。内向型性格喜欢先自己看、自己了解，然后再寻求销售人员的帮助。外向型性格比较喜欢销售人员主动一些，也会主动寻求销售人员帮忙介绍产品。

2. 性格三分

性格可以三分为：视觉型性格、听觉型性格、触觉型性格。视觉型性格的人是急性子，对视觉资料敏感；触觉型性格的人是慢性子，对肢体碰触敏感；听觉型性格对声音敏感，性子介于急性子和慢性子之间。

3. 性格四分

性格可以四分为：果敢老虎型、活泼孔雀型、严谨猫头鹰型、平和考拉型。如果还要加一种的话是复合变色龙型，是老虎型、孔雀型、猫头鹰型、考拉型的结合。老虎型控制欲强，目标感强，行动力强，注重实际利益。孔雀型爱表现，热爱人际交往，开朗，喜欢被赞美。猫头鹰型做事严谨，思维周密、逻辑性强，强调规则，爱讲理，喜欢探究。考拉型不与人争，乐于助人，为人和蔼、平易近人，不喜与人发生矛盾，有拖延症和选择困难症。

性格也可依据是否注重关系和任务划分为关系型性格、任务型性格、双盲性格、双有性格。关系型性格更注重双方关系的维护，更享受双方美好的关系。任务型性格更在乎实际利益，而对双方关系不在乎。双盲性格是什么都不在乎，非常自我的人。双有性格是既在乎关系，又注重实际利益，争取在两者间实现平衡。

在专业推销和商务谈判中，一方既要对自己的性格有清晰的了解，更要对对方的性格有清晰的了解，才能在推销与商务谈判中选择正确的策略和行为反应方式，建立有利于自己的局面。

二、侦探、试探、进攻、施压、妥协与僵局僵局

所谓侦探、试探，尤其是现场侦探，就是通过现场的问、听、看来获取对方的有用信息，判断对方的态度，识别信息的真假。具体来讲，可以通过语气、眼神、表情、肢体动作来扩展和弥补语言文字的不足。这是一项需要长期学习的技能，在此不展开了。

所谓进攻、施压，就是给对方压力和威胁以获得更大好处和利益的行为。与之对应的谈判策略被称为极限施压谈判。使用进攻、施压动作，或者极限施压谈判策略，既要有个度，也是有条件的。这个条件就是，在整个谈判中你方处于强势地位，对方必须和你合作，或购买你的产品。或者和你合作是最有利的，购买你的产品是更好的选择。否则，双方不合作造成的对方损失比合作中的对方让步要大。之所以要掌握一个度，是因为如果对方是极为不情愿被迫吞下苦果，这种双方达成的合作是不稳定和暗藏风险的。不情愿的一方往往时刻想着在将来的某一天改变这个不合理的结果，或者到处传播有关你方的负面资讯。与极限施压相补充的一个策略就是极限施压后，后退一小步，或在其他方面给予客

户一个利益补偿,后退的一步或利益补偿,被称为妥协。当我们发现对方对我们很满意时,具有时间压力时,我们是对方的唯一选择时,我们可以提出更多有利于自己的要求和条件,这就是进攻。判断对方是否对我们满意、了解对方是否具有时间压力、搞清楚我们在对方选项中的位置的过程就是试探,俗称火力侦测。

所谓妥协,就是不再坚持己方立场,后退一步,或给予其他利益补偿,与对方达成一致的行为和过程。妥协也是有技巧的,关键是三点:一是,不要轻易妥协,更不要一次让步让到底,牌要一张一张地打,既不要一次把牌都出完,也不要让对方知道自己的牌,尤其是底牌;二是,不要轻易在自己在乎和看重的事情上妥协,可以寻求在对方看重而己方不看重的事情上妥协;三是,我方在某一方面的妥协必须以对方在另一方面的妥协为交换。

施压和妥协是经常一起使用的策略,俗称软硬兼施,胡萝卜加大棒,红脸加白脸,好人加坏人策略。善用施压与妥协的强度与节奏,是推销与谈判人员能力的重要体现。

所谓僵局,就是双方互不相让,坚持不下,局面面临谈崩的状态。解决僵局的根本就是一方做出妥协让步,或双方都做出妥协让步。在僵局时,谈而不崩的基本策略是:

(1) 微笑着施压,身段要软,语气要柔,内容可以硬;

(2) 一定要有一个负责对方情绪管理的谈判人员。

当我们不能满足对方提出的要求时,或对方不能接受我方提出的交易条件时,双方就会陷入僵局。面对僵局,只有两个结果,要么一拍两散,不合作;要么艺术地妥协,在妥协中达成合作。谈判是妥协的艺术。面对僵局,需要我们在谈判前做好一个准备,即谈判的底线是什么,是必须达成合作,还是有其他选择。如果是必须达成合作,就要在僵局中善于妥协。妥协不是退让,不是突破底线。妥协的前提是进攻,没有进攻的妥协就是退让,没有明确底线的妥协就是败退。

不争不足以立世,不和不足以大成。推销与谈判就是争与和的艺术,争就是为自己争取最大利益,和就是善于妥协和让步以达成双方都满意的合作。

三、团队组建和战术配合技巧

在大型推销或商务谈判中,组建团队和团队参与是常有的事情,甚至是必须的。因此,必须对团队组建和成员之间的配合技巧有所了解。

1. 团队结构要合理、互补

职务要高中低都有。性格不能单一,尤其是不能都是老虎型性格或都是考拉型性格。知识结构和能力要互补。

2. 团队分工要明确、合理

主谈、辅谈和拍板人要明确,红脸、白脸要明确。还有个重要的角色就是现场内外的侦察员,他善于把现场内外的信息及时传达给主谈、辅谈和拍板人。还要有后勤、内勤人员等。

3. 团队合作战术

(1) 辅谈要隆重向对方引出并介绍己方主谈。

(2) 善于引入上级领导。

(3) 善于引入下级或同级。

(4) 善于引入对方竞争对手。

(5) 善于利用时间压力。

(6) 善于利用会场施加心理和身体压力。

四、销售与谈判前准备

不做好准备就准备接受失败。在销售和谈判前要尽量做好各种准备,这些准备包括:

(1) 心理建设和情绪准备;

(2) 筹码建设和准备;

(3) 信息准备;

(4) 仪容仪表准备;

(5) 销售工具准备;

(6) 策略和技能准备;

(7) 团队成员和角色分工的准备。

这些准备已见于前述各章节之中,在此再做一个小节和补充。

信息准备包括对行业知识、自身企业和产品知识、顾客知识、竞品和竞争对手知识、其他利害相关者的知识、相关宏观信息等的持续了解和掌握。

实际上,所有的准备不可能一蹴而就,同时,有的准备也不可能在销售和谈判前全部准备好,而是贯穿全过程,如信息准备。所谓准备,是指时时刻刻提醒自己这些事项是否已经做到位了,如果没有做到位,就要不断完善,做到完善。

(一) 要么做准备,要么准备接受失败

准备工作贯穿于整个销售过程,也就是说要时时做准备,事事做准备。我们要不断地获得有关市场和顾客的具体信息,这种信息随着销售的发展而越来越具体,也越来越充分,即准备是一个逐渐深入和细致的过程。销售强调不打无准备之仗,记住:不做准备,就准备接受失败。要么被顾客拒绝,要么被顾客欺骗!

案例:不专业,就准备失败

某顾客想买几瓶白酒,在经过一个烟酒专卖店时,他看中 A 品牌白酒,于是开始了跟卖主的谈判。

"您这酒多少钱一瓶?"

"68 元一瓶。"

"买一提怎么算?"

"一提两瓶 120 元。"

"我昨天在那边专卖店里看到零售价才 58 元一瓶。"

"不会的,我们的价格都是一样的。如果你觉得那边便宜,你可以到那边去买。"

"让我看看你这酒。"他拿过一瓶酒,假装仔细研究的样子。过了一会儿后他说:"你这酒是假的!"

"怎么可能呢?这绝对是真的!"

"您看这塑料瓶盖封痕是直的,没有褶皱。而真酒的封痕是有均匀褶皱的。"

卖主不相信，但看得出来他不懂酒。

“打开一瓶看看。假的算你的，真的我买下。”

打开一瓶后，他指着瓶盖里端说：“你看这瓶盖颜色，黄中带黑，而真正的A品牌的颜色应该是金黄色的。”

然后，他倒了一瓶盖，喝了一口，说：“这酒味道不正！A品牌应该有一种清凉感。”

这时，卖主自己也开始怀疑了，相信了顾客的话，也认为自己的白酒是假的，并大呼上当，嚷嚷着要找供应商投诉。这位顾客乘虚而入，说自己买酒不是自己喝，是送礼用的，愿意以80元一提的价格购买。结果，这位顾客以90元一提的价格买了4提。

如果我们不去讨论这位顾客做法的对错，仅就销售人员的行为作出评价，那么我们可以得出这样的结论：他的遭遇源于自己的不专业，而自己的不专业来自于没有做好准备。相反，顾客比他更专业，比他准备得更充分。

（二）全面了解潜在顾客

案例：印第安人都在准备木头

夏去秋来，冬天临近。一个印第安小伙打算未雨绸缪，在寒冷的冬天来临之前多准备些生火取暖用的木头，但不知道到底准备多少合适。准备少了，不能很好地度过冬天；准备多了，伐木会耽误其他重要的事情。于是，他向部落里最受尊敬的长者询问今年冬天的情况。部落长者口中念念有词，掐指一算，说道：今年冬天是个寒冬，会很冷，所以要多准备木头。小伙回去后，就去伐木准备木头了。过了一段时间，部落长者突然发现，整个部落的人几乎都在忙碌地伐木。长者向前询问得知，原来他们从小伙那里听到了他对今年是严冬的预测，所以也在纷纷储备过冬用的木头。长者明白过来后，慌了神，原来，他对今年是严冬的预测并无确切把握，基本上是根据以往的经验随口一说，没想到，却产生了这样严重的一个后果。如果今年是严冬，那倒也罢了；如果今年不是严冬，大家因为储备更多的木头而耽误了其他重要的事情，肯定会指责他的，那他一世的英明就会毁于一旦。左右为难之际，他打了国家气象局的电话，询问今年冬天是否是严冬，结果，国家气象局的回答是：今年肯定是严冬，你没有看到所有的印第安人都在准备过冬用的木头吗?!

优秀的销售人员一定要让自己的决策和行为建立在正确的事实和依据之上，显然，国家气象局决策的依据是错误的。销售人员获得正确的决策依据的途径就是市场调查，而市场调查的首要任务是全面了解潜在顾客。这也是销售人员准备的核心内容。接下来的问题是，销售人员应当掌握顾客的哪些信息并如何掌握这些信息呢？

> 优秀的销售人员一定要让自己的决策和行为建立在正确的事实和依据之上。信息优势决定决策优势！

案例：开拓XZ市市场

某扒鸡食品企业派出郑经理开拓江苏XZ市市场。在去XZ之前，郑经理先通过网站对当地商业渠道和风土人情做了初步的了解，同时，打电话给在XZ工作的同学，对居民消费习惯有了进一步的认识。从动车上下来，出了XZ站后，郑经理首先购买了当地的新闻报纸和专业期刊，希望获得对 XZ 市商业网络和当地消费习惯的进一步认识。在宾馆住下后，郑经理和宾馆服务人员聊天，随后，来到大街上，以随机调研的形式访问了约 10 个顾客。之后，到当地的主要农副产品市场、超市看了看，和超市的导购聊了会儿，又随机访问了几个消费者。最后，来到了当地的食品批发市场，和看车的老大爷聊了起来。现在，郑经理心里基本有数了：在 XZ 市，南京的咸水鸭、宿州的符离鸡、徐州沛县的鼋汁狗肉以及德州扒鸡都很受欢迎，消费市场成熟；当地没有占有优势地位的扒鸡品牌，扒鸡竞争处于较低的层次；由于宿州符离鸡和德州扒鸡有些渊源，消费者对两者都十分喜爱；消费者的食品安全意识越来越强，大润发、家乐福等超市逐渐成为当地的主要扒鸡类食品购物场所；当地超市的南京咸水鸭、宿州符离鸡、徐州沛县鼋汁狗肉以及德州扒鸡等，主要由 3 家大的当地食品代理商供应，他们都在 XZ 食品批发市场有门头和仓库，其中，李老板性格爽快，直来直去，原先没有代理扒鸡，现在，想增加这一品类。王老板正在和现在代理的扒鸡品牌闹矛盾。张老板只代理德州牌扒鸡，不太认同其他的品牌，目前，资金周转正遇到困难。基于以上信息，郑经理开始计划明天的拜访行程，并拟定了对不同客户的拜访方案。

基于以上案例和销售实际，销售人员应当掌握顾客以下信息：

1. 组织购买者

(1) 基本情况。法人的全称、简称、地址、电话、传真、邮政编码、行业性质和生产规模、销售规模、利润规模、人员规模、成立时间、发展经历、组织架构和人事状况、主要领导个人情况等。

(2) 经营情况。产品和品牌情况、市场销售情况、管理风格与水平、发展策略、竞争优势等。

(3) 购买特征。购买决策程序，购买时间、批量及频率，现有进货渠道，购买信用，支付方式，供求双方关系等。

2. 个人或家庭消费者

(1) 一般内容。姓名、年龄、性别、民族、宗教信仰、受教育程度、居住地点、联系方式、职业、职务、兴趣爱好、收入水平等。

(2) 需求内容。购买动机、消费习惯，购买行为在时间、地点、方式上的规律等。

(3) 家庭情况。家人、工作单位、职业、职务、收入、价值观念、消费习惯、兴趣爱好等。

销售人员可以通过以下调查手段和途径，获得有关顾客的上述信息：

(1) 直接向顾客询问，和顾客交谈。

(2) 善于观察顾客，从观察中获得更多信息。

(3) 向顾客身边的朋友、同事、邻居、同学等询问顾客的有关信息。

(4) 从老顾客那里了解新顾客。

(5) 从顾客的博客、企业网站、宣传册等公开的资料中了解顾客。

(6) 从顾客的合作伙伴那里了解顾客，比如从企业的法律顾问、设备供应商、广告合作公司那里了解客户的有关信息等。

(7) 从顾客的顾客那里获取信息，比如从零售商那里了解批发商的信息，从终端消费者那里了解零售商的信息等。

(8) 从公开的文献里了解顾客。

(9) 通过企业客户内部员工获取信息，比如医院的保洁、保安，企业里看车老大爷，企业内高度认同销售人员的内部员工。

(10) 从企业客户的同行或竞争对手那里获取信息等。

(11) 其他手段和途径。

通过对顾客的市场调查，销售人员可以明确目标顾客的关注点，明晰自己的优劣势，从而在掌握顾客信息的基础上拟定第一次接近顾客的方案。

(1) 设定接近的目的。

是进一步了解顾客状况、产品解说、一般性回访，还是直接达成购买协议？

(2) 选择接近的方式和沟通工具。

是当面洽谈、电话营销、信函说明，还是电子邮件、QQ网聊？不同的沟通工具有各自的优势和局限。

(3) 设定访问对象、见面时间和地点。

(4) 预测销售中可能出现的问题。

(三) 仪容仪表

形象永远走在能力的前面。形象即仪容仪表，仪容仪表的核心是着装。销售中的着装原则是：要按时间、场合、人物、目的的不同，来分别穿戴不同的服装。服装能够实现三个功效：第一是表明专业性，通常是工装和职业装，比如白大褂与医生，西服正装与销售人员；第二是表示尊重和重视，比如参加朋友的婚礼，着装要干净、整齐、得体等；第三是拉近双方的心理距离，比如你喜欢穿体恤，我也喜欢穿体恤等。销售人员并非一定要着西服正装，选择什么样风格的服装，关键是你想留给顾客什么样的印象。如果想给顾客留卜专业的印象，当然是正装；如果是表示对顾客的尊重与重视，可以选择正装，也可以选择特别一点的服装，关键是要正式、大方；如果是想拉近与顾客的心理距离，那么顾客喜欢什么风格的，你就穿什么风格的。很多销售人员有时并不明白这一点，也搞不清自己着装的目的是什么。比如，如果是去拜访乡镇上的一个穿着随意的个体老板，着正装有利于塑造自己的专业形象，但不利于拉近和顾客的心理距离；着便装，会拉近和顾客的心理距离，但不利于塑造自己的专业形象。相对较好的选择是：第一次拜访的时候着正装，着重塑造专业形象，第二次拜访的时候着便装，拉近和顾客的心理距离。

案例：会心的尊重

瑞典一所高校的校长威廉先生访问我国一所高校的校长赵先生，洽谈两校交流和合作事宜。第二天，双方要举行隆重的仪式，签订正式的合作协议。在第一天晚上，威廉先生就第二天着装的问题询问自己的助手，助手的建议是：中国人着装比较随意，舒适就好，且现在是夏季，炎热，我们应该入乡随俗，明天穿休闲一点的T恤就好了，无须着正装。恰在同时，赵先生也正为第二天的着装问题苦恼，正向礼仪专家请教，礼仪专家的建议是：正式签约是个庄重的场合，且在这种场合，瑞典朋友通常都是穿正装的，哪怕天气再热，也要西装、领带一件不少，所以，赵校长应该穿正装。到了第二天，休闲的威廉先生和穿着正装的赵校长在会场见面了，起初，先是一愣，而后，相视哈哈大笑，都在心里感受到了来自对方的尊重。

着装仅是一种表达尊重的工具,真心尊重对方才是最重要的。最后,在仪容仪表上,有两句话送给男士和女士。送给女士的是:从来没有丑女人,只有懒女人。送给男士的是:25 岁之前,你的容貌是父母给的;25 岁之后,你的容貌是你自己给的。女士要注意衣饰搭配和化妆,男士要注意养成良好的生活习惯。

(四) 随身销售工具

销售人员在第一次接近顾客的时候,出发之前,应该检查一下自己的销售工具是否准备到位。所谓磨刀不误砍柴工,有了工具,才能事半功倍。销售人员需要准备好的常见的销售工具有:(1)产品目录;(2)客户见证;(3)宣传图册和光盘;(4)地图和指南针;(5)名片;(6)顾客档案和拜访记录表;(7)计算器;(8)价格表;(9)样品;(10)小礼品;(11)空白合同;(12)签字笔;(13)空白纸张;(14)笔记本电脑、无线网卡等。

行业不同,产品不同,具体的销售方式不同,销售人员需要准备的销售工具就会有所差异。因此,销售人员要根据自己的实际销售情形灵活准备和创造销售工具。

(五) 热身运动和心理准备

热身活动和心理准备的核心是让自己充满自信和热忱。自信是向顾客传递这样一种信息:你从事的职业和行业很棒,你所在的公司很棒,你的产品很棒,你很棒。如果缺乏自信,顾客就会怀疑你的产品有问题,你的公司有问题,那么再好的产品,也很难卖出去。记住,顾客是因为你的自信而相信你。因此,一个公司对销售人员的培训,其重中之重是首先培养起销售人员对行业、职业、企业、产品和个人的自信。所以,一个企业要想让销售人员把产品销售给顾客,这个企业就要先把行业、职业、企业、产品销售给销售人员。

> 顾客是因为你的自信而相信你。一个公司对销售人员的培训,其重中之重是首先培养起销售人员对行业、职业、公司、产品和个人的自信。一个企业要想让销售人员把产品销售给顾客,这个企业就要先把行业、职业、企业、产品销售给销售人员。

1. 相信行业和职业

企业要把行业的发展趋势和价值塑造出来,让顾客把这个行业和销售职业作为自己终生从事的事业来看待,而不仅是谋生的饭碗和工具。

2. 相信企业

企业可以从成立历史、企业规模、发展愿景、领导魅力、行业地位、竞争战略等方面来塑造价值,增强员工对企业的信任,并在发展愿景中融入企业员工的发展规划,让员工在实现企业梦想的过程中实现个人的梦想。

3. 相信产品

公司和销售人员都要清楚地了解产品的优劣势,清晰定位,知道产品能切实给目标顾客带来哪些有价值的帮助和改变。当把对的产品、对的产品性能介绍给对的顾客的时候,感受到顾客的切实改变的时候，销售人员对产品的自信才是最强烈的。

4. 让自己变得更自信

销售人员除了正视自己的优劣势，切实增强自己的专业素养外，下面这些方法也可以有助于增强自信心。

(1) 成功100倒计时计划

销售技巧实践性很强，技巧或经验的匮乏，是销售新手不自信的主要原因。拜访的顾客越多，销售人员的经验就会越多，信心也会增加。我们经常建议新销售人员进行成功100倒计时计划，即销售人员确立拜访100个顾客的计划，每拜访一个就减一个，100，99，98，…，1。

> 成功100倒计时计划。销售人员确立拜访100个顾客的计划，每拜访一个就减一个，100，99，98，…直到1。最后，你一定会发现你的变化和意想不到的收获！

(2) 用积极的角度看问题，采取积极的行动

两个双胞胎兄弟，从小一起成大。成人后，哥哥因为偷盗成性进了监狱，弟弟却大学毕业后创业，成为受人尊重的公司老板。一名记者决定采访这对兄弟，试图发现他们人生迥异的原因。哥哥说，从小我父亲就酗酒，回到家就打我妈妈和我们，你说我有什么办法呢？结果，弟弟也说，从小我父亲就酗酒，回到家就打我妈妈和我们，你说我有什么办法呢？是啊，哥哥说，我有什么办法呢，我只能破罐子破摔；弟弟说，我有什么办法呢，我只能靠自己来改变命运。任何事情都可以从积极的层面和消极的层面去解读，你的人生取决于你对自己的解读。

(3) 善用潜意识和暗示的力量

借助积极的心理暗示，销售人员可以有效地缓解自己的紧张和怯懦，增强自信心。下面几个手段可以借鉴：

早上出发前，握紧拳头，对着自己喊："我是最棒的！我一定要成功！我一定能成功！"

每次拜访顾客前，销售人员可以想象一下接下来的场景和画面：顾客见到你很高兴，友好亲切地与你交谈，会谈成功，顺利签约，回到公司，迎接你的是鲜花和掌声！

老销售人员可以回忆自己与顾客会谈最成功的一次的场景，来增强自己的自信和力量。

后记　一切的本质是推销，是谈判

开篇两问：

1. 有人说，一切的本质都是推销，你认同吗？

2. 销售如恋爱，恋爱非销售，你怎么看？

一切的本质是推销，是谈判。"推销"就是我要让你接受我的观点、服务、产品等，并要你付出与之对等的代价。"谈判"就是当你我在某个事项上出现矛盾分歧时，我们可以经由协商沟通达成双方都可以接受的结果。于是，我们会发现推销与商务谈判技巧都可以应用到其他领域和场合，无论是工作还是生活，如选举、人际矛盾处理等。当然，在其他领域和场合应用好推销与谈判技巧的前提是要首先定义好"产品""价格""竞品""顾客""竞争对手""队友"等。

同样，7Q 的销售思想，也就是 7Q 这 7 个问题，不仅可以用于销售当中，也可以用于生活和工作的其他方面，包括求职、职场、领导力、创业、选举、政策宣导、恋爱婚姻等。

求职时，我们要问自己：这家企业或考官为什么会注意到我？我有什么特点？聘用我能给企业带来什么好处？他们会相信我说的都是真的吗？他们会认为给我的待遇是值得的吗？为什么是我而不是别人？为什么现在就要聘用我？等等。同时，要为这些问题给出答案。

在职场上，你如果想升迁，就必须问自己：领导为什么会注意到我？我有什么特点？给我升职能给企业带来什么好处？他们会相信我的承诺吗？他们认为给我升迁和更高的待遇是值得的吗？为什么是升迁我而不是别人或者是外聘一个？为什么现在就要给我升职？等等。同时，要为这些问题给出答案。

在作为管理者领导下属的过程中，如果想要提升领导力，就必须问自己：我有什么能力和特点？大家跟我干有什么好处？大家为什么相信我？跟着我值得吗？为什么跟着我是最好的选择而不是别人？为什么现在就要跟着我？等等。同时，要为这些问题给出答案。

在创业融资路演中，要获得投资者的青睐，就必须问自己：我的项目是什么？有什么特点？我的项目能给投资者带来什么？投资者为什么相信我说的？投资者的投入回报值得吗？投资者为什么认为投资我是最好的选择而不是别的项目或创业者？为什么现在是投资我的最佳时机？等等。同时，要为这些问题给出答案。

在选举中，作为被选举人要想获得选民的支持，就必须不断问自己：我是谁？有什么能力和特点？选我能给大家带来什么？为什么相信我可以做到？为什么是我而不是别人？为什么现在就该投票给我，给我机会？等等。同时，要为这些问题给出答案。

在政策宣导时，要想获得好的政策执行效果，政策宣导者就要不断问自己：这项政策是什么？有什么特点？能给大家带来什么好处？为什么是没有风险的？执行这项政策值得吗？为什么这是最好的政策选项？为什么要现在立即执行这项政策？等等。同时，要为这些问题给出答案。

在恋爱婚姻之中，一个男孩要想获得心仪的女孩的青睐，他就必须不断问自己：她怎样才会关注到我？我有什么特点？我身上有她想要的东西吗？我能给她带来什么？我能给她幸福吗？她为什么要相信我？为什么我是她最好的选择？为什么现在就要谈恋爱，现在是结婚的最好日子吗？等等。同时，要为这些问题给出答案。当然，销售和恋爱是不能画等号的。销售如恋爱，恋爱非销售。

最后，祝大家学好用好推销与谈判技巧，在工作和生活的方方面面都旗开得胜、心想事成！

参考文献

1. 周玲玲. HD公司国际商务谈判案例. 哈尔滨：哈尔滨工程大学出版社，2011.
2. 刘进. 顾客凭什么购买——销售必须答对的7个问题. 北京：清华大学出版社. 2012.
3. 刘进. 发现7Q品牌营销系统. 北京：清华大学出版社. 2015.
4. 刘进. 活用7句话术保成交. 销售与市场·渠道版. 2014.3.
5. 刘进. 教你制作一条驱动销售的广告语. 销售与市场·管理版. 2014.2.

教学支持说明

▶▶课件申请

尊敬的老师：

您好！感谢您选用清华大学出版社的教材！为更好地服务教学，我们为采用本书作为教材的老师提供教学辅助资源。鉴于部分资源仅提供给授课教师使用，请您直接手机扫描下方二维码实时申请教学资源。

任课教师扫描二维码
可获取教学辅助资源

▶▶样书申请

为方便教师选用教材，我们为您提供免费赠送样书服务。授课教师扫描下方二维码即可获取清华大学出版社教材电子书目。在线填写个人信息，经审核认证后即可获取所选教材。我们会第一时间为您寄送样书。

任课教师扫描二维码
可获取教材电子书目

清华大学出版社

E-mail: tupfuwu@163.com　　网址：http://www.tup.com.cn/

电话：8610-62770175-4506/4340　　传真：8610-62775511

地址：北京市海淀区双清路学研大厦B座509室　　邮编：100084

质检 5